KB039055

촛불 이후

새로운 정치 문명의 탄생

이 도서의 국립중앙도서관 출판예정도서목록(CIP)은 서지정보유통지원시스템 홈페이지(http://seoji.nl.go.kr)와
국가자료공동목록시스템(http://www.nl.go.kr/kolisnet)에서 이용하실 수 있습니다.
CIP제어번호: CIP2017026042

촛불 이후

새로운 정치 문명의 탄생

An Emerging Civilization in Korean Politics

고원 지음

31년 전 이 땅의 민주화를 위해 밤하늘의 별이 된
친구 이재호에게 바친다.

차례

이 책은 '촛불혁명'을 비롯한 우리 사회의 여러 정치 현상을 역사적이고 체계적으로 이해해보고자 했다. 우리를 둘러싸고 벌어지는 국내외 정치 현상이 왜 일어나게 되었는지 궁금증과 관심이 있는 사람들에게 입문서가 되었으면 하는 의도도 담고 있다. 촛불혁명이 역사적 대사건인데도, 그것이 왜 일어났고, 그 영향하에서 한국 사회가 이후 어떻게 변화해갈지 체계적으로 다룬 책이 거의 없기 때문이다. 하지만 단순히 현상을 설명하고 소개하는 차원에 그치지 않고, 우리 사회가 보다 안전하고 유쾌한 공동체로 발전하기를 바라는 독자들과 함께 우리 사회의 현실과 장래에 대해 깊이 있는 고민을 나누고자 했다.

촛불혁명의 바탕 위에서 출범한 문재인 정부의 키워드는 '적폐 청산'이다. 이 작업은 역사의 필연적 요구일 뿐만 아니라, 해방 이후 최대의 적기를 맞고 있다. 하지만 그것이 제 위치를 올바르게 잡고 제대로 순항하기 위해서는 '어떤 나라를 만들기 위한' 적폐 청산인지가 명확해야 한다. 개혁은 낡은 과거를 부수는 작업을 넘어 새로운 미래를 창조하는 과정이다. 촛불혁명의 역사적 의의는 적폐 세력을 물리쳤다는 사실을 넘어 새로운 역사 발전의 동력이 분출되고 발화하는 기점이라는 데 있다. 촛불혁명 속에는 우리가 미래 사회를 어떻게 만들어가야 할지 제시해주는 요소가 풍부하게 담겨 있다. 촛불혁명과 사회 개혁이 연결되어야 하는 지점은 바로 이 부분이다. 특히 개혁이 성공하기 위해서는 개별 정책도 중요하지만 국가 운영의 틀을 어떻게 짜는지가 더 중요하다. 과거의 틀 위에 개혁 과제를 탑재하는 방식은 필연적으로 한계에 직면할 수밖에 없다. 새로운 틀이 필요하다. 그것은 사회의 다양한 현상 속에서 가치와 패러다임이 어떻게 변화해나갈지 시대 흐름의 맥을 짚어내고, 그 속에서 개혁 주체들의 관계와 구성이 어떻게 바뀌는 것이 합목적적인지에 관한 통찰이 필요하다. 이 책은 그런 문제의식을 담고자 했다.

우선 가장 크게는 한국의 사회현상을 문명 전환 내지 시대 전환이라는 역사적 시각에서 조망하고, 이를 구체적인 정치 실천의 방향과 연계하고자 했다. 지금 인류는 세계 질서가 새로운 체제로 이행하고, 노동과 생산과정을 비롯한 근대적 생활양식이 근본적으로 변화하는 문명 전환기를 살아가고 있다. 그런데 지금까지 한국 사회를 보는 시각들은 대부분 근대성의 결핍이라는 전제 위에서 출발했다. 하나같이 식민 지배, 분단, 독재, 천민자본주의를 어떻게 극복하고 근대적 정상 국가(normal state)를 완성할지의 관점에서 사회현상을 보아왔다. 필자 또한 이런 문제의 중요성을 배제하지 않는다. 하지만 눈을 좀 더 넓혀 세계사의 시각으로 사회현상을 바라본다면 우리는 근대성의 장벽 안에 갇혀 대내외적 갈등과 혼란, 심지어 퇴영을 겪기도 하는 서구의 여러 선진국을 목격할 수 있다. 세계화와 정보화에 따라 새로운 문명이 대두하면서 근대라는 이름의 오랜 질서와 서로 충돌하는 현상이다.

지금 인류는 세계화와 정보화가 던지는 도전, 즉 근대성의 한계를 어떻게 극복해 새로운 문명을 개척할지의 과제에 본격적으로 직면해 있다. 우리 역시 이미 문명 전환이라는 세계사의 격류 한가운데 서 있다. 여기서 우리 사회의 여러 현상을 정확히 진단하고 처방을 내리기 위해서는 두 가지 조건이 필요하다. 하나는 세계 질서와 문명의 대변동이 우리에게 주는 영향이 무엇이며, 그것이 우리의 내적 조건과 어떻게 상호 작용해나가는지를 이해할 수 있는 시각 틀이다. 다른 하나는 정치 문명으로서 한국 사회를 설정하고 그것의 이행 과정을 '역사 시간'의 틀 속에서 파악하는 노력이다. 그런 바탕 위에서 새로운 국가 공동체의 비전을 수립하고 현 단계에서의 개혁의 좌표와 방향을 확립해야 한다.

이 책은 2000년 이후 우리 사회에 나타난 '촛불정치'라는 현상으로부터 얘기를 시작한다. 세계 어디에서도 찾아보기 어려운 촛불혁명은 국민의 생명과 안전을 지켜주지 못한 무능하고 무책임한 대통령을 탄핵하고 정권 교체를 이루어냈다. 그 과정은 기존의 통념, 상식, 상상을 넘어선 축제였다. 매주 토요일이면 촛불을 들고 모여든 시민들의 모습은 유쾌함과 즐거움 자체였다. 한마디로 '평화롭고 아름다운 전쟁'이었다. 촛불정치는 우리 사회를 읽는 핵심 코드다. 촛불혁명을 지켜보며 필자가 품은 의문은 특권·기득권층이 지배하는 변형된 신분제가 부활하고 하위 계층에서는 절망과 분노가 곳곳에서 퍼져나가고 있는데, 왜 최대 200만 명이나 모인 촛불집회의 풍경은 유쾌하고 발랄하고 낙관적이기까지 했나 하는 점이었다. 우리 헌정사 최초의 '축제의 정치'라 할 만한 이 현상은 어떤 의미를 함축하는가, 이 풍경 속에는 과연 어떤 역사적 에토스가 작용하고 있고 우리 시대의 역사시간을 어떻게 표현하고 있는지 따위의 물음들이었다.

이런 물음들을 고민한 끝에 필자가 내린 결론은 바로 촛불혁명은 새로운 정치 문명의 탄생을 예고한 사건이라는 것이었다. 촛불혁명은 1876년 개항 이후 지금까지 이어져 온 근대국가의 형성과 발전이라는 역사적 의미를 담고 있을 뿐만 아니라 동시에 근대 정치의 패러다임을 넘어 새로운 정치 문명을 창조해가는 역사적 기점으로서 의미를 갖고 있다. 그렇기 때문에 촛불혁명은 세계화와 정보화라는 인류 역사의 새로운 단계에서 새로운 문명 질서를 모색하기 위해 세계 곳곳에서 벌어지는 다양한 시도의 맥락에서 읽어내야 한다. 필자는 지금까지 촛불혁명에 대한 여러 해석이 정치 문명의 전환이라는 역사적 시각을 통해 좀 더 근본적으로 성찰하려는 시도가 없다는 점을 아쉬워해왔다. 그래서 촛불혁명을 비롯한 여러 사회현상을 정치 문명의 시공간으로서 역사시간이라는 틀과 세계사적 맥락 속에서 조망하며 나름대로 해답을 찾고자 시도했다.

새로운 정치 문명의 탄생은 문명 전환의 일부다. 정치 문명이란 권력 구성의 원리, 정치적 담론과 서사(narrative) 구조, 그 기반에 깔린 세계관과 역사관 같은 '정치 생활의 양식'이다. 정치 문명은 문명을 만들어가는 데 핵심적 역할을 한다. 고대 아테네는 폴리스(polis)라고 불리는 정치체제를 바탕으로 찬란한 고대 그리스 문명을 창조했고, 고대 로마는 공화정이라는 독창적 정치제도를 기반으로 장대한 제국을 일구어냈다. 근대에 들어 영국은 의회민주주의를, 미국은 연방제 민주주의를 창조해 세계 중심 국가로 부상했다. 오늘날 문명 전환의 흐름은 정치에 대한 사고를 근본적으로 바꾸도록 요구하고 있다. 근대 사회의 산물인 대의민주주의는 세계 모든 곳에서 근본적으로 불신받고 있다. 이는 단순히 정치인들이나 정치 운영의 문제가 아니라, 시대 구조가 바뀌고 정치의 패러다임 자체가 변화하기 때문에 생기는 현상이다. 필자는 새로운 정치 문명의 핵심 가치로 '생명(삶)', '다양성', '공감성' 같은 단어에 주목했다. 그것이 근대 정치를 구성하는 핵심 가치인 '권력(힘)', '폭력', '주권(sovereignty)'과 같은 개념과 어떻게 다르고, 권력의 구성 원리가 어떻게 변화하는지 설명했다.

지난 수십 년을 되돌아볼 때 우리 사회에서 가장 절망스러운 모습은 타인의 아픔에 공감하는 능력이 급격히 저하되어왔다는 사실이다. 본래 공감과 연민이 있어야 할 자리에는 탐욕, 질시, 분노, 냉소가 차오르게 되었다. 이는 사회 양극화나 불평등의 확대와 관련된 것이지만, 단순한 경제문제 이상의 현안이며 공동체를 지탱하는 연대성이 심각하게 훼손되었다는 근본적 문제를 내포한다. 정치도 크게 다르지 않았다. 보수든 진보든 상황을 비비꼬고 상대의 말문을 막는 궤변 능력이 각광받았고, 분노와 조롱이 횡행했다. 그와 함께 사회의 가장 취약한 사람들이 무너지고 고통받았으며 공동체의 질도 악화되었다.

이런 현상들을 치유하기 위해서는 근대 정치를 복원하는 것만으로는 부족하다. 세계사의 시각으로 보면 양극화, 불평등, 차별, 배제 같은 현상 자체가 근대 정치의 나쁜 특징에 따른 결과물이기 때문이다. 따라서 우리의 과제는 근대 정치를 넘어 좀 더 넓은 보편성의 바탕에서 다양한 이질적 요소를 묶어낼 새로운 정치 문명을 창조하고 발전시키는 것이다. 그런데 촛불혁명은 그런 새로운 정치 문명의 씨앗을 발아시키는 계기가 되었다. 우리 사회에 보다 나은 미래를 만들어나가기 위한 새로운 권력 원리와 주체가 등장하는 기점이 되었다.

새로운 정치 문명의 출현은 우리에게 가치, 비전, 의제, 전략, 리더십에서 총체적인 발상의 전환을 요구한다. 하지만 지금 우리는 낡은 근대 또는 전근대의 패러다임에 갇혀 전진과 퇴행의 제자리걸음을 반복하고 있다. 촛불혁명에도 불구하고 우리 정치에는 여전히 과거로 돌아가려는 관성이 강력하게 작용하고 있다. 촛불의 격렬한 파도가 가라앉자 사람들은 각자도생의 투쟁으로 돌아갔고, 사람들의 의식을 지배해온 패러다임은 여전히 위력적으로 작동하고 있다. 특히 정치 리더십은 그중에서도 가장 발달이 지체된 영역이다. 21세기 들어 우리 사회에는 '새로운 정치'라는 이름 아래 새로운 리더십을 모색하는 정치 실험이 줄기차게 벌어져 왔다. 노무현의 개혁 정치, 안철수 현상 등이 그것이다. 하지만 지금까지 그런 실험은 이렇다 할 성과를 내지 못했다. 이제 어떻게 해야 역사 발전의 동력을 분출시켜 사회를 바꾸고 우리의 삶을 바꿀 것인가? 그에 관한 실천적 방안에 대해 진지한 논의를 전개했다.

독자들이 이 책을 읽으면서 들 수 있는 한 가지 오해에 대해 미리 이해를 구하고자 한다. 이 책은 기본적으로 문명 비평의 관점에서 사회현상을 해석한 담론서다. 현실의 다양한 전개 가능성에도 불구하고 사회를 관통하는 시대 구조의 본질이 무엇인지, 그 속에서 우리는 어떻게 사회 발전을 추구해야 하는지를 논한 글이다. 그런데 사회적 행위란 아주 주관적인 영역이어서 시대 흐름에 역행하는 모습으로 나타나기도 한다. 예를 들어 지금 미국을 보면 민주주의 및 인권의 확산과 국제사회와의 협력을 추구하는 범세계주의 흐름이 있는 반면 백인과 기독교 중심의 미국적 정체성 회복과 미국 우선주의를 주장하는 신고립주의 흐름도 있어, 그 사이의 딜레마에 갇혀 앞으로 나아가지 못하고 있다. 이는 미국 사회의 주체 역량이 시대 흐름에 부합하는 방향으로의 변화를 받쳐주지 못했기 때문에 나타난 현상이다. 따라서 퇴영적 흐름에 더 주목하는 사람은 그것을 메가 트렌드라고 생각할 수 있으며 이 책의 관점이 지나치게 낙관적이라고 평가할 수도 있다. 하지만 사회는 항상 51 대 49의 확률적 양면성을 갖고 변화해나간다. 거기에는 문명의 시대 구조에 부합하는 점도 있지만 그렇지 않은 점도 있다. 그러므로 필자는 다양한 현실 전개의 가능성을 인정하면서도 그 차이를 구별하는 것이 중요하고, 그러기 위해서는 문명 비평의 관점이 필요하다고 역설한다.

원고를 탈고하고 나니 만감이 교차한다. 이 책은 오랫동안 끊임없이 사회적·정치적으로 실천해온 지식인으로서 필자 자신의 성찰서이기도 하다. 필자는 20대 초반의 젊은 시절부터 사회정의에 관심을 갖고 그것을 실현하는 일에 뛰어들었다. 그 과정에서 여러 번 고초를 겪기도 했다. 사회가 민주화된 뒤에는 의회정치 영역에서 수년간 일하기도 했지만, 주로 학자의 길을 걸어왔다. 필자의 학문은 세상이 좀 더 아름답고 따뜻해져야 한다는 목표에서 한시도 벗어나지 않았다. 그러다 보니 정치와 곧잘 관계를 맺었고, 새로운 정치라는 화두를 끌어안고 정치적 실천에 적극 참여하기도 했다. 그러면서 정치권에 꽤 많은 담론을 생산해 제공했다. 2007년 17대 대통령 선거에서 문국현 후보에게 '가치정치'를, 2010년 지방선거에서 야권에 '연합정치'를, 2011년 문재인 노무현재단 이사장이 주도하던 '혁신과 통합'에 '혁신론'을, 2011년 서울시장 재·보궐 선거에서 박원순 후보에게 '반특권'을, 2012년 대통령 선거에서 안철수 후보에게 '진보적 자유주의'와 '루스벨트 모델'을 제공했다. 그러는 중 2015년에는 '사회교체론(시대교체론)'과 '청년정치세력화론'을, 2016년 국회의원 총선거에서는 '신당론'

을 지식인으로서는 최초로 제기했다.

그동안의 활동을 돌이켜볼 때 반성되는 부분도 많고, 불명확했던 것들이 조금씩 더 명확해진 부분도 있다. 새로운 정치 담론이 실현되기까지는 다양한 변수들 간의 예측하기 힘든 상호 작용을 거쳐 사람들에게 감성적으로 수용되는 과정이 필요하기에 의도한 목표에 도달하기가 매우 어렵다는 것을 배우게 되었다. 역사의 수레바퀴를 움직이는 데 직접 참여해보고자 현실 정치에 뛰어들었다가 치명적 오류를 범하기도 했고, 협잡과 조작에 걸려 혹독한 대가를 치르기도 하면서 스스로의 부족함을 깊이 반성했다. 이처럼 여러모로 부족한 필자 같은 사람이 우리 시대를 논하는 것이 가당키나 한지 잘 모르겠다. 이 시대 전체를 논하기 위해서는 두 가지 능력이 필요하다. 하나는 역사, 문명, 세계의 여러 사회현상을 하나로 연결해 간명하게 특징을 잡아내는 축약 능력이고, 다른 하나는 현재와 미래가 이어지는 지점에서 강력한 직관과 통찰을 발휘해 어렴풋이 떠오르는 것의 실체를 포착해내는 예지 능력이다. 이런 능력이 턱없이 부족한 필자가 감히 우리 시대를 논한다는 것이 부끄럽기도 하다.

필자는 이 책에서 정치사상, 국제정치, 경제와 기술, 역사 등 대단히 폭넓은 분야를 다루고 있다. 그렇다고 필자가 그 분야들에 전문적 지식을 갖고 있는 것은 아니다. 필자는 각 분야의 전문가들이 펼쳐놓은 성과를 잘 정리하고 활용했을 뿐이다. 그리고 그것들을 연결해서 시대 구조의 현재와 미래의 모습을 그려보면서 담론의 생성을 시도해본 것이다. 필자는 우리 사회의 지식인들이 갈수록 기능적 전문인이 되어 실천적 담론 작업에서 멀어지는 현실을 안타까워한다. 미국의 지식을 베끼기에 급급한 나머지, 독립적 사고를 못하는 것이 아니라 안 하는 모습을 개탄한다. 그 빈틈을 약간이라도 메우려는 자갈 같은 존재의 어설픈 몸짓쯤으로 이 책을 생각해주면 고맙겠다. 아무튼 세상을 좀 더 아름답게 만들고 싶은 사람들이 사회와 정치에 관해 제기하는 다양한 질문에 대해 지금까지와는 다른 각도에서 고민해보는 조그만 계기가 되기를 바란다. 이 책을 쓰며 많은 사람의 도움을 받았다. 그분들의 이름을 일일이 거명하지는 않지만 지면을 통해 다시 한번 감사하다는 말씀을 전한다. 집필에 도움을 주신 분들과 책을 추천해주신 분들께 누가 되지 않는 책이었으면 하는 바람뿐이다.

2017년 10월
고원

1장

촛불혁명과
새로운 정치 문명의 탄생

쾌(快) 시민의 출현

1898년 대한제국의 수도 서울의 중심가 종로 거리에 수만 명의 인파가 모였다. 만민공동회라 불리는 이 집회에는 어린아이부터 백발의 노인에 이르기까지, 갓을 쓴 양반부터 지게를 진 나무꾼까지 각계각층의 사람이 몰렸다. 여기서 사람들은 상감마마와 벼슬아치의 전유물로만 여겼던 국사(國事)를 놓고 스스로가 의견을 던지고, 다수의 공감과 호응을 이끌어내는 말의 전달 방법을 익히고, 수천·수만 명의 사람들이 한자리에 모여 회의하는 규칙을 배워나갔다. 그때까지 한 번도 보지 못했던 새로운 유형의 대중이 역사의 전면에 갑자기 등장한 것이었다. 정치학자 고(故) 전인권 박사는 "조선 사회가 근대 정치로 전환했음을 알린 최초의 사건이었고, 근대 국민국가(nation state)로서 대한민국의 탄생을 예고하는 신호탄이었다"라고 평가했다.[1]

그로부터 120년이 흐른 21세기 초입에 거의 똑같은 장소에 다시 또 새로운 대중이 출현했다. 120년 전에 모인 사람들이 장작불을 들었다면 21세기의 사람들은 저마다 손에 촛불과 스마트폰을 쥐고 있었다. 촛불혁명은 새로운 가치와 문화적 감수성을 품은 새로운 유형의 시민이 사회 전면에 출현했음을 알리는 상징적 사건이었다. 2008년 촛불집회 당시에는 시민·사회 단체들조차 대선과 총선을 거치며 형성된 뿌리 깊은 패배 의식에 허우적거리고 있을 때였다. 이때 전혀 뜻밖에 촛불을 든 것은 여중생들과 여고생들이었다. 그 뒤를 이어 다음(daum) 아고라를 비롯한 온라인 토론장, 유모차 부대와 김밥 부대를 가능하게 한 수많은 온라인 커뮤니티와 생활협동조합 조합원이 등장했다. 2016년 촛불집회에서는 '장수풍뎅이연구회' 같은 다양한 소모임의 역할이 컸다. 'JANY(자니?)', '망굴모(망원동 굴찜집에서 모인 사람들)', '전국집순이연합', '전국애묘연합' 등 즉흥적으로 창조된 것 같은 이름의 깃발들이 새로이 등장했다. 이는 1980~1990년내 전국민족민주연합(진민련), 전국대학생협의회(전대협)처럼 전국적인 체계를 갖춘 거대 조직의 지도하에서 이루어지던 시위와는 완전히 양상이 달라진 것이었다.

　이처럼 새롭게 등장한 시민들은 냉전 시대의 반공 투사도 아니고, 개발 시대의 산업 전사도 아니었다. 그렇다고 민주화를 위해 가두에서 짱돌과 화염병을 들고 뛰는 민주 투사도 아니었다. 이들은 21세기 탈근대의 시기에 촛불과 스마트폰을 들고 등장한 새로운 주체들이었다. 수백만 명이 가진 지식과 영감을 결합해 과거에는 미처 상상하지 못했던 거대한 '집단 지성'을 창조하고 공동의 문제를 해결해나가는 새로운 시민들이었다. 그들은 공유, 개방, 참여의 가치를 통해 서로 소통하며 가치를 생산하고 향유하는 다층적이고 다원적인 시민들이었다. 독일의 세계적인 사회학자 울리히 벡(Ulrich Beck)의 말처럼, 이들은 사회가 양대 진영으로 나뉜 상황에서 저항을 통해 민주주의를 체득하는 것이 아니라 그물망처럼 도처에 깔린 위험사회의 쟁점들 속에서 서로 소통을 통해 민주주의를 체득해나갔다.

이들은 새로운 세대 집단으로 표현될 수도 있다. 여기서 말하는 세대 집단이란 특정한 연령집단만을 지칭하는 것이 아니라 압축적인 시대 변화의 담지자를 나타내는 하나의 패러다임으로서의 세대다. 조한혜정 교수는 한 칼럼에서 민주화이후 세대의 특징으로 진부하고 권위주의적인 것에 대한 거부감이 강하고, 차이를 바탕으로 한 개인성, 다양성, 자아 성찰, 자기표현이 바탕이 되는 공론화에 대한 열망을 갖고 있다면서, 사실상 한국 사회에서 가장 창의적이고 개성적인 집단이라 설명하고 있다.[2] 바로 이들이 촛불혁명의 가장 핵심적인 동력이었던 셈이다.

2008년 촛불집회에 참여한 사람들이 촛불을 들고 하는 일이란 그다지 특별한 것이 없었다. 누구를 열렬히 증오하는 언어를 쏟아내거나 적을 향해 짱돌과 화염병을 들고 돌진하는 것도 아니었다. 그 대신 시민들은 함께 노래 부르고, 춤추고, 서로의 가슴속에 있는 생각을 말과 글과 몸동작으로 표현하고 교환했다. '쾌(快) 시민의 출현'이라고 할 만한 현상이었다. SNS는 이들의 생각을 전파하는 데 아주 효과적인 수단이었다. 며칠 뒤에 오만했던 권력은 대국민 사과문을 발표했다. 120년 전 고종 황제가 만민공동회에 모인 대중에게 자신의 부덕을 고백하며 사과했듯이, 이명박 대통령은 청와대 뒷산에서 이글거리는 촛불을 보고 반성하며 「아침이슬」을 읊조렸다고 했다. 민주화와 노동운동 시대에 풍미했던 가두 투쟁과 총파업으로 이룰 수 없었던 놀라운 변화가 일어났던 것이다.

촛불집회는 2016년에 더욱 진화하고 발전된 형태로 다시 등장했다. 그것은 양적으로도 1987년 6월 민주항쟁을 능가했을 뿐만 아니라

질적으로도 한층 성숙하고 깊어진 모습을 보여주었다. 2016년 10월 29일부터 2017년 3월 11일까지 모두 20차례에 걸쳐 매주 진행된 촛불집회에는 수만 명에서 최대 200만 명까지 거대한 규모의 군중이 참여했지만 별다른 폭력 사태 없이 부패한 권력자를 축출하려는 목표를 달성했다. 수백만 명의 군중이 한자리에 모여 사소한 불상사 없이 공통의 목표와 실천에 대해 합의를 이끌어내는 불가사의한 모습에 세계인은 경이를 표했으며 단박에 세계사적 사건으로 기록되기에 이르렀다. 그래서 사람들은 자연스럽게 이 사건을 촛불혁명이라고 불렀다.

촛불대중은 새로운 세대를 중심 기반으로 하지만 단일하고 동질적인 집단은 아니었다. 2008년의 촛불대중과 2016년의 촛불대중은 구성 요소가 많이 달랐다. 2008년과 달리 2016년의 촛불대중은 한때 이명박과 박근혜를 지지하기도 했고, 일상생활에서는 사회가 요구하는 무한 경쟁에서 살아남기 위해 이기심에 불타기도 하는 사람들이다. 그들은 촛불혁명의 물결 속에서 스스로와 사회를 성찰하며 커다란 변화를 경험했다. 그들의 많은 부분은 여전히 정치에 대해 소극적이며 두려움을 극복하지 못하고 있었다. 그런 점에서 촛불대중은 복합적 유기체와 같은 집단이었다.

촛불혁명은 평범한 대중이 부딪히는 삶의 문제와 긴밀하게 연결되었다. 사회구조가 강요하는 일상적 삶의 중압감 속에 짓눌려 침묵하며 살아가던 사람들이 저항의 목소리를 내기 시작했다. 특히 이 사건에서 주목할 현상 중 하나는 대학생 등 청년의 목소리였다. 2008년 촛불집회 때만 해도 청년층과 대학생의 참여는 제한적이었다. 그들은 원래부터 정치 이슈에 무관심한 모습을 보였을 뿐만 아니라 일상적 삶에서도 무한 경쟁을 강요하는 사회적 압력에 각자도생하는 등 수동적으로 적응하는 편이었다. 그래서 사람들은 이들에게 '88만원 세대'라는 조어를 붙여주었는데, 이는 높은 청년 실업, 열악한 청년 복지 등 고단한 삶을 살아가면서도 사회적 문제 제기나 저항을 할 줄 모르는 모습을 표현한 것이었다. 그러나 이들은 2010년 무렵부터 점점 자신의 정치적 의사를 표출하기 시작했다. 무상 급식, 반값 등록금 같은 복지 이슈가 부상하면서 정치와 자신의 삶을 연결해 사고하기 시작했는데, 이는 그 뒤에 각종 선거에서 투표율 상승을 주도하는 동력이 되었다. 촛불혁명 직전에도 이들은 '헬조선(Hell朝鮮)'이라는 저항 담론을 만들어냈고, 5000여 명이 모인 이화여대생들의 학내 시위 사태는 촛불혁명의 물꼬를 튼 계기가 되었다.

새로운 정치 문명 탄생을 예고하는 촛불정치

촛불혁명은 새로운 정치 문명의 탄생을 예고했다. 촛불혁명은 하나의 역사적 '국면'이었다. 그것은 2016년에 일어난 특정한 사건이기도 하지만 2008년 촛불집회가 될 수도 있고, 2002년 발생한 노무현 돌풍이 될 수도 있고, 월드컵 열풍이 될 수도 있다. 그것은 한국인의 정치 코드를 바꿔온 일련의 맥락을 말하는 것이다. 기본적으로 국가 단위의 우승열패(優勝劣敗)를 기준으로 한 국가주의의 역사, 물질적 산업화를 기준으로 한 근대화의 시대가 다층적이고 자율적인 개인이 수평적으로 결합한 새로운 공동체의 시대, 삶의 질이 중시되는 탈근대 사회로의 전환과 맞물려 일어난 중요한 현상이었다. 촛불집회에서 모습을 드러낸 저항의 주체, 담론, 목표, 조직 형태, 행동 수단의 특성은 산업화와 민주화 이후에 나타난 사회 변화, 이를테면 세계화, 정보화, 탈산업화, 개인화와 같은 사회적 추세를 확연하게 반영하고 있었다.

촛불혁명은 여러 차원의 역사시간이 마치 씨줄과 날줄처럼 얽히면서 만들어진, 시대 변화를 읽어내는 중요한 코드였다.

우선 그들은 광장(plaza)이라는 새로운 공간을 정치의 형식으로 창출했다. 가두가 단선적 직선 위에서 전진과 물러섬의 동학을 상징한다면, 광장은 원형 공간 안에서의 어울림과 즐김을 상징한다. 그 공간은 일정한 방향을 향해 내몰기보다 다양한 것을 담아내고 품는다는 점에서 남성적이기보다는 여성적이고 모성적이었다. 광장 속에서의 정치는 가치의 정치이자, 삶의 현장에 근거를 둔 생활 정치이며, 분권의 정치였다. 광장은 이분법적 적대성에 기초한 암울한 절망과 부정적 저항의 공간이 아니라, 다중 정체성, 역동성, 자발성, 창조성, 상상력, 유쾌한 반란, 속도를 특징으로 하는 새로운 참여의 공간이 되었다. 촛불집회에 참가한 주체는 다양한 차원의 수많은 개인과 그룹이었다. 이들은 집회장에서 각자의 재기발랄한 생각과 창의적 행동을 자유롭게 표현했다. 기존의 운동 단체가 조직의 이름과 세력을 과시하며 시민을 압도하려고 할 때면 시민들은 "깃발 내려!"라는 구호로 대응했다.

촛불정치의 중요한 특징은 수많은 주체 사이의 관계가 수평적이고 탈중심적이었다는 점이다. 2017년 촛불혁명의 전초가 된 이화여대생들의 시위는 총학생회나 운동권 세력의 지도가 없었는데도 대오가 쉽사리 흔들리거나 흩어지지 않았다. 그 직후에 전개된 촛불혁명도 마찬가지였다. 집회를 주최하는 단체는 있었지만 플랫폼을 만드는 수준이었으며, 시위에 참가한 대중을 통제할 정도의 영향력을 갖지 못했다. 그렇다면 어떻게 탈집중화된 무수한 개인이 중앙집권적으로 조직된 대중보다 더 위력적일 수 있었는가? 이들은 SNS 등 정보 기술을 바탕으로 현실 세계의 물리적 한계를 극복하며 다양한 인간관계를 맺고 사회적 이슈에도 자발적으로 참여하는데, 이들을 응집시키는 것은 '가치 있는 것'에 대한 공감과 소통이었다. 그래서 신진욱 교수는 촛불집회의 특성이 "방사형이 아니라 모자이크형"이며, "노동·시민단체가 주도해 목적의식을 갖고 동원하던 전차형에서 강물이 흐르듯 상황 변화에 따라 행동의 목표와 수단을 정하는 강물형"[3]으로 변하고 있다고 말한다. 근대 산업사회의 문명 규범이자 근대 관료제의 규범이기도 한 표준화, 전문화, 집중화, 극대화, 중앙집권화의 특징이 탈집중화, 분권화, 다원화 등으로 대체되는 현상이 뚜렷이 나타났다.[4]

일반적으로 산업화 이후의 사회는 세계화와 정보사회로 묘사되는데, 여기서는 사회 갈등의 양상을 새로운 차원으로 전이시킨다.[5] 촛불혁명에서 의제를 설정하는 과정을 보면 새로운 시대의 특성이 관찰되는데, 민주 대 독재, 개혁 대 수구, 보수 대 진보, 자본 대 노동, 영남 대 호남과 같은 국민국가를 구성하는 구조적 요소와 관련된 이슈가 쇠퇴하고, 생명, 건강, 환경, 주거, 교육, 일자리처럼 대중의 일상 속에서 제기되는 쟁점이 국가권력에 저항하는 새로운 정치 주제로 부상했음을 알 수 있다. 또한 정보사회의 탈물질적 가치관은 개인 차원에서 자기표현과 가치 있는 삶에 대한 강조로 표출되는데,[6] 개인의 삶의 질 향상과 관련된 안전한 먹거리, 안전한 여행, 안전한 주거 환경 같은 문제가 대중의 집단적이고 역동적인 참여 행동과 결합해 공동체의 공공 이슈로 전화하는 양상을 보여주었다.

하지만 그런 일련의 변화가 근대, 산업, 물질적 가치를 절대적으로 배제한다는 뜻은 아니었다. 촛불집회에서 보이듯 탈물질, 탈산업, 탈근대의 새로운 문명적 가치는 헌법에 규정된 시민권의 문제, 대외적 국가 주권의 문제 등 근대적 가치와 별 모순 없이 잘 결합했기 때문이다.[7] 촛불집회에 모인 대중은 "대한민국은 민주공화국이다"를 외치며 헌법의 근대적 가치를 새롭게 발견하고 완성해갔다. 그러나 여기서 나타난 근대성은 더는 20세기의 순수한 근대성이 아니다. 근대성과 탈근대성은 단계적으로 분리된 별개의 가치가 아니라 하나로 융합되고 재구성된 가치였다. 근대성을 완성하는 작업은 이미 근대를 넘어 새로운 문명을 개척하는 일과 동일한 역사적 단계의 과제가 되어 있었다.

생명(삶)과 공감으로서 촛불과 새로운 권력 원리

촛불정치에 나타난 이상과 같은 여러 특징을 관통하는 핵심 가치는 '생명(삶)'과 '공감'이라고 할 수 있다. 생명 가치는 삶의 고통과 죽음의 문제에 깊은 관심을 기울인다. 이는 '아모르 문디(amor mundi)', 즉 삶이 영위되는 '세계'에 대한 사랑에서 생겨난다.[8] 그런데 이런 사랑은 나의 삶에만 한정될 수 없으며, 타인의 아픔에 공감할 수 없다면 결코 성립할 수 없다. 왜냐하면 세계란 인간들이 모여 서로 관계를 맺으면서 형성되는 삶의 시공간이기 때문이다. 따라서 이방인을 만들어내 내부와 외부의 넘을 수 없는 경계선을 만들고, 폭력적이고 전투적인 비난을 퍼붓는 일은 필연적으로 자기 내부로 전염되고 공동체를 무한 투쟁의 정글 지대로 만든다. 그리고 궁극적으로는 나 자신에 대한 폭력으로까지 발전하게 된다.

생명의 가치는 근대 정치의 사고인 민족주의와 주권 사상을 뛰어넘어 발전해간다. 소크라테스(Socrates)가 고향이 어디인지 묻는 질문을 받았을 때 "나는 세계시민이다"라고 답한 것은 자신의 지식과 삶이 모든 인간에게 확장되는 보편성을 갖기를 바랐기 때문이다. 보편적 진리에 입각해 나와 타자가 두꺼운 경계를 뚫고 소통할 수 있는 공동체에 대한 지향이었다. 20세기의 위대한 정치철학자 한나 아렌트(Hannah Arendt)가 나치(Nazi)의 유대인 살상은 유대인에 대한 범죄를 넘어 '인류에 대해 자행된 범죄'라고 명확히 규정한 것도 비슷한 맥락이었다. 미국의 가장 존경받는 교육 지도자 파커 J. 파머(Parker J. Palmer)의 말을 빌리면, 그것은 "우리 안의 차이와 갈등을 드러내되 생명을 불러일으키는 방향으로 끌어안음으로써 민주주의의 엔진을 만들고 보다 나은 사회의 가능성을 열어가는 일"이다.[9]

근대적 정치관은 인간의 존엄에 대한 믿음, 의견 차이에 대한 관용, 근대적 권리에 관한 사상을 발전시켰지만, 국민국가 중심의 질서에 바탕을 둔 시민권의 내적 한계 탓에 확장이 근본적으로 제약되어왔다. 인권과 시민권이 중첩되기도 하지만 때로 충돌하기도 했다. 어떤 상황에서는 근대사회의 시민권에 담긴 배제와 차별이 민주주의를 파괴하고 사회를 퇴영시키는 나쁜 사례를 만들어내기도 했다. 근대 세계를 형성한 오늘날의 서구 사회는 혐오, 차별, 적대, 폭력의 늪 속에서 시간이 갈수록 허우적거리고 있다. 우리 사회도 나와 의견이 다른 사람을 향해 함부로 낙인을 찍거나 인간의 상식을 넘어서는 혐오 표현을 동원해 불행에 빠진 사람들을 조롱하는 등 인간인지 의심스러운 모습이 목격되기도 한다. 하지만 그런 관점은 삶의 공간과 그것을 지탱하는 사회적 유대감을 더욱 확장시켜야 하는 오늘날의 시대 구조와 맞지 않다. 미래 사회는 에리히 프롬(Erich Fromm)이 『소유냐 존재냐(Haben Oder Sein)』에서 다룬 소유 의식을 넘어 존재의 감정을 형성하도록 요구한다. 세계적인 미래학자 제러미 리프킨(Jeremy Rifkin)에 따르면 존재의 감정이란 바로 공감 충동인데, 그것은 문명 안에서 벌어지는 차별과 통합의 끊임없는 투쟁을 통해 전개되고 발전한다.[10]

촛불은 거대한 권력이었다. 그러나 그것은 지금까지의 권력과는 매우 다른 원리에 따라 조직된 새로운 권력이었다. 정치에 대한 근대적 사유는 지배와 피지배의 문제로 접근하는 틀을 근본적으로 벗어나지 못한다. 이런 개념 속에서 배제와 차별은 어느 수준에서든 필연적이며, 정치는 그런 질서를 유지하기 위해 필요한 '폭력' 수단을 독점하고 집중시키는 활동으로 이해된다.[11] 이는 그동안 지배자나 피지배자, 우파나 좌파 모두에게 자명한 진리로 받아들여졌다. 특히 좌파 역시 폭력은 지배계급의 명령을 받는 폭력 수단인 국가에 대항할 수 있는 필수 도구로 간주했다. 장 폴 사르트르(Jean Paul Sartre)가 말한 것처럼 "대지의 저주받은 자들이 인간이 될 수" 있는 것은 "미친 듯한 분노"를 통해서 가능하다고 믿었다.[12] 하지만 그런 정치의 개념은 소통의 확장력에 구조적 한계를 설정하며, 세계화와 정보화의 시대적 조건과 잦은 갈등과 충돌을 일으킨다.

반면에 촛불혁명에서 형성된 권력은 강제력과 강요를 통해서가 아니라 자유롭고 동등한 사람들이 함께 어울려 의견을 나누는 가운데 공동 의견을 확인하고, 이를 바탕으로 공동 행동을 하는 과정에서 형성되었다. 그것은 폭력의 조직체로서의 권력이 아니라 공감성에 기초한 '소통적 권력'이자, 진정한 의미의 '평등의 정치(이소노미아, isonomia)'였다.[13] 촛불정치에 나타난 시민적 공화주의, 즉 민주공화국을 지키기 위한 사랑과 헌신은 공감성이 높은 단계로 발전했을 때 발현될 수 있는 현상이었다. 촛불정치는 분노보다는 유쾌함, 조종(弔鐘)의 엄숙함보다는 축제의 발랄함이 더 주된 흐름을 이루었다. 그렇게 해서 촛불시민들은 고도의 폭력 수단에 의존하는 국가권력을 압도하는 거대한 권력이 되었다. 이렇게 해서 새로운 권력 구성의 원리가 한국 사회에 출현하게 되었다.

촛불혁명은 새로운 권력 원리를 창조해내면서 우리가 원초적이고 절망적인 폭력 게임의 굴레에서 벗어날 수 있는 대반전의 계기를 만들어냈다. 그것은 생명의 본질인 다양성과 차이를 억압하고 개인들에게서 자기 결정권을 박탈하는 정치, 정치집단, 정치제도에 맞서는 싸움이었다. 경제에서 노동의 가치와 비중을 축소하고 무한 경쟁을 통해 생명의 가치를 획일화하는 비인간화의 힘에 대한 저항이었다. 촛불혁명은 생명(삶)의 가치가 기반이 된 소통과 공감을 통해서 만들어진 권력이었다는 점에서 세계화와 정보화 시대에 상응하는 새로운 정치문명의 등장을 알리는 사건이었다. 정치에서 '공감', '생명(삶)'의 가치에 대해서는 2장과 6장에서 좀 더 구체적으로 얘기하기로 한다.

촛불혁명은 '87년 체제'와 '긴 20세기'의 마무리

촛불정치는 그동안 우리 사회에 많은 중요한 정치적 변화를 만들어왔다. 노무현 돌풍과 안철수 현상을 만들어냈고, 이명박·박근혜 정부가 자행한 시대 역주행과 헌정 농단을 막아냈다. 민주 정부의 무능과 실패로 완전히 망가져버린 여와 야, 보수와 진보 간의 세력 균형을 복원해내기도 했다. 그럼으로써 선거 조작의 위험을 걱정해야 할 정도의 위기 상태로 전락했던 한국의 민주주의는 기사회생의 발판을 만들 수 있었다. 하지만 촛불정치는 이러한 변화를 훨씬 뛰어넘었다. 무엇보다 2017년 촛불혁명은 1987년 민주항쟁으로 이룩된 헌정 체제의 불완전성을 극복하는 계기를 만들었다. 1987년 민주화 체제는 권위주의 시대의 거대한 유산을 간직한 채 주요 세력 사이의 불안한 타협과 빈번한 대결, 역사적 전진과 역진을 반복해왔다. 무엇보다 민주화와 세계화 이후 특권·기득권 체제의 형성을 효과적으로 방지하지 못하면서 사회적 피로감이 확산되었고, 이를 틈타 수구 세력이 다시 발호하기 시작했다. 그에 따라 한국의 대의제 민주주의는 사회문제는 물론이고 정치에서의 기능 부전을 치유할 힘을 거의 잃어버린 듯해 보였다. 그런데 촛불혁명은 거대한 반전을 통해 역사의 발걸음을 다시 촉진시켰다. 그동안 헌정 체제를 퇴행시킨 일차적인 주범이었던 수구 세력을 적어도 절반쯤은 괴멸시켜 공동체 밖으로 쫓아버렸다.

촛불혁명은 근대 헌정사에서 최초로 대다수의 국민이 참여해 유쾌하고 발랄하게 치른 '축제의 정치'였다. 서양 선진국에는 독립 기념일, 헌법 제정 축하대행진, 대혁명 기념일 등 축제의 정치가 하나의 국민적 전통으로 자리 잡았다. 독립과 혁명의 과정은 길고 고통스러웠겠지만, 그것이 축제로 승화한 이유는 더는 사회의 내적 갈등의 대상이 아니라 최종적 승리의 역사로 기록되었기 때문이다. 우리도 광복절, 삼일절, 제헌절 등 경축일이 있기는 하지만 축제의 정치와는 거리가 멀었다. 4·19혁명, 6월 민주항쟁 등은 축제라기보다 처절하고 엄숙한 저항의 전통 영역에 있었다. 우리 역사상 정치가 실질적 축제가 된 것은 이번 촛불혁명이 유일하다. 촛불혁명 속에는 국민 전체를 하나로 묶은 공화주의 정신이 있었고, 국민들은 처음으로 '모두' 하나가 되어 공동체에 대한 진정한 사랑과 경의를 경험했다. 축제의 정치는 새로운 권력 원리의 등장을 나타냈고 이는 한 시대가 마감하고 새로운 시대가 개막되고 있음을 시사해주었다. 역사시간의 관점에서 볼 때 축제의 정치로서 촛불혁명은 지난 140년간 전개되어온 근대국가 건설의 완성이 임박했다는 신호였다.

앞으로 우리 사회에서 여러 중요한 정치·경제적 변화가 일어날 것으로 보인다. 우선 정치적으로는 87년 체제를 구성하는 지역주의 정치 구조와 그에 입각한 패권적 양당 체제가 약화되고 다당제가 강화되는 방향으로 나아갈 것이다. 물론 승자 독식의 정치제도가 어떻게 개선될지는, 새로운 정치 세력을 형성하려는 주체들의 정치적 역량이 어느 정도인지에 따라 우여곡절은 있겠지만 다당제를 추동하는 힘은 지속적으로 증대해갈 것이다. 경제적으로는 박정희가 남긴 경제·사회적 유산들에 대한 우리 사회의 근본적 성찰이 이루어질 것이다. 재벌 체제와 같은 경제구조에 대한 성찰에서부터 군대식 상하 서열에 입각한 사회조직, '빨리 빨리', '질보다 양', '밀어붙이기' 등과 같은 문화 관행에 대한 성찰이 본격화할 것이다. 이와 같은 제도와 문화를 주도했던 사회집단이 퇴장하고 새로운 제도와 문화를 이끄는 사회집단이 본격적으로 등장할 것이다. 사람들의 뇌리에 분명하게 각인된 촛불의 놀라운 경험은 학교, 직장, 가정, 그 안에 깊숙이 착근한 나쁜 관행과 문화, 심각하게 왜곡된 젠더 구조, 척박한 노동 현실, 권위주의적 인간관계 등 일상과 사회의 많은 영역에 큰 변화의 단초가 될 것이다.[14] 경제적으로는 87년 민주화 체제가 전자·자동차·IT 산업이 비약적으로 발전하고 세계 속에서 한국 경제의 위상이 크게 격상되는 계기가 되었듯이, 이번 촛불혁명 역시 세계화와 정보화의 흐름을 잘 활용해 또 한 번의 경제적 도약을 이루는 계기가 될 수도 있다.

이상과 같은 변화가 촛불혁명의 제도적 실천을 통해 성공적으로 완수될 때 우리는 1876년 강화도조약에 따른 개항 이후 근대적 정상 국가를 완성하기 위해 줄기차게 싸워왔던 '긴 20세기'의 역사를 마무리하는 본격적인 발걸음을 내딛을 수 있을 것이다. 마지막 장애물인 분단 체제가 강고하게 지속되겠지만 평화 체제로의 전환을 위한 결정적인 실마리가 만들어질 가능성이 크다. 그리고 근대국가의 완성을 넘어 세계화와 정보화 시대에 조응하는 새로운 정치 문명의 윤곽이 점차 모습을 드러낼 것이다. 그와 함께 인권, 평화, 빈곤, 환경, 젠더 등의 탈근대적인 주제도 점차 중요한 이슈로 부상하게 될 것이며, '다양성'과 '자기 결정권'의 가치가 사회적으로 중심 가치가 될 것이다.

시대 전환의 맥락에서 본 촛불혁명

촛불혁명은 근본적으로는 여러 차원의 급변하는 역사적 압력들이 가하는 총체적인 위기의식을 배경으로 하는 사회현상이었다. 그 압력들이란 바로 문명 전환 내지는 시대 전환에 상응하는 사회 변화의 요소들이다.

무엇보다 직접적으로는 우리 내부에서의 역사적·사회적 압력이다. 우리는 지난 시대에 산업화와 민주화를 동시에 달성하면서 선진국에 진입한, 20세기 세계사에서 보기 드문 성취를 이룩했다. 그러나 우리를 성공으로 이끌었던 요인들은 이제 동력을 빠르게 소진해가고 있다. 강력한 대통령의 리더십, 고도의 중앙집권적 관료제, 재벌 중심의 경제체제로 이루어진 정치·경제적 패러다임은 종언을 고하고 있다. 기존의 민주화 동력 또한 빠르게 소진되고 있다. 과거 민주화의 주체들은 기득권이 되거나 시대 적응력을 상실했다. 이런 사회 발전 동력의 소멸 때문에 우리 사회는 양극화와 특권화 현상이 초미의 문제로까지 심화되었고, 권위주의가 일정 부분 다시 부활하는 현상이 나타났으며, 결국에는 헌정 체제의 파국적인 위기를 낳게 되었다. 바로 이런 상황이 우리에게 근본적인 혁신 압력을 가하고 있다.

그런데 촛불혁명은 단순히 근대적 정상국가의 완성이라는 한국적 맥락에만 국한되지 않고 세계사적 맥락과 연결되어 있음을 인식해야 한다. 그것은 구체적으로 문명 전환이 가하는 압력이다. 오늘날 세계 질서는 곳곳에서 지각변동을 일으키고 있다. 그 진원은 세계화와 정보화다. 세계는 국민국가 중심의 근대적 질서가 근본적인 한계를 드러내는 가운데 세계화와 반세계화의 교차점 사이에서 갈등과 충돌을 빚고 있다. 주권, 시민권 등 근대사회를 특징지어온 기본 개념들은 근본적 재검토의 대상이 되고 있다. 이런 중에 탈냉전 뒤에 일시적으로 강화되었던 미국 중심의 단극 체제가 다극 체제로 이행하고 있고, 그와 함께 국제 관계의 패러다임이 전쟁·군사 패러다임에서 경제·문화·외교 패러다임으로 변화하고 있다. 4차 산업혁명을 비롯한 과학기술의 급격한 발달은 근대사회에서 주조된 노동과 삶의 형태를 가치의 근저에서부터 흔들고 있다. 정부와 민간의 관계, 정부의 역할도 근본적으로 수정을 요구받고 있다. 이 때문에 세계 각국은 세계화와 정보화라는 근본적으로 새로운 역사적 환경에 상응하는 새로운 문명을 개척해나가야 하는 과제에 직면하게 되었다. 이와 함께 우리 사회도 그런 세계사의 격류 한가운데 서 있다.

이런 속에서 전근대, 근대, 탈근대라는 역사시간들의 교차 방식도 국가마다 다양하게 나타나고 있다. 어떤 나라들은 근대적 사회질서를 일정 부분 해체하고 세계화의 조건에 맞게 재구성하는 데 적극적이지만, 또 어떤 나라들은 근대적 사회질서를 다시 강화하는 방법으로 세계화의 모순에 대응하려 한다. 그리고 또 다른 어떤 나라들은 전근대적 질서를 부활시켜 세계화의 과제에 대응하고자 한다. 그런 과정에서 정치의 모습도 나라마다 각각 다르게 나타나고 있다. 어떤 나라가 문명 전환에 성공적으로 대응할지의 여부는 그 나라의 정치에 달려 있다. 즉, 어떤 정치 문명을 건설해나가는지가 관건이라는 얘기다. 지금 세계 각국에 일반적으로 퍼져 있는 대의제 민주주의에 입각한 정치는 갈수록 관료제와 권력정치의 한계를 드러내고 있다. 그래서 세계는 그런 대의제 정치를 대체할 수 있는 '정치적인 것'의 영역을 새롭게 확보하기 위해 다양한 실험과 노력을 전개하고 있다. 어떤 나라는 좀 더 이질적인 요소들을 수용하면서 다원적인 공존과 균형을 찾아나가려고 한다면, 다른 어떤 나라는 이질적인 요소들에 대한 편견과 차별을 불러내 그들의 공동체적 동질성을 유지하려고 한다. 필자는 그것들을 각각 '공감성의 정치'와 '적대성의 정치'라고 부른다.

문명 전환과 시대 전환에 대처해나가는 정치적 태도와 경로의 차이는 국가들 간에만 나타나는 것이 아니라 국가 안에서도 나타난다. 우리 사회도 내부적으로 그 같은 두 가지 경로 사이에서 치열하게 갈등을 겪어왔다. 우리 사회에는 그동안 적대성의 정치 현상이 만연해 사회를 퇴영적인 혼란과 분열, 심각한 위기 속으로 몰아넣었다. 우리 사회가 과감하게 새로운 문명적 사고와 실천으로 전환하지 못한 탓에 낡은 사고와 실천이 우리를 끊임없이 고통 속으로 몰아넣었다. 국제관계에서는 냉전 시대의 패러다임과 단극적인 세계관에 입각한 사고와 정책이 끈질기게 지속되었다. 경제에서는 다양성보다 재벌 중심의 획일성이, 사람의 가치보다 자본 투입 위주의 경제구조가 지배해왔다. 그러면서 사회 양극화와 불평등이 심화되고 삶의 질은 형편없이 악화되었다.

촛불혁명은 그 같은 사회 모순이 누적되고 격화되어 폭발한 대항적 정치 운동이었다. 그것은 적대성의 정치에 대립하는 공감성의 정치의 특징을 보여주었다. 촛불혁명은 주체, 의제, 운동 방식에서 다양성, 탈집중, 비폭력과 상호 배려, 수평적 연대와 공감 등 이른바 근대적이지 않은 방식으로 이루어졌다. 그런 점에서 촛불혁명은 우리 사회가 근대성의 나쁜 특징들을 종종 강화하고 있는 미국이나 영국, 극우 정당의 약진으로 곳곳에서 '세계화 대 반세계화'의 딜레마에 빠진 유럽 국가들, 때늦은 민족주의 열풍이 찾아들기 시작하는 동아시아 국가들과는 달리, 역동적 시민사회를 바탕으로 다른 방식으로 미래 사회로 이행해갈 수 있는 가능성을 보여주었다.

김누리 교수는 한 신문 칼럼에서 유럽에서 민주주의와 시민사회의 전통이 가장 부족했던 독일이 오늘날 세계에서 가장 민주적 제도, 복지 체계, 사회의식을 갖춘 나라가 된 것은 68혁명 덕분이었다고 말한다. 68혁명의 여파로 독일은 사회를 더욱 민주적인 공동체로 바꾸었고, 그 속에서 성장한 젊은 세대가 오늘날의 새 독일을 만들었다는 것이다.[15] 촛불혁명에서 나타난 대중의 역동성은 어느 면에서 독일의 68혁명을 능가한다. 68혁명은 주로 교육 문제를 중심으로 학생 등 젊은 세대가 주동이 되어 기성 질서와 정부에 저항한 사건이었다. 이에 반해 촛불혁명은 특정 세대가 아닌 전 국민이 하나가 되어 헌정주의의 가치를 수호하기 위해 일어섰고, 유혈혁명이었던 68혁명과 달리 폭력이 거의 없이 평화롭게 완수된 사건이었다. 그런 점에서 촛불혁명은 투철한 시민적 공화주의의 모범을 보여주었다. 우리 사회는 시민사회의 역동성과 성숙도를 바탕으로 새로운 나라로 가는 길에 다양한 변화와 개혁을 이룰 만한 잠재력이 있다고 하겠다.

'대중의 강력한 역동성' 대 '정치 리더십의 빈곤'

촛불혁명은 궁극적으로 우리 사회에 많은 변화를 가져오겠지만, 그럼에도 세상은 우리가 기대하는 만큼 그렇게 당장, 쉽게, 많이 바뀌지는 않을 것이다. 지난 200년간 우리 근대사에서 대중이 집단행동을 일으킨 적은 많았으나 그 주체들이 직접 승리의 기쁨을 누리거나 향유해본 경험은 거의 없다. 그런 집단행동들은 끊임없는 실패와 좌절의 역사를 경험해왔다. 설령 성과가 있었다고 해도 대중의 막대한 희생을 치른 뒤에 부분적인 승리를 따내는 데 그쳤다. 사회를 지배해온 기득권 세력은 대중의 압력에 직면하게 되면 재빠른 변신과 부분적인 양보를 통해 저항을 약화시키고, 그 뒤 적당한 때를 골라 가차 없이 반격해 지배 질서를 지속적으로 재생산할 수 있었다.

역사는 단순히 객관적 가능성만으로 저절로 발전하지 않는다. 세상이 잘 변하지 않는 이유는 크게 두 가지다. 하나는 사람들의 의식과 가치관이 여전히 과거의 관성에 얽매어 있고 기성 의식으로부터 근본적으로 탈피하는 데 꽤 긴 시간이 필요하기 때문이다. 다른 하나는 대중을 때로는 설득하고 때로는 법을 통해 강제하면서 새로운 패러다임으로 인도할 수 있는 정치 리더십이 결여되어 있기 때문이다. 이 두 가지 요인은 상호 작용하면서 사회 변화를 결정하는 함수가 된다. 최근의 기간제 교사 이슈도 그런 문제점을 보여준다. 기간제 교사가 사회문제의 대상이 된 이유는 정부가 학생 수 감소와 예산 문제를 들어 학교 현장에 필요한 만큼의 교원을 발령 내지 않고 그 자리를 기간제 교사로 메우게 했기 때문이다. 그렇게 교육 현장에 들어온 기간제 교사들은 열악한 처우와 일상적인 고용 불안에 시달리는 존재가 되었으며, 정규직 교사들이 초과 임금을 누리는 데 희생의 기반이 되었다.

그런데 새 정부가 공공 부문의 비정규직을 정규직화하겠다고 선언하자 기간제 교사들이 자신들도 정규직 전환의 대상에 포함시켜달라고 요구했다. 그러자 정규직 교사들이나 임용 시험 준비생들이 기간제 교사들은 임용 시험을 거치지 않았으므로 정규직 전환이 불공정하다고 주장하며 반대하고 나섰다. 이렇게 보면 사회의 모든 이해 당사자가 근본적인 문제 해결보다 각자의 개별 이익을 지키기 위해 서로 배척하고 갈등하고 있다. 정부와 정치권 역시 다른 이해 당사자가 반대한다는 이유로 눈치만 보며 기간제 교사 문제를 개혁 의제에서 사실상 제외해버렸다.

개혁은 대중의 자발적인 요구만으로 실현될 수 없다. 특히 대중 사이에서 이해관계가 충돌할 때는 더욱 그렇다. 국가(정치)가 리더십을 발휘해 이해 당사자 사이의 사회적 대화 테이블을 마련하고 상호 양보와 고통 분담의 원칙에 따라 현안을 해결하도록 중재하고 설득해나가는 것이 필수적이다. 이 과정에서 정부 또한 자신이 가진 기득권을 내려놓고 이해 당사자들이 보다 용이하게 타협할 수 있도록 유도하는 적극적 노력을 전개해야 한다. 정부의 역할은 단순히 사회의 다양한 이해관계를 반영하고 취합하는 거울 이상이어야 한다. 그럼에도 지금까지 국가(정치)는 기득권의 이해를 보장하거나 기껏해야 이해 당사자의 요구에 수동적으로 반응하는 것에 머물러왔다. 이 때문에 사회 의제(social agenda)의 성격이 전환되지 못하고 개혁은 늘 제자리걸음을 벗어나지 못했다.

사회 개혁의 잠재적 가능성을 현실로 만들기 위해서는 정치 리더십의 역할이 중요하다. 우리의 지난 역사는 '대중의 강력한 역동성'과 '정치 리더십의 빈곤'이라는 양자의 모순과 불일치로 점철되었다. 역사를 돌이켜보면 사회가 위기에 처할 때마다 이름 없는 민중이 번번이 들고 일어났지만 리더십의 빈곤 탓에 궁극적인 성공을 거두는 데까지 이르지 못한 경우가 많았다. 오늘날의 상황도 크게 다르지 않다. 최근 촛불혁명에 의해 수구 세력의 지배 기반이 크게 약화되었는데도 정치는 여전히 시대적 과제를 해결하는 쪽으로 쉽게 나아가지 못하고 있다.

이번 촛불혁명 직후 조기에 치러진 대통령 선거전의 양상은 하나의 아이러니였다. 대통령 선거에서 촛불혁명의 수혜자들이 촛불혁명의 가치에 부응했다고 볼 수 없었다. 대선 주자들은 방황하는 중도 보수층을 잡기 위한 경쟁에 더 열을 올렸고, 사회 개혁의 비전과 의제들에 대한 국민적 합의를 형성하기 위한 능동적 노력은 미약했다. 20대 국회의원 총선거 이후 여소야대 상황이 펼쳐지고 촛불혁명 이후 수구 세력이 현저히 약화되었는데도 소소한 개혁 입법 하나 제대로 이루어 내지 못했다. 그만큼 우리 정치 구조에 여전히 치명적인 약점이 존재한다는 뜻이다. 따라서 지금은 우리 사회가 직면한 총체적인 위기 상황을 극복하고 미래 사회로의 대전환을 성공적으로 이루기 위해 정치가 무엇을 해야 하는지, 대중의 역동성에 부응하는 정치 대안과 리더십을 창출하기 위해서는 무엇이 필요한지 등을 묻고 그 답을 찾아가야 할 때다.

이런 물음의 답을 찾기 위해 이 책은 다음과 같이 구성했다. 2장에서는 위기론에 대한 고찰을 통해 사회현상을 읽는 기본 시각과 방법론을 논했다. 3장에서는 세계 질서와 경제 기술의 변화 속에 내포된 문명 전환과 그 속에서 한국의 기회와 도전에 대해 다루었다. 4장에서는 우리 역사에 대한 성찰을 통해 지금 우리가 서 있는 지점의 시대적인 의미를 고찰해보았다. 5장에서는 21세기에 전개된 한국 정치의 역사적 과정이 어떻게 전개되어왔는지를 설명했고, 6장에서는 문명 전환이라는 시대 흐름에 잘 대응해나가면서 민주공화국의 가치와 정신을 발현시키기 위해서 정치의 무엇을 어떻게 바꿔야 하는지를 논의했다.

2장

사회현상을 보는 시각

●●●

사회 위기를 보는 두 가지 관점

파시즘적 위기론과 대항적 위기론

우리 사회는 이대로 가다가는 더는 지탱이 힘들 것 같은 총체적인 위기의 징후를 도처에서 노출하고 있다. 우리 사회는 지금 어디로 가는가? 우리의 삶에 정말로 희망이 있는가? 이런 근원적인 질문과 매일매일 끊임없이 조우하고 있다. 이런 사회 상황에서 가장 먼저 민감하게 반응한 것은 청년들이다. 그들은 우리 사회를 한마디로 쿨(cool)하게 규정했다. 헬조선! 헬조선은 우리 사회가 아무리 노력해도 정당한 대가를 주지 않고, 아무도 책임지지 않는 불공정한 사회라는 청년층의 인식을 배경으로 생겨난 조어다. 여기에는 우리 사회에서 젊은 이들이 느끼는 불안감, 상실감, 분노 등이 담겨 있다. 일종의 위기론인 셈이다.

그런데 사실 위기론을 끊임없이 만들어 사회에 유통시키고 대중의 의식 속에 주입하려 했던 주체는 사회의 주류 특권층이었다. 그들은 끊임없이 위기론을 유포하면서 파국에 대한 공포를 재생산했고, 이를 통해 대중이 정당한 권리를 요구해올 가능성을 억눌렀다. 지배층이 퍼뜨리는 위기론에는 사람들을 기성 질서에 순치시키고 복종하게 만드는 이데올로기적 의도가 숨어 있다. 독일의 나치는 경제 대공황 시기 대중의 첨예한 위기의식을 이용해 자국민과 세계 인류를 지옥처럼 비참한 상태에 빠뜨렸다. 최근 영국과 미국에서 일어난 브렉시트(Brexit)나 트럼피즘(Trumpism)도 신자유주의 세계화에 지친 중간 및 하층 대중의 위기의식에 편승해, 이민자들에 대한 인종주의적 혐오와 편견을 부추긴 사례라고 할 수 있다.

권명아 교수는 『무한히 정치적인 외로움』에서 파시즘(fascism)은 근거를 알 수 없는 사회 내부의 위험 요인을 과도하게 강조하며 음모론적 대중 정치와 선동을 지속한다고 설명한다.[1] 파시즘은 세계를 음모적이며 불가지론적인 방식으로 묘사하고, 이를 통해 위기감을 지속적으로 재생산한다. 사회 구성원들은 알 수 없는 불안감에 사로잡혀 살게 되고 불안은 숙명이 된다. 유일한 절대적 가치는 불안한 세상에서 살아남는 것이 된다. 이른바 '닥치고 생존'인 것이다.

상황이 이렇게 되면 생존 전략은 적과 동지를 명확히 구별하고 자기편의 동질성(획일성)을 확보하며 적을 제거하는 것이 된다. 이를 위해서는 지도자를 중심으로 절대적으로 단결하고 복종해야 한다. 하지만 적과 동지를 구별하는 투쟁은 끝이나 경계선이 있는 일이 아닌, 만인 대 만인의 투쟁이며 '나'라는 개인만이 살아남고 사회가 전멸할 때까지 이어지게 된다. 이렇게 해서 개인들은 철저히 원자화되며 파시즘의 지배에 철저히 예속된다.

우리 사회의 지배층이 유포하는 위기론도 이와 유사한 유형이라고 할 수 있다. 이들은 호들갑스럽게 경제 위기라고 떠들지만 그것을 초래한 근본 원인에 대해서는 정확하게 이야기하지 않는다. 근본 원인을 따지기보다는 살아남는 것이 중요하다면서 청년들에게 일자리를 구하는 눈높이를 낮추라고 끊임없이 종용한다. 이들은 늘 안보 위기라고 떠들지만, 무엇이 안보 위기이며 위기를 초래한 근본 원인이 무엇인지에 대해서는 입을 다문다.

그런데 이 속에서 지배층의 세계상에 대항하는 다른 형태의 위기론이 출현한다. 그것은 대중이 스스로의 입으로 위기를 이야기하고 재구성함으로써 말과 정보의 권리를 확보하고자 하는 공간이다. 철학자 미셸 푸코(Michel Foucault)가 저항과 자유의 실천을 '생명정치' 전략의 유기적 요소라고 불렀던 것과 비슷하다. 푸코가 볼 때 근대 권력은 기본적으로 생명을 조절하고 통제하려는 데서 출발했다. 그런데 그런 권력 과정은 대항 형태를 촉발한다. 생명에 대한 통제의 팽창과 강화는 동시에 생명의 권리를 확보하기 위한 투쟁을 사회적 목표로 만들도록 촉진한다. 기본욕구의 충족과 생명, 신체, 건강, 성과 같은 새로운 범주의 권리가 정치투쟁의 영역에 등장하고 정치 질서와 정치의 핵심을 근본적으로 변형시킨다고 말한다.[2] 생명정치의 개념과 그것의 의미에 대해서는 6장에서 좀 더 구체적으로 얘기하기로 한다.

2008년 촛불집회는 지배층의 위기론에 대항하는 생명정치의 가능성을 열어준 계기라 할 수 있다. 그것은 경제적 논리를 핑계로 미국산 소고기 수입을 일방적으로 결정한 정부에 대항해 건강과 생명의 자기결정권을 되찾기 위한 평범한 시민들의 싸움이었다. 위기란 공론의 장에서 집합적 토론을 통해 성찰되어야 하는 대상이며, 소수 엘리트가 밀실에서 논의해 결정해주는 대로 따라야 하는 대상이 아니라는 생각이었다. 하지만 이명박 정부에서 벌어진 촛불집회를 보고도 박근혜 정부는 일방주의를 강화하고 시민들에게 더욱더 순치와 복종을 강요했다. 박근혜 정부는 시민들에게 자신의 삶을 성찰하고 스스로 결정해가는 최소한의 공론장마저 허용하지 않았다. 살아남기 위해서는 눈높이를 낮추고, 해고를 쉽게 하고, 비정규직을 더 늘려야 한다며 일방적인 기준을 내세워 노동 개혁이라는 이름으로 강요했다.

이런 상황이 지속되자 젊은 세대는 이 사회를 더는 자신들이 살수 없는 곳, 살아서는 안 되는 곳이라는 뜻으로 '헬조선'이라고 규정했다. 이를 통해 지배층의 담론과 경계 짓기를 시도했다. 헬조선은 전형적인 저항 담론이었다. 그것은 아직 사회적 약자의 해방에 대한 기대와 희망을 충족시키지는 못하지만, 해방의 사상과 정치를 탈환하는 길로 연결되는 발판을 제공한다. 헬조선 담론은 아직 초기 형태이기는 하지만 기성 체제에 대한 젊은 세대의 저항이 시작되고 있고 새로운 정치적 주체화의 가능성을 알린 사회적 기표라고 할 수 있다. 따라서 헬조선 담론을 한국 젊은 세대의 절망의 코드라고 해석하는 것은 현상론적 파악이었다.

'적대성의 정치' 대 '공감성의 정치'

위기와 기회를 연결하는 고리는 사상적·정치적 실천이자 전략이다. 파시즘적 위기론은 죽느냐, 사느냐라는 절체절명의 선택을 강요해 사람들에게 인간적인 삶의 권리를 포기하고 가장 저열한 삶을 받아들이도록 요구한다. 반면에 대항적 위기론 속에서는 위기와 기회가 상호 변증법적으로 연결된다. 위기는 경우에 따라서 기회의 땅으로 들어가는 창문이 될 수도 있다. 비행기를 하늘에 띄우기 위해 역풍이 필요하듯 위기는 더 높은 단계로의 전진을 위해 꼭 필요한 요소가 될 수 있다.

19세기 말 미국의 상황은 위기가 도약의 기회로 연결된 역사적인 사례다. 당시 미국 사회는 거대 기업가들이 막대한 부를 독점하고 정치권력까지 하수인으로 전락시키며 무소불위의 지배자로 행세하는 천민자본주의가 판을 치고 있었다. 당시 미국인의 90퍼센트가 빈곤 상태에 있었고 사회 안전망은 아예 존재하지 않았다. 노동자 중 80퍼센트가 하루 16시간의 장시간 노동에 시달렸다. 하지만 미국인들은 용감하게도 이 거대한 카르텔을 파괴했다. 그 힘은 평범한 대중의 자각과 운동, 대중의 고통을 이해하고 새로운 사회질서를 도입하려는 굳은 신념과 결단력을 지닌 지도자로부터 나왔다. 그런 노력이 미국을 보다 지속적인 발전과 번영의 길로 인도했으며 세계 최강국의 지위로 올라서게 만들었다.[3]

같은 시기 일본의 상황도 비슷한 사례다. 19세기 중반까지도 봉건 사회에서 벗어나지 못했던 일본은 밀려오는 서세동점의 물결 앞에서 극도의 위기의식을 느꼈다. 막부 정권은 새로운 시대 조류에 안이하게 대처했으며 무기력한 모습을 계속 노출했다. 이에 하급 무사들을 중심으로 자각한 집단이 등장해 막부 정권을 타도하고 천황을 중심으로 하는 새로운 정치 질서를 세워 그들 나름의 근대화를 추진해나갔다. 청(淸)나라에만 의존해 세상 물정에 어두웠고 아예 위기의식조차 없었던 조선과는 뚜렷이 대조되는 모습이었다. 그 결과 일본은 서양 열강과 어깨를 겨루는 강국의 대열에 진입한 아시아에서 유일한 국가가 되었다.

결국 위기와 기회가 서로 연결되어 사회가 앞으로 나아가는지 아니면 뒤로 후퇴하는지는 정치의 조건에 달려 있다. 양극화, 불평등, 저성장, 일자리 부족, 청년 실업의 문제가 오랫동안 전 세계를 휩쓸고 동시에 문명의 전환이라는 새로운 물결이 밀려오는 상황에서 위기와 기회를 연결하는 정치의 조건은 크게 적대성의 정치와 공감성의 정치로 나뉜다. 이는 마치 1930년대에 대공황의 파고가 밀어닥치자 독일, 이탈리아, 일본처럼 파시즘의 유혹에 빠져든 경우와 영국이나 미국처럼 민주주의 체제를 유지하고 복지를 강화한 경우로 나뉜 것과 비슷하다. 그렇다면 적대성의 정치와 공감성의 정치란 무엇인가?

세계 질서와 미래 문명에 패러다임의 근본적 전환이 일어나고 있듯이 정치에도 그 같은 근본적 전환이 일어나고 있다. 근대 정치의 산물인 기존의 대의민주주의는 세계적으로 불신받고 있다. 투표율의 세계적인 저하 추세가 이를 단적으로 보여준다. 사람들은 일반적으로 민주주의가 작동하는 방식에 심각한 문제가 있다는 것을 느끼고 있다. 정치는 훨씬 당파적으로 변했고, 시민의 목소리를 대변하는 데 한계를 노출해왔다. 정책을 형성하는 과정에 특수한 이해관계가 개입되는 경우가 많아졌고 다수의 사회적 약자의 목소리가 축소되고 배제되었다. 정부에 대한 신뢰도는 전반적으로 저하되어왔다. 그래서 기성 정치의 전통적인 문법을 파괴하려는 시도가 세계의 정치 현장 곳곳에서 벌어져 왔다.

여기에는 크게 두 가지 유형의 정치 실험이 있다. 하나는 영국의 브렉시트, 미국의 트럼피즘, 유럽 각국의 극우 정당 물결 등을 들 수 있다. 다른 하나는 이탈리아의 오성운동(Movimento 5 Stelle), 스페인의 포데모스(Podemos), 아이슬란드의 해적당(Piratar), 한국의 촛불혁명 등 직접민주주의의 이상에 바탕을 둔 대중의 정치 참여 운동을 들 수 있다. 이 두 가지 유형의 정치 실험은 기성 정치를 파괴한다는 데 공통점이 있지만, 정치의 본질이라는 관점에서 볼 때 매우 상이하고 적대적이기까지 하다. 전자는 타자에 대한 배제와 고립을 지향하는 적대성의 정치에 뿌리를 두지만, 후자는 다양성과 참여의 가치를 지향하는 공감성의 정치에 뿌리를 둔다. 전자는 복고적이고 후자는 미래 지향적이다. 물론 지나친 이분법은 경계해야 한다. 이 두 가지 유형은 공통적으로 정부에 대한 대중의 불신을 기반으로 삼는 만큼 현실에서 유사한 모습으로 나타나는 부분도 있다. 이를테면 오성운동이 극우 정당들과 마찬가지로 유럽연합(EU) 탈퇴 입장을 취하는 점이나 모호한 정치적인 지향과 결합해 포퓰리즘적 요소를 띠는 점이 그렇다.

적대성의 정치는 자신과 다른 세계에 사는 이들에 대한 불신과 배제에 입각해 성립된다. 그것은 적과 동지를 구별하면서 적과의 생사를 건 투쟁에서 이질적인 것들을 제거하고 동일성을 확립해 권력 이익을 획득하고 생존하는 것을 궁극적이며 유일한 목적으로 삼는다. 그것은 모든 문제를 생존 본능이라는 일차적인 욕구로 환원시킨다는 점에서 본질적으로 반(反)정치의 전통에 기원을 두고 있다. 언어의 담론을 생명으로 하는 정치 행위를 혐오하고 모든 정치적 권위에 무차별적인 공격을 가하기도 한다. 그것은 '정치가 밥 먹여주냐?'라는 회의감과 냉소를 확산시킨다.

적대성의 정치는 격렬한 사회 변동기에 대중의 극한적 위기의식과 분열적 욕망을 이용한다. 위기의 원인을 특정한 누구의 탓으로 돌리며 희생양에 대한 분노를 유발하는데, 그 타깃은 주로 사회적 약자가 된다. 외국에서 이주해온 노동자, 다른 인종, 사회의 소수자에 대한 막연한 이질감, 두려움, 증오감을 극단까지 발전시킨다. 그리고 이를 애국주의로 포장한다. 주로 정치적 무관심층이나 냉소주의자들이 동원 대상이 된다. 이는 "강자의 이익이 정의"라고 보는 권력정치의 관점과 상통한다. 미국 역사에서 이따금씩 나타나는 퇴행적 애국주의도 넓게 보면 그런 부류인데, 이는 자신의 외부와 자신의 적을 '타자'로 놓고 그 타자를 부정하면서 자신의 정체성과 우월성을 확인하려는 미국적 근대성의 특징에서 비롯된다.[4] 이 때문에 미국은 주기적으로 자신의 내부를 향한 파괴의 고통스러운 과정을 경험하는데, 근래에만 1950년대 매카시즘(McCarthyism), 2000년대 네오콘(neocon)의 등장과 아프가니스탄·이라크 전쟁 등이 그런 사례. 이들은 "인류 자유를 진보시키는 미국"[5]을 수호한다는 대의명분을 주장하지만, 실제로는 미국을 격렬한 분열과 갈등의 도가니 속으로 몰아넣었다.

그에 반해 공감성의 정치란 분열적 욕망에 입각한 적대성의 정치와는 달리 차이, 즉 다양성을 인정하는 바탕 위에서 성립한다. 그것은 단순히 차이를 극복해 동일화하는 것이 아니다. 동일성은 오히려 타자를 배제하기 위한 목적에서 나오는 적대성의 정치가 지닌 특징이다. 공감성의 정치란 미국의 교육자 파머의 말을 빌리면 "우리 안의 차이를 생명을 불러일으키는 방향으로 창조적으로 끌어안는 것"이다.[6] 그런 점에서 공감성의 정치는 생명(삶) 정치에 기반을 둔다. 왜냐하면 생명에 대한 경건함 없이는 공감이 성립할 수 없기 때문이다. 그렇기 때문에 공감성의 정치는 패권주의에 반대하고 민주주의를 강화하며 경제적으로는 특권·기득권에 소외당한 사람들이 없도록 모든 사람을 대변한다.

공감성의 정치는 단순히 '살아남는 것'을 유일 가치로 삼는 적대성의 정치와 달리 공동체와 관련된 의미 있는 가치에 기반을 둔다. 공동체와 관련된 의미 있는 가치란 공자(孔子)에게는 '정명(正名)'이었고, 맹자(孟子)에게는 '민본(民本)'이었으며, 플라톤(Platon)에게는 '정의', 아리스토텔레스(Aristoteles)에게는 '행복'이었다. 현대에 와서는 정치의 본질적 가치를 개인의 권리를 보장하기 위한 공정한 계약으로 보는 자유주의의 시각과 사회마다 전승되는 언어, 문화, 종교, 역사, 생활양식과 같은 공동체의 공유된 가치를 실현하는 것으로 보는 공동체주의의 시각이 있다. 정치의 본질을 어떻게 정의하든 공감성의 정치는 그 목적이 모든 사회 구성원이 자유롭고 평등한 권리 속에서 협력을 통해 다 함께 잘 살 수 있는 길이 무엇인가라는 가치 중심의 비전과 도덕성에 기초한다. 또 공동체의 공적 활동에 자발적으로 참여하고, 공동체 안팎의 이질적인 요소와 끊임없이 소통하며 새로운 가치를 창출해낸다.

　미래학자 리프킨에 따르면 글로벌화가 진행되는 오늘날 세계는 새로운 코스모폴리타니즘(cosmopolitan)을 낳는다. 이는 세계시민을 낳는다는 뜻이다.[7] 인류 문명은 전통적 가치에서 합리적 물질 가치로, 다시 삶의 질과 자아 표현의 가치로 전개되어왔다. 이는 생존 사회에서 세속적 합리주의 사회로, 다시 공감 사회로 변해가는 것과 대체로 일치한다. 이에 따라 사회질서도 권위적이고 위계적인 구조에서 거대한 기업과 정부의 관료주의로, 다시 개인주의적이고 개방적인 것으로 변해왔다. 생존 사회일수록 사람들은 소수자를 용납하지 않고 민족주의와 순응을 강조한다. 자아 표현을 억제하기 때문에 공감의 범위는 기껏해야 가족이나 연고 관계 등 좁은 범주를 벗어나지 못한다. 반면에 삶의 질과 자아 표현이 강조되는 사회일수록 사람들은 세련된 자의식을 갖추고 있고, 다른 사람에 대해서도 '우리'와 '그들'이라는 정체

성의 배척 관계를 걷어내고 관용적이고 개방적으로 변화한다.[8]

공감성은 각각의 발전 단계를 거친다. 우선 첫 번째는 타인의 아픔에 대한 연민과 동정(sympathy)의 단계다. 상대방의 고통을 나도 똑같이 느끼는 것으로 상대방이 슬퍼할 때 나도 같이 슬퍼하며 눈물을 흘리는 것이다. 맹자가 말하는 측은지심(惻隱之心)이다. 두 번째는 다른 사람이 겪는 고통의 정서적 상태로 들어가 그것을 자신의 고통인 것처럼 느끼는 단계다. 이는 타인의 고통을 깊이 이해한 뒤에 다시 나 자신으로 돌아와 어떻게 하면 그를 도울 수 있을지 생각해보는 것이다. 보통 이를 감정이입(einfühlung)이나 공감(empathy)이라 부른다. 인간은 단순한 생존과 번영을 넘어 애정, 유대감, 친밀감, 소속감을 추구한다. 많은 심리학자가 이것이야말로 인간의 충동 중에서 가장 으뜸가는 것이라 말한다.[9] 학자들은 인류에게 생존과 번영의 문제가 목표의 전부였다면 구석기시대처럼 인간의 무리는 훨씬 적은 수의 규모를 유지했을 것이라고 말한다. 공감 능력은 인간 사회가 갈수록 정교하고 상호의존적이며 복잡해질 수 있는 동력이다. 그래서 어떤 사람들은 인간을 '호모엠파티쿠스(Homo Empathicus)'라고 부르기도 한다.[10]

공동체에 대한 사랑과 헌신은 그런 공감 능력에서 비롯된다. 타인의 아픔이 나의 삶과 연결되어 있다고 생각하고, 공통의 삶의 공간인 공동체를 보다 따뜻하고 아름답게 만들기 위해 노력한다. 촛불정치에서 나타난 시민적 공화주의도 그런 사회적 공감 능력이 높은 수준으로 발전했을 때 나타나는 현상이었다. 그렇기 때문에 사회의 공감 능력은 사회 개혁의 비례함수다. 미래학자 리프킨은 공감이 사회 개혁으로 발전한 19세기의 역사적 사례를 소개한다. 아동노동 금지, 노예거래 금지, 공개적 고문 금지 등이 그것이다. 이는 나아가서 동물에 대한 잔인한 관습이나 제도의 폐지 운동으로 이어지기도 했다.[11] 이런 일련의 사회 개혁은 우리 모두가 비슷한 육체적 약점이 있고, 고통과 불편을 싫어하는 공통점을 지니고 있으며, 무엇보다 본래의 성향은 선하다는 믿음에 기초할 때 나타날 수 있다. 공감의 사회적 기반이 존재할 때 사회 개혁은 성공적으로 추진될 수 있다.

앞에서 설명한 것처럼 적대성의 정치와 공감성의 정치라는 두 가지 패러다임의 정치가 지금 서로 갈등하고 경쟁하며 전 세계의 정치 지형에 큰 지각변동을 일으키고 있다. 이 두 가지 정치의 패러다임은 나라에 따라 분포하는 양상이 다르게 나타난다. 또 같은 나라 안에서도 시기와 상황에 따라 번갈아가며 교대로 나타나기도 한다. 한국에서도 두 가지의 정치 패러다임은 시기에 따라 밀고 밀리면서 치열하게 경합을 벌여왔다. 기원전 5세기 페르시아 전쟁에서 민주정이 전제정을 이긴 사건처럼, 촛불혁명은 공감성의 정치가 적대성의 정치를 극복하고 승리를 거둔 사건이었다. 그것은 우리 사회가 가진 정치적 자원의 잠재적 크기와 질을 나타내 보여주었다.

● ● ●

정치 문명으로서 역사시간과 헌정 체제의 개념

장기지속, 국면, 사건의 역사시간들

지금 우리 사회에서 일어나는 중요한 사건들은 하나의 역사적 국면을 종료하고 새로운 역사적 국면으로 전환하는 과정에서 나타나는 현상들이다. 전술한 것처럼 촛불혁명 속에는 문명의 전환이라는 역사적인 압력이 작용하고 있다. 그 속에서 낡은 패러다임과 새로운 패러다임이 동시에 존재하면서 격렬한 갈등을 일으키고 있다. 그렇기 때문에 우리는 긴 역사시간이라는 개념 틀을 통해 사회현상을 바라볼 필요가 있다. 무엇이 낡은 역사적 국면이고 무엇이 새로운 역사적 국면인지를 규명해야 하기 때문이다. 무엇보다 1987년 6월 항쟁에서 시작해 2017년 촛불혁명에 이르는 시기의 역사적 성격이 무엇인지를 규명하는 일은 사회의 역사적 발전을 고민하는 사람들에게 필수적 과제가 되었다.

역사학계에서 아날학파의 거두 페르낭 브로델(Fernand Braudel)은 역사시간을 장기지속(longue duree), 국면(conjuncture), 사건(events)으로 나누었다. 장기지속은 정지된 시간처럼 느껴지는 안정적이고 일관되게 유지되는 거시적이고 구조적인 시간이다. 브로델 등은 자본주의와 근대국가가 함께 형성되는 1450년부터 1640년에 이르는 근 200년간의 거시적 시간을 '긴 16세기'라고 불렀는데, 이것이 바로 장기지속에 해당하는 전형적인 사례다. 그에 반해 국면은 10년, 20년, 50년 정도의 중간 길이의 역사시간이다. 미시적 시간과 거시적 시간 사이에서 일어나는 인과관계가 분명한 역사시간이다. 마지막으로 사건은 미시적이고 표면적이며 우연성이 강한 시간이다.[12]

브로델의 역사시간 개념은 우리 사회의 사회현상에 적용해볼 때 유의미성을 지닌다. 임혁백 교수는 한국의 20세기는 사실상 1876년 개항에서 시작해 아직도 현재 진행형인 긴 20세기라고 설명한다. 한국의 긴 20세기는 제국주의, 식민주의, 사회혁명, 전쟁으로 얼룩진 전반부와 산업화, 민주화, 세계화의 모범적 부르주아 근대화로 이어지는 후반부로 나눌 수 있다고 한다.[13] 임혁백 교수가 말하는 긴 20세기를 브로델이 말하는 장기지속이라고 했을 때, 이를 구성하는 국면과 사건들은 무엇인가? 아마도 2017년 촛불혁명은 하나의 중요한 역사적 사건이 될 것이며, 2002년부터 2017년까지 이어진 일련의 촛불현상은 역사적 소(小)국면, 1987년 6월 항쟁에서 2017년 촛불혁명에 이르는 시기는 그보다 좀 큰 역사적 국면으로 규정할 수 있을 것이다.

장기지속의 시간 안에서 개개의 국면과 사건들은 서로 따로따로 떨어져 있는 것처럼 보인다. 예를 들자면 1948년 체제, 1961년 체제, 1987년 체제는 작동 시스템이 매우 다르다. 그렇기에 이 체제들을 관통해 긴 20세기라는 하나의 정체성을 가진 역사시간으로 묶을 수 있으려면 연속되는 본질적인 요소가 있어야 한다. 바로 그 본질적 요소에 의해 역사시간들은 집합적 정체성과 사회적 인과관계를 갖는 유기적 단위가 된다. 일정한 지속성과 방향을 갖고 움직이는 사회구성체가 되는 것이다. 이처럼 특정한 유기적 단위로서 역사시간들이 형성되는 이유는 그것들이 사회를 구성하는 여러 개인과 사회집단 사이의 끊임없는 상호 작용과 응축을 통해 국가의 근본적 방향에 관해 계약을 체결한 결과물이기 때문이다. 그리고 여기에는 그 사회의 작동을 규제하는 쉽게 변하지 않는 세력 구조가 내포되어 있다. 그 세력 구조란 상당 기간 지속되는 힘 관계의 결과물이면서 동시에 사회 구성원들 사이의 동의의 산물이다.

정치 문명으로서의 헌정 체제의 개념

근대 이후의 역사시간은 헌정 체제라는 모습으로 나타난다. 역사시간은 특정한 정치 문명의 형태를 띠고 나타나는데, 정치 문명이란 국민과 국가를 형성한 방식, 권력 구성의 원리, 정치 담론과 자의식(역사적 서사 구조), 그 기반을 이루는 세계관과 역사관 등의 '정치 양식'이다.[14] 그것은 그 사회의 정치, 경제, 문화의 독특한 패턴과 특징을 규정한다. 헌정주의는 사회 공동체의 그런 정체성을 구성하는 개인과 사회집단의 상호 작용을 규정하는 이념이나 정신을 말한다. 그리고 헌정 체제는 바로 그런 정치 문명의 바탕 위에서 오랜 세월에 걸쳐 응축된 정치 제도와 규범의 집합체다.

헌정 체제란 단순한 힘의 관계나 '우리 대 저들', 즉 우리를 억압하는 외부 세력과 억압당하는 우리 사이의 구별에 입각한 이분법적 대립의 산물만은 아니다. 단일민족이라는 혈연 공동체의 산물은 더더욱 아니다. 이를테면 우리가 1000년 넘게 같은 민족 집단으로서 공통의 국가 체계를 공유해왔다는 사실과 그것이 일본 제국주의의 강점으로 짓밟혔다는 사실은 우리의 민족의식이 싹트고 자라나는 중요한 계기가 되었다. 하지만 그것만으로는 대한민국이라는 하나의 근대적 국가 공동체가 탄생하고 형성되는 과정들을 설명해주지 않는다. 여기서 나아가 더 중요한 것은 '우리'의 실상에 대한 성찰과 토론을 통해 국가공동체가 추구하는 가치와 목표를 수립해나가는 헌정적 실천이다. 헌정적 실천에 따라 뒷받침되지 않는다면 역사시간들은 사회 내부의 끊임없는 분열과 균열을 되풀이하면서 성립되지 못하고 만다.

어떤 국민이라는 집단을 구성하는 정체성으로서 헌정주의란 사실 집단적 공감 능력이 오랫동안 퇴적되어 만들어진 역사적 서사와 같은 말이다. 오랫동안 유포되고 전승되고 공유되어온 일종의 '이야기'다. 최근 널리 읽힌 책 『사피엔스(Sapiens)』의 저자 유발 하라리(Yuval Harari)는 인간이 지구의 정복자로 등장한 결정적인 이유가 바로 뒷담화 능력이라 말한다.[15] 그것은 단순한 언어능력이 아니라 언어라는 도구를 이용해 수만 명, 수천만 명의 인구를 공통된 목표를 추구하는 하나의 집단으로 창조해낼 수 있는 집단적 허구의 생산능력이다. 성경의 창세기, 호주 원주민의 드림타임(Dream Time) 신화, 현대 국가의 민족주의 신화와 같은 공통의 신화를 짜낼 수 있는 유례없는 능력 때문이라는 것이다. 이런 능력 덕분에 인간은 다른 동물이 영위할 수 있는 집단생활의 개체 수를 넘어 수십만 명이 거주하는 도시, 수억 명을 지배하는 제국을 건설할 수 있었다. 그 속에서 사람들은 법과 정의와 인권의 존재를 믿고, 신과 형제애와 국가의 존재를 믿는 것이다. 헌정주의란 그런 공통의 신화를 써가는 서사적 실천이다.

역사시간들에 비춰볼 때, 과연 한국은 지금 어디에 서 있으며, 어디로 가고 있는가? 그 역사시간들은 어떤 서사적 실천을 통해 만들어졌는가? 한국의 긴 20세기는 국가공동체의 잃어버린 정체성의 복원을 위한 기나긴 투쟁의 역사였다. 그런 역사를 통해 한국만큼 치열하게 헌정주의를 집단적으로 실천한 나라도 없었다. 근대 이후의 집단적 서사를 통해 한국 민족주의의 신화를 창조하고, 강력한 평등주의의 문화와 국민의 뜻을 거스르는 대리인은 언제든 갈아치운다는 국민주권의 신화를 만들어왔다. 구한말의 만민공동회에서 3·1운동에 의한 임시정부를 거쳐 4·19혁명과 6월 민주항쟁 그리고 촛불혁명에 이르기까지 한국인들은 무려 100여 년간 20년에서 40년 주기마다 거대한 대중적 에너지를 분출시키며 헌정주의에 대한 고뇌와 실천을 이어왔다. 특히 21세기에 들어서 한국인의 서사적 실천 능력은 지구상에서 가장 빠르게 진화했다. 한국인들은 촛불과 SNS를 결합해 독창적 서사 구조를 만들었고, 이를 정치와 결합해 거대한 사회적 폭발력으로 창조해냈다. 세계 최초의 인터넷 대통령이라 불린 노무현을 낳았고, 촛불혁명이라 불리는 세계사적 사건을 만들어냈다. 이렇게 해서 한국인들은 긴 20세기라는 역사시간을 창조해왔다. 그것은 근대적 정상국가를 완성하고 동시에 새로운 정치 문명을 개척하기 위한 끊임없는 실천의 과정이었다.

긴 20세기라는 역사시간의 관점에서 볼 때 1987년 민주화 이후 들어선 헌정 체제는 민주공화국이라는 근대적 가치 위에서 여러 사회 세력이 적대적 갈등과의 대결을 마감하고 대한민국 역사상 최초로 평화적 타협과 공존에 도달하게 되는 계기를 만들었다. 구한말 수구와 개화, 일제강점기 친일과 반일, 해방 공간에서의 좌익과 우익, 반공·냉전 및 산업화와 민주화 사이의 적대적 갈등과 파국으로 점철되었던 역사를 한 걸음 크게 진전시킨 사건이었다. 그러나 그것은 여전히 불완전한 체제였다. 이 시기 파국적인 상태로 되돌아가려는 위기의 순간들이 반복적으로 나타났다. 진영 논리, 패권주의, 적대성의 정치 같은 현상이 난무했다. 최근의 이명박·박근혜 정부는 헌정 체제를 노골적으로 유린했고, 민주공화국다운 국가 정체성의 가치를 무너뜨리려고 시도했다. 여기에 권력-관료-재벌의 부패한 특권 동맹이 두 정부를 떠받쳤다.

촛불혁명은 87년 체제가 품은 내적 한계와 불안정성을 극복해 새로운 헌정 체제를 창출해보자는 의미가 담긴 사건이었다. 나아가 그것은 좀 더 긴 장기지속의 관점에서 볼 때 지난 140년간 전개되어온 근대국가의 건설을 마무리하고 세계화와 정보화로 특정되는 시대의 새로운 역사적 지평을 열어가려는 집단적 의지가 분출된 사건이었다. 해방 공간에서 극우 반공주의의 확립, 박정희 정권하에서 고도의 획일성을 갖는 권위주의의 출현에도 정상국가의 완성이라는 목표를 향해 우리 사회를 끊임없이 추동한 힘이 헌정주의에서 나온 것처럼, 특권·기득권 체제의 형성과 민주주의의 퇴행으로 총체적 위기에 빠진 상황에서 촛불혁명에 의한 거대한 반전이 일어난 것도 그 같은 헌정주의의 힘이 작용했기 때문이다. 그래서 촛불혁명은 헌정 혁명이기도 했다.

압축과 추월에 의한 사회 발전

역사는 단선적으로 전개되는 것이 아니라 여러 차원의 역사시간들이 복합적으로 상호 작용하며 엮어져 나간다. 임혁백 교수는 에른스트 블로흐(Ernst Bloch)가 전간기(戰間期) 독일 사회를 분석하기 위해 사용한 '비동시성의 동시성(the contemporaneity of the uncontemporary)'이라는 개념이 한국 사회에도 똑같이 적용될 수 있다고 말한다.[16] 비동시성의 동시성은 상이한 역사시간이 동시적으로 공존하는 현상이다. 전간기 독일에서처럼 한국도 전근대, 근대, 탈근대라는 비동시적 시간들이 공존하고 있다는 주장이다. 그런 현상은 근대화를 압축적으로 달성한 나라에서 나타나는 특징이다. 그런 비동시성은 어떤 집단이 그것 때문에 사회적 고통과 압박을 받거나 시간적 모순을 원하지 않을 때 이를 다시 동시화하기 위해 사회에 격렬한 갈등과 운동이 일어나게 된다. 독일은 압축적 산업화에도 불구하고 농민이나 프티부르주아 등 전근대적 집단이 계속 존속하며 국가사회주의, 즉 나치라는 반동적이면서도 미래 지향적인 전체주의 정치와 결합하는 방향으로 나아갔다. 원초적 노예화, 폭력적 야만성, 착취, 봉건주의의 잔재 등 퇴영적 퇴폐주의가 자본주의라는 근대적 이념 속에서 부활하고 말았던 것이다. 임혁백 교수는 주변부적 근대화를 추진했던 한국에서는 시간을 단축하고 역사적 단계를 뛰어넘으려는 압축적 근대화가 시도되었고, 지배 엘리트들은 과거의 전근대적 요소들을 불러와 자신들의 지배를 합리화하고 영구적으로 지속시키려 했다고 설명한다.

임혁백 교수가 비동시성의 동시성 개념을 적용한 시도는 한국에서 정치적 풍파가 서로 부딪치며 내상을 입고 반목하는 사회적 결손 현상을 설명하는 데 주로 활용되었다. 실제로 한국에서는 대자본과 수구 세력의 퇴영적 헤게모니하에서 비동시성의 동시화가 시도되어 왔다고 할 수 있다. 그들은 세계화, 정보화라는 탈(脫)국민국가의 메커니즘을 적극적으로 활용해 자본에 대한 민주적 통제를 주장하는 노동계와 시민사회의 요구를 무력화하고 시장에서 탈락한 노동자, 영세 자영업자, 노령 세대, 가난한 농민을 생산성주의(성장주의)라는 이름 아래 통합하고자 했다. 그들은 전근대적 영역을 식민화하면서도 동시에 세습제, 인치주의, 연고주의, 봉건적 주종 관계 등을 자신의 지배 체제 안에 강고하게 정착시켰다. 그것은 양극화와 불평등에 따른 거대한 사회적 단절을 낳았고, 성장을 외치면서도 갈수록 성장 잠재력이 꺼져가는 모순을 낳았다. 이에 따라 우리 사회의 지속 가능성에 대한 심각한 회의와 총체적 위기의식이 증대되었다.

그런데 필자는 비동시성의 동시성이라는 모순이 임혁백 교수가 말하는 퇴영적 모습과는 다르게 미래 지향적으로 동시화할 수 있는 가능성에 주목한다. 그것은 세계화와 정보화 시대를 배경으로 탄생하고 있는 강력하고 역동적인 시민사회의 헤게모니하에서 비동시성의 요소들을 동시화할 수 있는 가능성이다. 그런 시민사회의 주체들은 민족주의와 국민국가의 경계를 뛰어넘어 다양한 영역을 넘나들며 가치 있는 것에 대한 공감과 소통을 매개로 다양한 네트워크를 구축한다. 젊은 세대, 촛불대중, 새로운 공동체를 실험하는 풀뿌리 시민들,

혁신 기업가들, 지식 노동자들이 그들이다. 그들은 전근대, 근대, 탈근대의 가치들을 지배와 복속의 관계로 설정하지 않으며, 오히려 다원주의적 공존과 균형을 통해 전근대와 근대의 가치들을 새롭게 발견하고 건강하게 발전시켜나가고자 한다. 전근대적 전통의 요소들은 탈근대의 가치형태로 재생되고 공공성, 기회균등, 법 앞의 평등과 같은 근대적 가치들은 고도의 수준으로 완성된다.

우리는 영미, 유럽, 일본 등 선진국과 다르게 한국 사회가 가진 새로운 이행의 가능성에 주목한다. 압축과 추월에 따른 새로운 발전 가능성을 탐색하는 것이다. 압축과 추월은 세계사의 법칙이기도 했다. 근대에 들어 유럽은 압축적 발전을 통해 아시아를 추월했고, 영국은 스페인을, 독일은 영국을, 미국은 유럽을 추월했다. 한국은 압축적 추격에서 압축적 추월의 역사로 나아가고 있다. 한국의 자본주의는 정경 유착, 황제 경영과 같은 전근대적 천민성에도 불구하고 세계에서 가장 빠르게 세계화와 정보화의 첨단을 달려왔다. 바로 그런 상황은 경제협력개발기구(OECD) 국가 중 최고 수준의 양극화, 불평등, 비정규직 노동자 비율이라는 지표를 낳았고, 그에 따라 첨예한 정치·사회적 모순을 불러왔다. 그리고 그에 비례해 사회적 모순을 해결하려는 시민사회의 격렬한 움직임도 동시에 낳게 되었다. 그런 한국의 역동적 시민사회는 세계화된 자본주의의 국면에서 '세계화 대 반세계화'의 딜레마에 빠진 서구 국가들과는 달리 새로운 문명의 역사적 지평을 앞장서 열어나갈 수 있는 기반을 제공한다.

3장

문명 전환과 한국의 도전

● ● ●

세계 질서의 대변동과 한국의 새로운 역할

세계화의 덫에 걸린 나라들

세계가 요동치고 있다. 글로벌 금융 위기의 여파는 아직도 유럽 전역을 뒤흔들고 있다. 국가 간에 그리고 국가 안의 불평등 확대는 모든 나라에서 정치의 가장 중요한 의제가 되었고, 일자리를 구하지 못한 젊은이들은 세계 도처에서 저항의 목소리를 내고 있다. 급기야 그들 젊은이 중 일부는 'IS'라는 국가를 참칭하는 집단에 가담하기도 했다. 자유주의 본산국인 영국과 미국에서도 브렉시트, 트럼피즘 같은 반세계화 현상이 거세게 일어나고 있다. 독일, 프랑스, 영국 등 유럽 곳곳에서 테러 사건이 빈발하고, 그에 대응해 외국인 이민자를 배제하자는 우파 애국주의의 목소리도 함께 커져 가고 있다. 동아시아는 어떤가? 대국굴기(大國崛起)를 꿈꾸는 중국이 급부상하면서 동아시아의 국제 질서 판도가 근본적으로 흔들리고 있다. 러·일 간의 북방도서

분쟁, 중·일 간의 센카쿠(댜오위다오) 분쟁, 동아시아의 여러 나라가 관련된 시사군도와 난사군도 분쟁 등 영토 분쟁이 빈발하면서 때 아닌 민족주의 물결이 고조되고 있다.

지금 일어나고 있는 세계 질서의 대변동은 인류가 겪고 있는 문명 전환의 일부분이다. 문명 전환의 핵심은 새로운 정치 문명의 등장이다. 20세기는 블라디미르 레닌(Vladimir Lenin)이 예견했던 것처럼 전쟁과 혁명의 세기였고, 이들의 공통분모였던 폭력의 세기이기도 했다.[1] 니얼 퍼거슨(Niall Ferguson) 하버드 대학 교수는 20세기를 "증오의 세기"라고 불렀다.[2] 그 과정에서 폭력은 권력의 가장 확실한 원천이 되었고, 폭력의 기술은 엄청난 속도로 발전해왔다. 이것이 20세기 정치 문명의 본질이었다. 그렇다면 21세기에 새로 등장하게 될 정치 문명의 본질은 무엇일까? 우리는 아직 그것의 역사적 본질이 무엇인지 단언하기 어렵다. 다만 권력의 위계 구조, 권력과 폭력의 상관관계, 국가의 구성 방식 등에서 패러다임이 근본적으로 다르다는 것, 그리고 그런 변화가 여러 사회현상과 지표를 통해 드러나고 있다는 것은 확실하게 말할 수 있다. 그것을 나타내는 몇 가지를 들자면 다양성, 공감, 탈중심, 탈집중 등의 가치로 표현할 수 있지 않을까 한다. 하지만 그 같은 문명의 전환에 대응하는 각 나라의 전략은 매우 상이하게 나타난다. 어떤 나라는 미래의 메가 트렌드를 따라가려고 하는 반면, 다른 어떤 나라는 과거를 향해서 역주행하기도 한다. 바로 이런 다양한 대응과 그 차이에서 생겨나는 갈등과 협력의 상호 작용이 세계 질서의 동학(dynamics)이 되고 있다.

문명의 전환과 함께 세계를 요동치게 만드는 원인은 세계화라는 현상이다. 세계화 때문에 불안정성이 증대했다. 세계화란 세계 전체의 상호 의존성이 높아지면서 사회, 경제, 문화 등 다양한 관계가 세계적으로 단일한 체계로 통합되어가는 현상이다.³ 세계화는 경제적 효율성을 높이고 세계경제 전체의 부를 증대시켜왔다. 그러나 세계화의 해악 또한 그에 못지않게 발생해왔다. 주요 자본주의국가에서 불평등과 양극화 때문에 80퍼센트의 사람들은 일자리가 불안해지고 상대적 빈곤감이 더 커져갔다. 이런 문제가 발생한 것은 국민국가 중심의 근대적 질서와 세계화가 근본적으로 충돌하기 때문이다. 세계화에 따라 확대된 시장을 국민국가가 제대로 통제할 수 없게 되었다. 20세기 후반 세계화가 진행되기 전 세계의 정치·경제 질서는 시장에 대한 다양한 통제와 규제가 제도화되어 있었다. 경제적 약자의 생존권까지 보호하는 사회적 공존의 틀 안에서 시장의 논리가 작용되도록 시장을 규제하고, 각국이 이런 필요를 만족시킬 수 있도록 자율성이 상당 정도 허용되었다.⁴ 하지만 이제 국민국가의 효용성은 현저하게 줄어들었다.

국민국가가 행사할 수 있는 자율성은 크게 약화되었다. 정부와 민간 관계의 성격이 질적으로 달라졌고, 정부의 작동 기제였던 대의민주주의는 근본적으로 도전받고 있다. 국민국가를 통해 세계화의 부작용을 통제하는 일은 갈수록 한계에 부딪히고 있다.

세계 각국은 세계화와 반세계화 사이에서 끊임없이 갈등하면서 좌충우돌하고 있다. 아이러니한 것은 원래 세계화를 강력하게 주도했던 미국 등이 이제는 반세계화 대열에 가담하고 있다는 점이다. 트럼피즘과 브렉시트가 그 사례다. 세계화는 강대국이 약소국을 착취하는 제국주의 현상의 하나라고 생각하는 사람이 많았다. 하지만 실제 결과는 미국, 유럽연합, 일본 등 기존 선진국과 한국, BRICs라고 불리는 브라질, 러시아, 인도, 중국 등 신흥 경제국들 사이의 격차가 현저히 줄어들거나 역전되었다. 세계화와 정보화의 물결을 타고 변방의 작고 낙후한 나라가 비약적인 경제 발전을 이루는 경우도 목격된다. 아일랜드, 아이슬란드, 에스토니아 등이 그런 예다. 미국과 유럽의 경제적 지위가 상대적으로 쇠퇴하면서 세계의 정치·경제 질서에서 힘의 이동이 점진적으로 일어나게 되었다.[5] 이에 전통적 강대국들은 자국의 이익에 대한 보호 조치를 강화하기도 했다. 이런 것들은 국민국가의 울타리를 강화하면서 자국의 여건을 개선해보려는 시도다. 그런데 이런 흐름은 단순히 정부나 지배 엘리트의 음모 탓이 아니며, 세계화 때문에 삶이 위협받고 있다고 생각하는 사람들의 위기의식과 불만을 추동력으로 삼고 있기에 강력하다. 미국의 경우 일자리를 잃은 백인 중산층과 백인 청년층이 이런 흐름에 동조하고 있는데, 인종적 우월주의를 이데올로기적 기반으로 하고 있다. 이들의 공격 목표는 외국인 이주 노동자, 무슬림, 흑인이며, 더 나아가 자국의 경제적 이익을 훼손한다고 여겨지는 타국의 무역정책까지 대상이 된다. 한편 서구와 달리 동아시아에서는 신흥 경제국들이 부상하면서 각국에서 민족주의 열기가 고조되고 갖가지 영토 분쟁이 발생하고 있다. 이것 또한 본질적으로는 국민국가의 배타적 이익을 강조하는 데서 파생되는 현상인데, 각국 국민의 억눌렸던 민족주의 감정이 폭발하면서 강력한 에너지를 발산하고 있다는 점에서 중대한 현상이다.

하지만 그런 흐름은 세계 정치·경제의 흐름에서 볼 때 일시적 전략으로는 유용할지 몰라도 근본적인 방책이 되지는 못한다. 세계화가 각국의 선택에 따라 중단되거나 역전될 수 있을지는 지금도 논쟁거리다. 더 지지를 받는 의견은 각국이 세계화를 거스르는 선택을 하기 매우 어렵다는 것이다. 국민국가의 틀을 강화하고, 브렉시트나 트럼피즘처럼 근대적 시민권의 배타적 측면을 강화해 세계화의 모순에 대응하려는 시도는 시대 흐름에 역행적이다. 더욱이 인종 편견과 차별을 강화하는 일종의 적대성의 정치를 가동해 문제 해결을 시도하는 것은 퇴영적이다. 물론 세계화가 아무리 불가역적이라 해도 국민국가가 사라지고 세계정부하에서의 단일한 정치·경제 공동체를 만들 가능성은 희박하다. 그래서 당분간은 국민국가의 질서와 세계화를 조화시키는 길밖에 없다. 다원주의적 공존과 균형이라는 바탕 위에서 국가 간의 다자 협력을 통해 국가적·세계적 문제에 대처해나가야 한다.

서구의 쇠퇴와 동아시아로의 중심 무대 이동

한 나라의 융성과 발전 그리고 세계 속에서 차지하는 지위는 그 사회의 내적 질서의 조건이 국제 질서의 체계 속에 어떻게 결합되는지에 따라 결정된다. 무엇보다 국제 질서가 그 나라의 내적 질서에 균형 작용을 할 수 있게 짜이는지가 중요하다. 제국의 길로 갔던 수많은 나라가 파멸하고 만 것은 외부 세계가 내적 질서에 균형과 긴장을 불어넣지 못하고 오히려 오만과 탐욕을 부추겼기 때문이다.

국제 질서는 약육강식의 세계다. 그런 세계에서 승자가 되는 것을 패권 장악이라 부른다. 패권의 핵심 토대는 경제력과 군사력이다. 그러나 패권 개념만으로 국제 질서에서 강자와 약자의 차이를 구분하는 것은 한계가 있다. 경제력과 무력의 힘을 국제사회의 보편적 가치와 결합할 수 있는 능력이 궁극적인 기반이 되어야 한다. 정치학 용어로는 '헤게모니(hegemony)'라고 하며, 일반적으로는 문명화 역량이라고 부를 수 있다.

역사가 에드워드 기번(Edward Gibbon)은 『로마제국쇠망사(The history of the decline and fall of the Roman empire)』에서 "로마의 힘은 정복욕에 따라 움직이는 것이 아니라 오로지 '질서'와 '정의'의 요청에 의해 행사된다는 것을 만민에게 보여준 것"이었다고 말한다.[6] 즉, 로마 제국은 보다 많은 사람이 보편적으로 받아들일 수 있는 가치에 부합되게끔 통치했기 때문에 피정복지의 국민도 자발적으로 따랐고 오랫동안 지속성을 지닐 수 있었다.[7] 동아시아에서 중국 중심의 중화 체제가 오래 지속된 것도 문명화 역량이 우수했기 때문이다. 군사력 면에서 보면 때로 이민족들에게 패해 그들의 지배를 받기도 했지만, 결국에는 한족 중심의 질서가 굳건하게 정착되어왔다.

보편적 문명화 능력의 관점에서 보면 지금 세계 질서는 다양한 지각변동을 겪고 있다. '서구'라는 이름의 문명은 임계점에 이르렀다는 징후가 도처에서 보이고 있다. 서구 문명은 19세기 이후 다른 문명권을 식민화하며 근대 세계의 지배권을 장악해왔다. 서구 세계가 걸어온 발전 양식은 모든 인류가 따라야 할 보편적인 경로로 인식되었다. 1990년대 초 소련과 동구 공산권이 붕괴한 뒤에 이런 믿음은 절정에 달했다. 그러나 이런 믿음은 얼마 가지 않아 파열음을 내고 있다. 신자유주의 세계화론은 2008년 세계 금융 위기로 '카지노 자본주의'라는 오명을 뒤집어쓰고 사망 선고를 받았다. 서구의 쇠퇴는 비단 경제 분야에서만 진행되는 것이 아니다. 유럽과 미국에서 매일같이 나오는 뉴스를 보면 테러와 인종차별에 따른 사회 혼란과 갈등으로 넘쳐나고 있다. 이는 서구 민주주의가 정체 상태에 빠졌음을 보여준다.

김상준 교수는 20세기 말부터 21세기에 들어서는 무렵까지 민주주의의 확장과 발전은 오히려 비서구 지역에서 일어나고 있다고 말한다. 비서구 지역에서 민주주의는 한국, 필리핀, 인도네시아를 거쳐 북아프리카와 중동의 여러 나라들로 이어졌다. 브라질의 '포르투알레그리(Porto Alegre) 참여예산제도', '보우사 파밀리아(Bolsa Familia, 가족 지원 제도)', 인도의 '판차야트(Panchāyat, 마을 자치 회의) 개혁', '시민법정'과 '케랄라주(州)의 시민플랜', 무한 성장의 가치보다 자연의 권리를 택한 에콰도르와 볼리비아의 '부엔 비비르(Buen Vivir, 좋은 삶의 권리와 자연의 권리)', 힌두와 이슬람권에서 널리 관찰되는 밑에서부터 형성된 많은 합의체 기구 등 다양한 민주주의 실험이 비서구 지역에서 이루어지고 있다. 2011년 이집트 타흐리르 광장의 불꽃이 유럽과 미국의 대규모 저항 행동으로 점화된 것에서 알 수 있듯이, 민주주의적인 동력이 이제는 거꾸로 서구로 유입되어 서구의 정체된 상태를 깨는 데 자극이 되고 있다.[8]

유럽은 세계 질서의 중심에서도 서서히 멀어지고 있다. 글로벌 금융 위기의 진원지는 미국이지만, 본격적인 태풍을 직격으로 맞고 지금까지도 휘청거리는 곳은 유럽이다. 유럽의 주요 강국이라 할 수 있는 영국, 프랑스, 이탈리아는 쇠퇴의 흐름이 뚜렷하고 독일만이 정치·외교·경제적으로 선방하는 중이다. 독일의 선방에도 19세기 이후 세계사의 중심 역할을 해왔던 지역으로서 유럽의 지위는 쇠퇴가 불가피한 듯하다. 유럽은 앞으로 갈수록 내부의 문제에 집중할 수밖에 없으며, 미국과 함께 세계 곳곳에서 벌어지는 문제에 개입하고 관리하는 역할을 상실해가고 있다.

지미 카터(Jimmy Carter) 미국 대통령의 국가안보특별보좌관을 지낸 즈비그뉴 브레진스키(Zbigniew Brzezinski)는 1998년 출간한 『거대한 체스판(The Grand Chessboard)』에서 다음과 같이 말한 바 있다.[9]

유럽에서는 통합과 확장의 동력이 약화되는 조짐이 보이고, 머지않아 전통적인 유럽의 민족주의가 다시 머리를 쳐들게 될 것이다. 가장 성공적인 유럽 국가 안에서조차 지속될 대규모 실업은 외국인 혐오증을 촉발시키며 갑작스레 프랑스와 독일의 정치를 극단주의 또는 내향적 국수주의로 기울게 할 가능성이 있다.

최근 영국에서 있었던 브렉시트는 유럽의 쇠퇴를 암시하는 사건이었다. 영국의 브렉시트는 배타적 애국주의의 물결이 낳은 결과물이었다. 브렉시트로 균열이 간 유럽연합은 혼돈의 늪으로 빠져들었고 그 여파가 어디까지 갈지 가늠하기 어렵다. 영국인들이 국민투표에서 브렉시트를 선택한 배경은 외국인 노동자의 이민 문제였다. 영국의 이민자 비율은 약 13퍼센트라고 하는데, 이민자 수가 지난 10년간 약간 빠르게 증가하기는 했지만 다른 유럽 국가들에 비해 지나치게 높은 수준은 아니었다. 그런데도 외국인 노동자의 이민 문제가 영국에서 심각한 사회 갈등으로 비화되었고 급기야 유럽연합 탈퇴로까지 이어졌다. 사실 이들은 지금까지 영국이 필요해서 불러들인 사람들이었다. 만약 외국인 노동자들의 유입이 중단된다면 영국에 무슨 일이 벌어질까? ≪파이낸셜 타임스(Financial Times)≫는 나이가 든 노동자에 대한 의존이 심화되고, 무역의존도를 낮춰 영국 경제의 경쟁력을 약화시킬 수 있다고 경고한다.[10] 또 지금까지 영국 수출의 절반이 유럽연합 국가들과 진행된 상황에서 브렉시트는 일자리를 오히려 더 많이 없애는 사태를 초래할 수 있다는 분석도 있다.

배타적 애국주의는 영국만이 아니라 유럽 전역에서 극우 정당의 이름으로 고개를 들고 있다. 미국에서도 '트럼프 현상'에서 보듯이 기승을 부리고 있다. 도널드 트럼프(Donald Trump) 대통령의 거친 담화는 민주주의와 자유 시장경제의 보편 가치를 대표하는 국가라는 미국 헌법의 전통적 가치에 위배되는 것들이다. 그런데 문제는 트럼프의 담화가 세계화 속의 양극화에 지친 평범한 다수 유권자에게 통한다는 사실이다. 이는 장기적으로 미국이 글로벌리즘에 입각해 자유무역과 국제 안보 체제를 관리해온 역할에서 후퇴해 협소한 국익을 중심으로 행동하려는 유인의 압력을 강하게 받고 있음을 나타낸다. 물론 미국은 앞으로도 국제주의와 고립주의 사이를 계속해서 오갈 것이다. 그런 딜레마의 중심을 갈수록 도를 더해가는 우월 의식과 독선주의가 관통하고 있다. 자신들 외의 모든 사람과 문명을 야만적인 것이나 열등한 것으로 여기는 태도는 고대 아테네와 로마의 쇠퇴 과정이 그랬던 것처럼 그들 자신에게 치명적이다. 중국, 일본, 한국을 두루 연구해온 임마누엘 페스트라이쉬(Emanuel Pastreich) 교수는 이렇게 말한다.[11]

지금 미국은 일본, 중국, 북한의 상황 변화에 의미 있는 대응은 고사하고 자국을 위한 장기 계획조차 구상하지 못하고 있다. 아베 신조(安倍晋三) 정권의 권위주의 확대를 미화하고, B급 영화에 김정은의 희화된 이미지를 내보내며, 기회가 있을 때마다 중국의 추격에 어두운 암시를 던지는 것이 현재 미국 정책의 기조다. 여기에는 미국의 제도 쇠락을 결코 인정하지 않으려는 현실 부정이 깔려 있다.

이처럼 선진 민주주의국가의 선두에 서왔던 나라들 사이에 자국 이기주의와 배타성이 확산되는 것은 세계 질서의 패권 구도에 중요한 변동이 생기고 있음을 암시한다. 이런 현상들은 신자유주의가 주도해온 세계화에 대한 대중의 염증과 반발에 뿌리를 두고 있다. 동시에 이는 그동안 미국과 유럽의 주요 국가가 좌지우지해온 대서양 중심의 세계 질서가 뚜렷하게 약화되고 있음을 보여준다. 19세기 이래 세계를 주도해온 유럽과 대서양 시대는 쇠퇴하고 동아시아로 세계의 중심 무대가 이동하고 있다. 세계사에서 세계 중심 국가는 계속 이동해왔다. 근대의 여명이 동트기 시작한 뒤로 스페인, 네덜란드, 프랑스, 영국, 미국의 순서로 세계 중심 국가의 위치가 옮겨왔다. 이제 세계 중심의 새로운 대이동 속에서 탄생할 국제 체제의 모습은 무엇일지, 어느 나라가 새로운 패권국으로 등장할지는 미지수다.

이제 세계 질서에서 발생하는 모든 불안정성을 흡수하고 조정해 나갈 관리 센터 역할을 수행할 여력을 가진 곳은 동아시아 국가들이다. 물론 동아시아 지역이 유럽과 미국을 대체하는 것은 아니고, 미국과 함께 그런 역할을 수행할 수 있는 협력의 틀을 짜는 일이 국제사회의 당면한 핵심적 과제로 부상하고 있다. 한반도 주변에서 벌어지는 미·중, 미·일, 한미, 한중, 한일, 남북한 사이의 긴장과 갈등은 그런 새로운 질서를 짜나가는 과정에서 벌어지는 현상이다. 그 질서가 어떻게 짜이는지에 따라 동아시아 지역은 물론이고 세계 질서 전체의 운명이 결정될 것이다.

동아시아 지역은 북미, 유럽에 이어 세계경제의 3대 중심지로 성장했다. 제2차 세계대전 직후에 이곳은 세계경제 총생산량의 10분의 1만을 담당했으나, 지금은 북미, 유럽과 함께 4분의 1씩을 생산하고 있다. 인구 면에서 북미와 유럽이 각각 약 4억 명인 데 반해 동아시아는 15억 내지 16억 명의 인구를 보유하고 있다. 동아시아는 거대한 활력을 바탕으로 빠르게 성장하는 곳이다.

세계의 중심 무대 이동은 단순히 경제력만으로 측정되는 것은 아니다. 어떤 지역이 세계의 중심 무대가 되기 위해서는 이 지역에 세계에서 가장 영향력 있는 국가와 중심 국가들 사이에 벌이는 전략적 쟁탈전의 축이 존재해야 한다. 지난 시기 유럽은 이런 조건을 충족했다.[12] 그런데 지금은 동아시아가 세계의 주요 강대국들이 전략적 경쟁을 벌이는 지역으로 떠오르고 있다. 그래서 미국도 버락 오바마(Barack Obama) 정부에서 국제정치의 전략 축을 동아시아로 옮기는 '아시아 회귀-아시아 재균형 전략'을 가동했다. 어느 지역이 세계의 중심 무대인지는 그것이 국제사회에 영향력을 미칠 수 있는 종합적 역량으로 측정된다. 중국의 저명한 국제정치학자 옌쉐퉁(閻學通)은 향후 10~20년 뒤에 라틴아메리카, 아프리카, 오세아니아, 서아시아 등에 유럽이 미칠 수 있는 영향력은 동아시아보다 작아질 것이라고 예상했다. 현재 오세아니아 지역에 대한 동아시아의 영향력은 이미 유럽을 추월했고, 미국의 영향력과 엇비슷하다고 말한다.[13]

　문제는 동아시아를 구성하는 국가들이 어떤 관계를 맺고 살아가야 하는지 안정된 질서 체계가 형성되지 못하고 있다는 점이다. 동아시아에서 경제적인 상호 의존 관계가 증대하고 있는데도 정치·군사적 대립이 커지는 혼돈이 나타나고 있다. 미국은 대(對)중국 봉쇄의 뜻을 분명히 하면서 미국을 정점으로 하는 한·미·일 간의 군사 협력과 일본의 집단적 자위권 강화에 대한 강력한 의지를 내보이고 있다. 중국은 이에 맞서 남중국해 진출을 강화하는 등 불안한 대결 구조가 형성되고 있다. 이 때문에 헨리 키신저(Henry Kissinger) 전 미국 국무장관은 지금의 아시아가 20세기 초의 유럽과 비슷하다고 했다. 당시 프랑스와 독일, 러시아와 오스트리아, 영국과 독일 등의 갈등으로 혼란스럽던 유럽은 결국 양대 군사 집단으로 갈려 두 번의 세계대전을 겪고 나서야 새로운 질서를 확립했다. 지금의 동아시아 역시 서로 간의 갈등이 고조되며 혼란스럽다. 키신저는 아시아에 전쟁의 유령이 배회한다고까지 말했다.[14] 북한 핵 문제의 본질 역시 한반도와 동아시아가 전쟁과 폭력으로 얼룩진 20세기 전반 유럽의 길을 걸을 것인지, 아니면 평화 체제와 다자간 협력의 질서로 나아갈 것인지의 기로에 서서 겪는 위기다. 결국 동아시아가 직면한 과제는 신냉전 질서가 고착화하는 것을 피하면서 어떻게 새로운 시대의 패러다임에 맞는 다자간 협력 질서를 구축할지에 달려 있다.

세계 질서의 다극 체제 강화와 패러다임 전환

지금 세계 질서는 재구축 과정에 있다. 수천만 명이 희생된 제2차 세계대전 이후 전승국 미국과 영국의 주도로 형성된 세계 질서는 이미 오래전부터 지탱하기 어려운 한계 상황을 여러 면에서 보여왔다. 그나마 미국의 절대적인 경제력·군사력 우위를 축으로 유엔(UN), 국제통화기금(IMF), 세계무역기구(WTO) 등 다자간 협력 체제에 기반을 둔 세계 질서가 공백을 메워왔다. 그러나 장기적인 관점에서 볼 때 미국은 갈수록 영향력을 잃어가고 있다.

세계 질서는 일반적으로 단극과 다극이 혼합된 헤게모니 체제다. 미국의 저명한 국제정치학자 케네스 월츠(Kenneth Waltz)에 따르면 세계는 일반적으로 강대국이라 불리는 대여섯 개 정도의 국가에 의해 주도된다고 한다. 현재는 미국, 중국, 일본, 러시아, 영국, 프랑스, 독일 정도다. 그중 일본과 독일은 전후 패전국이라는 특수한 조건상 국제적 지위가 모호하다. 유엔 안전보장이사회 상임이사국도 아니다. 이들과 영국, 프랑스는 앞으로도 지역강국의 지위는 유지해가겠지만, 세계 중심 국가의 지위에서는 시간이 갈수록 영향력이 감소하게 될 것이다. 그렇다면 미국, 중국 정도가 핵심 강대국이라 불릴 만한데, 중국의 경우 급성장하고는 있지만 미국과 대등하게 견주기에는 아직 갈 길이 멀고, 대내외적인 환경과 지위가 모두 불안정한 상태다. 미국조차 절대적 우위를 지닌 것은 아니며 균형자로서 행동할 수 있는 상대적으로 확실한 우위에 있는 정도다.

지금 세계 질서는 외견상 미국을 단극으로 하는 패권 체제처럼 보인다. 새로운 대국으로 급속하게 떠오르는 중국을 상정해도 G2 체제 정도로 보인다. 그 외곽에 러시아, 일본, 영국, 프랑스, 독일 정도가 포진하면서 G7 체제가 형성되었다. 그러나 세계는 이보다도 훨씬 다극 체제로 나아가고 있다. 2008년 글로벌 금융 위기 상황에서 세계는 지구적인 정책 공조의 범위를 G7 국가들에서 G20 국가로 확대했다. G20 정도가 모여 협의해 이끌어야 할 정도로 패러다임이 바뀐 것이다. 이것이 뜻하는 바는 지금 세계 체제가 순수하게 G2나 G7의 시대가 아니라는 것이다. 미국과 중국이 최고 우위에 있다고 해도 일방적·압도적·패권적인 지배력을 행사하지는 못하며, 이런 추세는 다자적 협력 프레임을 강화하고 있다.

21세기에 들어 세계 질서는 다극 체제의 강화와 함께 패러다임 전환기를 지나고 있다. 외교관으로 40여 년간 국제정치의 현장을 누빈 최영진 교수는 국제 관계 패러다임이 '전쟁·군사' 패러다임에서 '경제·무역' 패러다임으로 바뀌고 있다고 말한다.[15] 전쟁을 통한 정복과 약탈로 국가이익을 증진할 수 있는 시대는 지나가고, 이제 경제와 무역에서의 경쟁과 협력을 통해 안정과 번영을 누리는 쪽으로 나아가는 시대라는 얘기다. 이런 패러다임의 변화에 적응하지 못하고 군사 대결이라는 낡은 패러다임을 고집한다면 결국 자국 경제를 피폐하게 만들고 국가의 존립을 위태롭게 하고 말 것이다.[16] 이는 중동에서 아프가니스탄, 이라크, 시리아 등에 대한 초강대국 미국의 군사개입이 모두 자국에 커다란 후유증을 안겨준 것에서 잘 나타난다.

최영진 교수는 경제·무역 패러다임으로의 전환에 따른 하위 범주를 열 가지로 제시한다.[17] 그중 몇 가지만 간추려 소개하면 다음과 같다. 첫째, 군사적 강병을 통한 독립을 국가의 기본 과제로 삼던 시대가 지나가고 상호 의존을 적극적으로 추구하는 것이 생존의 열쇠인 시대가 되었다. 둘째, 군사력을 위주로 한 과거의 강대국-약소국 개념 대신 부국-빈국의 패러다임이 나타났다. 셋째, 전쟁과 평화 문제가 지정학의 중심 과제였던 것에서 국제 테러, 기후변화, 핵무기 비확산, 개도국의 인구 급증, 전염병 전파 등 범세계적인 문제가 국제사회의 중심 이슈로 부상했다. 넷째, 과거에는 근본적으로 모든 국가가 충돌, 분쟁, 투쟁의 관계에 있었으나 새로운 패러다임 속에서는 경쟁과 함께 자국의 생존과 국익을 위해 어떻게 상호 협력을 잘 형성할지가 중요해졌다. 다섯째, 상호 의존성이 고도로 발달한 오늘날의 국제 질서에서는 각자 자국의 이익만을 추구할 경우 결국 그 피해가 자국으로 돌아오는 구조이므로 대국적인 시야에서 국제 협력의 자세를 취해야 하는 시대가 되었다. 여섯째, 전쟁 패러다임에서는 국가가 모든 것을 독점하는 것이 자연스러웠으나 뉴 패러다임에서는 시민사회와 민간 기업의 참여와 협력이 커다란 역할을 수행한다.

이처럼 세계 질서는 뉴 패러다임으로 옮겨가고 있다. 다만 최영진 교수의 개념을 약간 수정해 '경제·외교·문화'의 뉴 패러다임이라 부르는 것이 적절하지 않을까 싶다. 군사적 충돌에 의한 해결 대신에 외교적 해결이 중요해지고, 문화적 가치와 경제적 실현 능력이 강압적인 수단에 따른 제재와 지배보다 더 중요해진다는 뜻을 추가하는 것이 좋겠다는 생각이다.

뉴 패러다임으로의 이행은 저절로 순탄하게 이루어지지 않는다. 막대한 혼전을 치르며 조금씩 옮겨가고 있다. 동아시아에 경제적인 상호 의존성이 증대하고 있는데도 정치·군사적인 분쟁과 대립 역시 동시에 커지는 혼란스러운 현상은 그런 사례 중 하나다. 최근 미·일·중·러 등 우리를 둘러싼 강대국들의 군비 확장 움직임을 간과할 수가 없다. 최근 사드(THAAD: Terminal High Altitude Area Defense)의 한반도 배치를 둘러싸고 벌어지는 현상 속에는 경제·군사·외교적인 해결 방안이 우선순위를 놓고 복잡하게 얽혀 갈등하고 있다. 이런 이유 탓에 동아시아는 호혜와 협력, 공동 안보의 정치·경제·문화 공동체로 나아가지 못하고 20세기 초에 유럽이 그랬듯이 패권을 향한 투쟁과 대결의 신냉전 체제로 귀착될 수도 있다. 1930년대 유럽에서 자유무역의 질서가 통화주의와 보호주의의 각자도생의 시대로 바뀌면서 제2차 세계대전으로 흐른 것처럼 동아시아도 경우에 따라 그 같은 대혼란에 빠질 수 있다.

그럼에도 세계 질서의 패러다임이 바뀌고 있다는 사실은 중요하다. 패러다임은 따라가기 싫다고 해서 바꾸거나 거부할 수 있는 것이 아니다. 만약 어떤 나라가 패러다임의 흐름을 거부한다면 세계 질서에 혼란과 불협화음을 초래할 수는 있겠지만, 그런 나라는 결과적으로 그에 상응하는 대가를 치르게 된다. 좋은 사례가 바로 미국의 조지 W. 부시(George W. Bush) 정부다. 소련과 동구 공산권이 붕괴한 뒤 빌 클린턴(Bill Clinton) 정부는 "냉전 이후의 새로운 시대는 화해와 협력을 기초로 하는 평화와 공존의 시대가 될 것"이라 선언하고 그에 기초해 세계정책을 추진해나갔다. 그러나 뒤에 등장한 부시 정부는 역사의 시곗바늘을 되돌려 전쟁과 군사력으로 세계를 움직이려고 했다. 그 결과 미국은 조그만 나라인 아프가니스탄과 이라크에서 전쟁의 수렁에 빠져 국제사회를 향한 지도력에 타격을 입었으며, 내부적으로도 국론 분열의 후유증에 오래 시달려야 했다. 최근 연일 핵무기와 미사일 개발에 매달리고 있는 북한도 협상용이 아닌 무기 개발 자체를 목적으로 삼게 된다면 경제개발은 고사하고 체제 보전도 어려워질 것이다. 국제사회로부터 장기간 고립되는 것은 어쨌든 국가 에너지를 소진시키고 출구가 없는 상태에서 명분 없는 대결에 지친 인민의 불만과 지배층 내부의 분열을 초래하게 될 것이기 때문이다. 그러므로 세계 질서의 패러다임이 어떻게 흘러가는지를 냉철하게 인식하는 것은 국가의 생존과 번영을 도모하는 국가 전략 수립에 핵심 요소가 된다.

한국의 전략적 위상 강화와 동아시아의 미래

동아시아로 세계사의 중심 무대가 이동하고 세계 질서가 다극화되면서 뉴 패러다임이 등장하는 지금의 메가 트렌드는 우리에게 긍정적으로 작용한다. 먼저 우리의 동맹국인 미국 중심의 단극 패권 체제가 한국에게 안정감을 주는 듯 보이지만, 실제로는 다극 체제에서 더 많은 국가이익이 실현될 수 있다는 것을 통찰하는 것이 중요하다. 동맹국과의 관계를 더욱더 건강하게 만들기 위해서도 그렇다. 또 상호 의존과 협력의 뉴 패러다임이 형성되는 시대에 한반도는 침략의 통로가 아니라 해양과 대륙 간의 인적·물적 교류가 이루어지는 교량 역할을 할 수 있고, 나아가 범세계적 문제에 기여하는 나라가 될 수도 있다.[18] 특히 상호 협력의 패러다임이 지배하는 시대에 리더십을 발휘하는 국가가 되기 위해서는 높은 수준의 민주주의가 요구되는데, 아시아에서 가장 높은 수준의 민주주의를 달성하고 있는 한국은 이런 트렌드에 가장 적합한 나라다.

세계 질서에서 다극 체제의 강화는 한국의 전략적 가치와 위상을 증대시킨다. 세계 질서가 강대국이라 불리는 대여섯 개 정도의 국가들에 의해 주도된다고 할 때, 미국과 중국으로서도 어차피 동아시아 중심의 세계 질서를 함께 관리해갈 새로운 파트너 국가가 필요하다. 한국은 여러 측면에서 초강대국의 새로운 전략적 파트너로 부상할 수 있는 조건을 갖추고 있다. 한반도의 지정학적 이점과 전략적 가치는 갈수록 더 커질 것이다.[19] 미국의 전략은 미·일 동맹이 아시아 안정의 보루라는 전제에 입각해 있다. 그러나 미·일 동맹만으로는 불완전하고 불충분하다. 국제사회의 보편적 가치 규범을 따라가지 못해 국제사회와 끊임없이 마찰을 빚는 일본의 내재적인 한계 탓에 미·일 동맹의 강화는 역내 갈등을 유발할 수밖에 없다. 동아시아에서 세력 균형을 확립하기 위해서는 미국으로서도 쇠락해가는 일본을 보완하기 위한 한국의 전략적인 역할이 필요하다. 반대로 중국의 관점에서 볼 때도 미국과의 완충지대를 만들 필요가 있는데, 이를 위해 한국을 중요한 외교 축으로 삼을 수밖에 없다.

한국은 경제적·지정학적·군사적인 측면에서 강대국들의 파트너로서 국제사회를 이끌어가는 리더 국가로 부상할 잠재력을 지니고 있다. 전재성 교수는 한국이 동북아 지정학의 캐스팅보트를 쥔 중견 국가로 떠올랐다고 말한다. 국제정치의 성격이 군사력 중심에서 경제·시민사회 중심으로 바뀌면서 한국이 영향력을 행사할 수 있는 부분이 많아졌다는 것이다.[20] 앞으로 30년 뒤 한국은 남북한이 최소한 경제

통합을 이루면서 대륙과 해양 양면으로 뻗어나갈 수 있는 태세를 갖추게 된다. 경제적으로는 프랑스, 영국, 일본을 능가하거나 나란히 하는 G5 내지 G7 국가로 진입한다. 국제정치에서는 아시아 최고의 민주주의와 경제적인 혁신 역량을 바탕으로 미국과 중국 등을 동아시아 다자간 협력 체제로 묶는 접착제 역할을 수행하며, 세계 무대에서는 기후변화, 비핵화, 남북 갈등과 같은 범세계적인 문제 해결에 적극 앞장서는 평화 국가로 등장할 만한 잠재력을 갖고 있다.

세계 질서의 트렌드는 우리에게 중요한 도전 과제를 던져주고 있다. 그리고 우리에게 트렌드에 맞는 자기 변화를 요구하고 있다. 지금 세계 질서의 변화는 우리에게 분명히 엄청난 기회지만 그렇다고 장밋빛 미래도 아니다. 북한 핵을 둘러싸고 주요 강대국과 남북한이 치열하게 갈등하는 현실은 우리에게 어두운 그림자를 드리우고 있다. 동아시아 지역이 군사 대결의 각축장이 될 수 있다는 위험신호도 여기저기서 깜박거리고 있다. 앞에서 소개한 키신저의 말처럼 동아시아는 20세기 초 유럽처럼 군사 분쟁의 도가니 속으로 빨려 들어갈 수 있다. 미국은 부상하는 중국을 자신의 패권 질서하에 확실히 통제할 수 있도록 미·일·한 삼각동맹을 줄기차게 독려하고 있다. 중국은 이에 맞서 러시아, 북한 등과 다양한 방어선을 구축하고 있다. 중국은 국력이 급상승하면서 일본, 필리핀, 베트남 등 인접 국가와 해상 국경분쟁에서 매우 공세적인 태도를 취하고 있다. 앞으로 10년간 미국과 중국의 종합적인 국력 격차가 줄어들면서 양극의 이해관계가 상충하는 분야가 계속 늘어나고 충돌의 성격도 더 노골화될 전망이다.[21] 일본은 미국의 지원과 방조 아래 평화헌법의 수정을 집요하게 시도하면서 우경화와 재무장의 움직임을 보이고 있다. 북한의 핵무장 위협은 갈수록 더욱 가파르게 치닫고 있다. 북한을 시작으로 일본, 대만, 한국으로 핵 확산과 핵 대결 구도가 확산된다는 공포의 도미노가 현실화할 수도 있다.

물론 동아시아가 반드시 신냉전적 대결 관계로 흘러왔다고 볼 수는 없다. 1990년대 초 세계적으로 진행된 냉전 체제 해체에 발맞춰 동아시아에서도 탈냉전의 흐름은 꾸준히 이어져 왔다. 중국의 개혁·개방 노선과 함께 동아시아 냉전 체제도 이미 오래전부터 이완과 균열을 시작했다. 미국과 중국, 일본과 중국, 한국과 중국, 한국과 소련이 잇달아 외교 관계를 맺었고, 대만과 중국의 평화공존 체제 구축, 중국과 러시아의 관계 개선 등 동아시아 탈냉전의 흐름이 이어져 왔다. 지금은 동결되어 있으나 남북한 간의 교류 협력의 확대도 이런 맥락 속에서 이루어졌다.

결국 두 개의 경로 중 어느 쪽이 더 지배적일지는 동아시아의 전략적 경쟁에 참여하는 국가 간의 상호 작용과 역학 관계에 따라 달라진다. 여기서 분명한 사실은 한국이 걸어가야 할 길은 신냉전 체제가 아니라 다원적 협력과 다자적 안보를 핵심으로 하는 동아시아 공동체에 있다는 것이다. 한국은 거기에 가장 절박한 이해관계를 가진 나라다. 그러므로 우리는 동아시아 탈냉전의 맥락 속에서 한반도 냉전 체제를 해체하는 데 주도적인 역할을 수행해야 한다. 그러려면 우리 자신이 국제정치의 주요한 전략적 행위자로 자리매김해야 한다. 종래처럼 미국의 종속변수 지위로는 미국, 일본, 중국 사이의 충돌하는 이익 속에서 시간이 흐를수록 딜레마에 빠지게 될 것이다.

그럼에도 지금까지 우리는 세계 질서의 변화에 대한 전략적 대응에서 많은 실책을 범해왔다. 특히 이명박 정부와 박근혜 정부는 우리

나라가 강대국의 신냉전 게임에 말려들지 않도록 해야 하는데도 오히려 자발적으로 그런 선택을 해왔다. 전통적 동맹 질서의 부활을 통해 중국의 부상을 견제하려는 미국의 전략에 편승하고 추종하는 외교 노선을 택해왔다. 그 때문에 김대중 정부와 노무현 정부에서 각고의 노력 끝에 쌓아올린 균형 외교의 틀이 많은 부분 무너져 버렸다.

이처럼 정책 당국자들이 잘못된 선택을 하게 되는 이유는 크게 두 가지다. 첫째는 외교정책을 주도하는 집단의 낡은 사고와 관행 때문이었다. 우리가 남북 관계를 주도하고 주변 강대국에게 영향을 미칠 수 있는 국가로 성장했는데도 미국의 도움 없이는 아무것도 할 수 없다고 생각하는 무기력증에서 헤어나지 못하고 있는 것이다. 둘째는 남북 관계와 외교 문제를 이념적 책략 차원에서 접근하려는 발상 때문이었다. 금강산관광 중단, 천안함 사태, 개성공단 폐쇄 등 남북 관계가 필요 이상으로 경색되어온 배경에는 북한의 책임과는 별개로 수구 세력이 남북문제를 국내 정치에서 정적을 제거하기 위한 이념 투쟁의 도구로 사용해왔기 때문이다. 북한 핵실험 사건이 터질 때마다 실효성도 없는 조치를 녹음기처럼 되풀이하며 '불순 세력 색출'과 같은 말로 안보 공포를 자극하는 데 열을 올리는 모습이 그것이었다.

세계 중심 국가의 비전은 가능할까?

문명 전환과 함께 급변하는 세계 질서의 대변동 속에서 우리는 국제적 비전으로 어떤 나라를 꿈꾸어야 하는가? 세계 중심 국가의 비전은 어떠한가? 우리가 역사상 한 번도 가까이 가보지 못한 목표라고 해서 꿈을 꾸어서도 안 되는가? 혹시 너무 주관적인 자아도취는 아닌가? 하지만 세계사의 흐름과 세계 질서의 재편을 놓고 벌어지는 수많은 쟁투를 역사적인 통찰력을 발휘해 바라볼 수 있다면 결코 과도한 설정이 아니다. 역사상 조그만 나라나 민족이 강대한 나라나 민족을 지배한 사례는 무수히 많다. 로마 제국은 세계사의 변방에 있었던 조그만 도시국가에서 출발했다. 세계를 정복한 칭기즈칸의 몽골 제국은 조그만 부족에서 발원했다. 고려와 조선을 부모의 나라로 섬기던 여진족은 중국 본토의 한족을 정복해 중원의 패자가 되었다. 조그만 섬나라 영국은 당시 세계 총생산의 30퍼센트를 차지하던 중국을 무릎 꿇렸다. 이런 나라들이 세계 패권 국가가 될 수 있었던 이유는 독자적인 매력과 강인함을 지니고 있었기 때문이다. 그 나라의 제도가 되었든, 문화가 되었든, 군대가 되었든 간에 지배당한 나라의 사람들에게 자신들은 따라갈 수 없는 우수하고 매력적인 것을 상대방이 보유하고 있다고 느끼게 만들었기 때문이다.

미래의 세계 중심 국가란 문명 전환과 함께 그 개념도 바뀌게 될 것이다. 그것은 세계 무대에서 문명 발전과 진보를 선도하고 갈등과 분쟁을 평화와 협력으로 전화시키는 일에 지도력을 발휘하는 국가다. 그것은 거대한 인구, 군사력, 총량적 경제력 등 하드 파워(hard power)를 바탕으로 한 단극이나 양극으로서의 강대국이 아니라 소프트 파워(soft power)를 바탕으로 한 새로운 강대국 개념이다. 미국의 저명한 국제정치학자 조지프 나이(Joseph Nye)에 따르면, 하드 파워가 주로 군사력과 경제력을 통해 다른 나라의 입장을 변화시킬 수 있는 힘이라면, 소프트 파워란 타인이 선호하는 대상을 만들어내거나 호감을 사는 능력으로 매력적인 문화, 제도, 도덕적인 권위와 효율적인 제반 정책 등 유무형의 자산과 연관되어 있다.[22]

미래의 세계 중심 국가는 가치 창조 국가일 것이다. 한국이 국제

사회에서 리더십을 발휘하는 국가가 되려면 국제사회가 행위규범으로 자발적으로 수용하고 따를 만한 가치를 창출하는 나라가 되어야 한다. 우리가 만들어낸 가치 규범이 보편타당하고 정의롭다고 남들이 인정할 수 있어야 한다. 우리는 최근 독일의 점증하는 국제적인 역할에서 교훈을 얻을 필요가 있다. 최근 독일은 우크라이나 내전 종식을 위한 휴전협정을 주도했고, 그리스의 구제금융 협상을 성공적으로 마무리해 유럽연합 탈출 분위기를 잠재웠다. 앙겔라 메르켈(Angela Merkel) 총리는 우파 정치인인데도 독일 안으로 100만 명의 난민을 받아들이면서 인도주의적 가치의 수호자로 도덕적 권위를 확고하게 굳혔다.[23] 이처럼 독일의 국제적 역할이 급증하게 된 바탕에는 경제적 성취와 함께 인류 사회의 보편적 가치에 부합되게 변신하려는 끊임없는 노력이 국제사회에 신뢰를 주었기 때문이다.

이렇게 볼 때 우리가 지향하는 미래의 나라는 '아름다움과 매력을 바탕으로 세계를 이끄는 국가'라고 부를 수 있을 것이다. 인류의 보편적 가치에 입각한 소프트 파워를 바탕으로 세계 속에서 지도적 역할을 수행하는 나라다. 그것은 백범 김구가 그리던 나라이기도 하다. 김구는 "우리나라가 남의 것을 모방하는 나라가 되지 말고, 이런 높고 새로운 문화의 근원이 되고, 모범이 되기를 원한다. 그래서 진정한 세계의 평화가 우리나라에서, 우리나라로 말미암아 세계에 실현되기를 원한다"라고 했다. "우리 민족의 재주와 정신과 과거의 단련이 이 사명을 달성하기에 넉넉하고, 국토의 위치와 지리적 조건"이 그러하므로 "우리 민족이 주연배우로 세계 무대에 등장할 날이 눈앞에 보이지 아니한가"라고 했다.[24]

우리가 추구하는 세계 중심 국가란 경제적인 이익 추구에 전념하면서 국제 문제에 개입하는 것은 가급적 회피하는 일본식의 경제 실용주의가 아니다. 민주주의와 인권을 가치의 기준으로 삼아 국제 문제에 적극 개입하고 때로는 간섭하기도 하는 미국식의 정치 자유주의도 아니다. 군사적인 우위를 바탕으로 위성국가 체제를 형성하는 소련식의 군사 패권주의는 더더욱 아닐 것이다. 중화 민족주의의 부흥과 대국굴기를 꿈꾸는 중국식의 신형 대국론도 아니다. 그것은 다자적 협력의 질서 속에서 평화, 민주주의, 생태, 인권, 정의, 빈곤 탈출, 불평등 극복 등 국제사회의 이슈에 책임을 다하는 국가다. 전쟁이나 군사적인 힘보다 외교의 힘을 믿고 이를 통해 국제 문제를 조율해나가는 국가다.

우리 사회는 그런 국제 질서의 트렌드에 부합하는 객관적이고 주관적인 잠재력을 모두 갖추고 있다. 객관적인 측면에서 우리는 지정학적 위치상 다극화, 뉴 패러다임, 다자간 협력이라는 새로운 메가 트렌드에 어느 나라보다 친화적이다. 다원주의에 바탕을 둔 소프트 파워 강대국이야말로 새로운 국제 질서의 환경 속에서 한국이 번영으로 나아갈 수 있는 유일한 길이기 때문이다. 또한 주관적인 측면에서도 우리는 그런 가치와 비전을 실행할 수 있는 힘을 갖고 있다. 물론 아직은 여러모로 식민 시대와 냉전 시대의 주변부 국가로서 내적 한계를 광범위하게 간직하고 있다. 그럼에도 아시아 최고의 민주주의를 달성해낸 역량이나 총체적 반동화의 위기를 극적으로 반전시킨 촛불 혁명의 잠재력은 우리가 지금까지와는 다른 새로운 방식으로 국제사회를 살아가도록 요구하고 있다. 페스트라이쉬 교수는 한 칼럼에서 다음과 같이 썼다.[25]

한국의 대통령은 전 세계 어느 정부보다 확실한 정당성을 갖고 있다. 게다가 한국은 독립적 정책 구상 및 동아시아 미래 제안을 위한 전문성과 노하우도 보유하고 있다.…… 경제와 거버넌스, 안보와 외교에서 미국보다 새로운 해결책을 제시하고 이니셔티브를 추진할 수 있는데도 왜 한국은 서구, 그중에서도 미국에 그렇게 의존하는 걸까? 중국과의 관계 개선도 마찬가지다. 한국에는 중국어를 할 줄 알고 중국의 정치와 경제를 심오하게 이해하며 고등교육까지 받은 인재가 훨씬 더 많다. 고립주의를 신봉하며 철저하게 반지성적인 트럼프 정부가 워싱턴에 자리를 잡은 만큼, 이 문제에 대한 해결책을 제시할 쪽은 미국이 아니라 한국이다.

● ● ●

경제·기술의 문명사적 변화와 한국의 기회 구조

'고용 없는 성장' 누가, 왜 만들었는가?

전 지구적인 경제 위기 속에서도 엄청난 속도로 발전하고 있는 인류의 과학기술, 문화, 산업의 변동은 무엇을 의미하는가? 인공지능(AI: artificial intelligence)으로 대표되는 4차 산업혁명 시대의 도래는 오늘날 인류가 직면하고 있는 불안이나 우울과 어떤 관련성이 있는가? 우리에게 다가오는 미래 사회는 어떤 모습일까? 그 종착점은 유토피아(이상향, Utopia)인가, 디스토피아(반이상향, Dystopia)인가? 그것은 인류에게 기회인가, 위기인가?

미래는 갈수록 상상을 뛰어넘는 압축적인 과학기술의 발전을 핵심 특징으로 한다. 인류의 지식 총량은 1년을 주기로 두 배씩 증가한다. 그 주기는 점점 더 단축되어 2030년에는 사흘마다 두 배씩 증가할 것이다. 기술의 발전 또한 폭발적으로 이루어진다. 4차 산업혁명은 사회의 총생산을 과거에 비해 획기적으로 증가시킨다. 특히 법률, 의료, 교육 같은 고급 서비스의 생산성 한계가 극복된다.[26] 1차·2차·3차 산업혁명이 원료를 투입해 제품을 만드는 하드웨어 혁명이라면, 4차 산업혁명은 상상력과 데이터를 투입해 거대한 혁신을 일으키는 소프트웨어 혁명이라 할 수 있다. 그 같은 혁신은 생산 활동의 효율성을 증대하고 시장을 획기적으로 확장할 것이라고 한다.[27]

미래 사회에서는 길게 보면 산업에서 인간의 노동력이 거의 사라질 것이라고 한다. 지금도 이미 컴퓨터가 데이터를 스스로 처리해 소수의 중간 관리자와 최종 의사 결정자만으로 운영이 가능한 업종이 급속히 늘고 있다. 이런 추세는 인류의 삶을 긍정적으로 바꿔나갈 수 있는 요소를 동반하고 있다. 적어도 기술적 변화 추세만 놓고 본다면 인류는 생계를 위한 임노동에서 해방되어 진정한 의미의 인간적·창조적인 노동의 비중을 획기적으로 확장할 수 있게 된다. 전문가들은 앞으로 30년 뒤에 인공지능, 로봇, 합성 생물학, 나노 기술, 사물 인터넷, 자율 주행 자동차 등 과학기술의 발전으로 생계 노동의 필요 시간이 존 메이나드 케인스(John Maynard Keynes)가 말한 것처럼 주당 15시간, 아니면 그 이하로 줄어들 것이라고 예상한다.

그런데 현실은 고용 불안, 불평등, 저성장, 인구 절벽과 같은 부정적 사회현상이 전례 없이 심각하게 나타나고 있다. 기술 발전과 경제 성장이 일자리를 파괴하고 사회적 비효율을 유발하는 기이한 모순 현상이 생기고 있다. 지난 30년간 중국의 경제는 연평균 10퍼센트의 성장률을 기록했지만 고용률은 단 1퍼센트 증가하는 데 그쳤다. 이는 비단 중국만이 아니라 전 세계적으로 나타나는 현상이다. 미국 실리

콘밸리의 기업 중 85퍼센트 이상이 직원이 전혀 없고, 95퍼센트 이상이 직원 10명 이하다. 기업 가치나 규모가 영세하거나 작아서가 아니다. 20명 정도의 직원이 일하는 리얼티셰어(RealtyShare)라는 인터넷 부동산 기업은 기업 가치가 1400억 원에 이른다.[28]

우리는 이런 사회현상을 흔히 고용 없는 성장이라 부른다. 인공지능과 로봇이 발달하고 상용화가 진행되면 기존에 인간이 수행해왔던 업무를 기계가 대체하리라는 것은 불을 보듯 뻔하다. 기업들이 인간보다 지시를 더 잘 따르고 정확하게 업무를 처리하는 로봇을 선택하는 일은 일시적이라면 몰라도 궁극적으로는 막을 도리가 없다. 그렇게 되면 고용 없는 성장은 더욱 심화될 수밖에 없을 것이다. 무엇보다 자본의 논리가 지배하는 상황에서 인간의 노동력이 불필요해지는 변화는 부의 독점과 양극화를 극단적으로 심화시킬 수밖에 없다. 미래 문명의 트렌드 속에는 이처럼 모순적인 요소가 공존하며 서로 충돌하고 있다. 따라서 사회의 미래는 그 속에 상충하는 요소를 조정해내는 능력에 달려 있게 된다.

고용 없는 성장이라는 현상은 왜 생기는가? 지금까지의 연구들은 기업에서 일자리가 사라지는 이유를 주로 세계화에 의한 외주화, 감량 경영, 노동 절약적 기술 발전 등의 요인으로 설명해왔다. 그러나 그것은 피상적인 요인일 뿐이며 근본적인 이유는 아니다. 외주나 기술 발전은 경제구조의 고도화 과정에서 자연스럽게 나타나는 현상인데, 이를 고용 없는 성장의 근본 원인으로 잡는다면 사실상 해법이 없다는 얘기와 다를 것이 없다.

이 현상은 기술 발전의 관점으로만 봐서는 안 된다. 고용 없는 성장은 자본과 노동의 극단적인 불균형이 빚은 사회현상이다. 1970년

대 세계적 현상인 자본의 수익률 하락에 직면해 1980년대 이후부터 자본은 자동화에 대대적으로 투자해 노동의 분배 몫을 줄이는 방식으로 대응했다. 또 정규직과 비정규직을 분리 통치하는 전략으로 생산과 관리 비용을 줄여왔다. 그러나 장기적으로 자본의 수익률 하락은 반전하기는커녕 오히려 더 악화되었다. 만성적인 침체와 불평등이 사회를 수시로 위기의 벼랑 끝으로 몰아넣었다.

고용 없는 성장은 특권·기득권층이 기술과 시장으로부터 자신을 보호하기 위해 법률과 정책마저 통제하면서 사회의 부와 권력을 독식하는 특권적 네트워크에서 비롯한 바가 크다. 미국 경제정책연구센터 딘 베이커(Dean Baker) 소장은 다음과 같이 말한다.[29]

> 자동화가 교육 수준이 낮은 노동자에 대한 수요를 감소시키고 숙련노동자의 수요를 증가시키면서 노동시장의 수요를 변화시킨다는 얘기가 있다. 이론적으로 가능하지만 현재나 미래의 경제가 그렇게 될 것이라고 믿을 만한 이유는 없다. 자동화가 낮은 교육 수준을 요구하는 많은 일자리를 없앴다면 마찬가지로 많은 숙련노동자를 쫓아낼 수도 있다.…… 이것은 기술의 문제가 아니다. 특권층이 기술과 시장으로부터 자신들을 보호할 수 있는 정치적 힘을 가진 데서 비롯한 문제다.…… 엘리트들이 소득 불평등의 심화를 기술 발전과 같은 비인격적인 힘의 탓으로 돌리는 것은 쉽지만, 사실이 아니다.

세계 각국은 대자본 등 특정 계층에 편중된 기득권을 억제하고 기술 발전과 성장 혜택을 분산하기 위해 다양하게 노력하는 중이다. 그런 노력 끝에 문제 해결에 실패한 나라도 있고 어느 정도 성공한 나라도 있다. 일본은 전자에 해당하고 독일은 후자에 해당한다.

일본은 1985년 일부 업종에 대한 파견법을 제정하면서 시작된 노동자 파견이 거의 모든 산업으로 확대되면서 고용 불안, 근로 빈곤, 청년 실업의 문제가 생겨나게 되었다. 특히 그 피해가 정치적으로 취약한 청년 세대에게 집중되었는데, 그로부터 나타난 현상이 청년들의 취업·결혼·출산의 포기였다. 초고령화와 함께 저출산이 심화되면서 인구 절벽 현상이 사회의 성장 잠재력을 갉아먹고 불평등을 더욱 극단화시켰다. 그럼에도 일본의 정치권은 그에 대한 대책을 세우지 않았다. 선거에서 표가 되지 않는 정책이라고 보았기 때문이다. 그 대신 득표로 쉽게 연결될 수 있는 대규모 재정 투입에 의한 부동산과 토건 개발에 에너지를 쏟았다. 2009년 총선거에서 야당인 민주당이 미래 세대의 복지를 내세워 집권했지만 정권을 교체한 뒤에 선거공약들을 대폭 폐기해버렸다.[30]

반대로 독일은 일본과 여러모로 다른 길을 걸었다. 독일은 일본과 함께 세계적인 고령 국가다. 그런데 일본과 달리 독일은 일찍이 청년 복지에 투자하고 사회적 대타협을 통해 청년의 일자리를 지키는 데 온 힘을 기울였다. 세대 간의 갈등과 소통 단절을 막기 위해 모든 세대가 하나의 공동체 안에서 경제적으로 연결될 수 있는 세대 공존의 길을 모색했다.[31] 독일을 경제 위기에서 살려낸 데는 정치의 힘이 결정적이었다. 정부는 대기업보다 중소기업의 시장 진출을 돕게끔 조세 정책을 펼쳤다. 정치는 특유한 독일식 제도를 통해 세대·계층 간 이해관계를 균형 있게 조정해냈다. 그런 노력의 결과 지금 독일은 유럽 대부분이 심각한 경제 위기와 혼란을 겪는 중에도 상당히 안정된 상태를 유지하고 있다.

고용 없는 성장의 수렁에 빠진 한국

한국은 OECD 국가 중 최악의 수준을 기록하는 사회경제적 지표가 급증하고 있다. 특히 출산율, 고령화, 노인 빈곤, 복지 지출 등에서 최악을 기록하고 있고, 성장률, 일자리 불안, 불평등, 행복지수 등에서도 심각한 수준에 다가가고 있다.[32] 한국이 이런 상황에 이르게 된 데에는 양극화와 고용 없는 성장의 수렁에 헤어나기 힘들 정도로 깊이 빠졌기 때문이다.

우리가 그런 늪에 빠지게 된 데에는 자본 투입 위주의 성장 방식에 너무 깊이 중독되었기 때문이다. 지난 개발 연대에서 경제의 비약적 발전은 주로 자본(capital)이라는 생산요소의 투입을 증가시키는 방식으로 이루어졌다. 경제개발 초기에 노동은 거의 무한대로 존재했지만 자본은 극히 희소했다. 자본의 한계생산성은 매우 높았다. 자본의 생산성이 높았기에 자본을 많이 만들어내는 것이 경제 전체의 생산성을 향상시키는 첩경이 되었다. 그러나 자본 투입에 입각한 성장은 한계가 정해진 성장이었다. 자본이 상대적으로 풍부해지고 노동이 상대적으로 희소해지면서 자본의 한계생산성은 하락하고 노동비용은 빠르게 상승했다. 이런 상황에서 경제 전체의 성장률을 유지하기 위해서는 자본을 비약적으로 더 많이 투입해야 했다. 그런데 이렇게 하면 노동비용이 더 상승하고 자본의 수익률은 하락하기 때문에 이를 보전하기 위해 기업들은 노동 배제를 본격적으로 강화했다. 특히 1980년 대 말 이후 민주화로 노동비용이 빠르게 상승하자 기업들은 자동화, 해외 이전, 노동의 분리 지배 등으로 대응하며 수익률을 보전하는 손쉬운 성장 전략으로 나아갔다. 이와 함께 경제 영역을 넘어 정치, 사회, 문화를 연결하는 강력한 특권 네트워크를 구축하고 이를 통해 국가권력을 움직여 게임의 구조를 불공정하게 바꾸어나갔다. 자본 투입 위주의 성장 방식과 특권·기득권 구조가 결합해 우리 사회를 양극화와 고용 없는 성장으로 몰아간 것이다.

이런 방식은 노동 투입을 줄이고 인적자원의 발전을 지체시켜 장기적인 성장에 악영향을 미쳤다. 또 중국 등 후발 주자의 추격에 압박받는 구조를 만들어냈기 때문에 노동 소득의 분배 몫을 늘리고 고용을 확대하는 데 근본적인 제약을 받게 되었다. 많은 사람이 영세 중소기업의 저임금 노동으로 대거 밀려나면서 실질임금은 지속적으로 정체하거나 하락했다. 이는 한계 기업들을 끊임없이 존속시켜 후진적인 경제구조를 조장하는 원인이 되었다. 자본에 뽑히지 못한 노동자들은 실업자로 전락해 '잉여 인간'이라는 낙인과 함께 사회 변방으로 내몰렸다. 이들 중 상당수는 자본과 제대로 결합되지 못한 채 영세 사업을 추구할 수밖에 없었고, 잉여노동을 담는 저수지로 사회적 비효율을 상징하는 표상이 되었다.

4차 산업혁명을 필두로 하는 새로운 문명의 물결이 밀려오는 동안 우리 사회는 적어도 10~20년 이상을 헛발질해왔다. 무엇보다도 사회에 혁신이 일어나지 못했다. 단적으로 중소기업이 중견 기업으로, 중견 기업이 대기업으로, 대기업이 더욱 성장해 '제2의 삼성', '제2의 현대자동차'와 같은 초일류 기업으로 성장하는 현상이 거의 사라졌다고 할 수 있다. 반도체, 자동차, 조선, 철강 등 주력 산업을 넘어서는 미래 신산업이 뚜렷이 창출되지 못했다. 다양한 소유 형태와 수평적이고 분권적인 생산 네트워크의 창출을 위한 창조적인 실험이 시대의 흐름만큼 활성화되지 못했다. 낡고 후진적인 교육제도 탓에 미래 사회에 맞는 인재의 육성이 제대로 이루어지지 못했다. 이런 요인들이

축적되면서 우리 사회에는 확실히 총체적 위기의 징후가 갈수록 뚜렷해져 왔다.

4차 산업혁명이 가져올 가치 혁명

특권·기득권을 제한하고 고통을 사회적으로 분담하는 일은 고용 없는 성장과의 싸움에서 매우 중요한 과제다. 하지만 그것은 여전히 근본적인 해답을 제시해주지는 않는다. 예를 들어 비정규직 노동자의 양산은 대자본의 특권 때문에 생기기도 하지만 급변하는 경제 환경에 적응할 수 있는 새로운 제도가 함께 만들어지지 않기 때문에 생기는 측면도 있다. 특권·기득권을 제한하는 데 완벽하게 성공한다고 해도 전후 자본주의가 이룩한 완전고용의 상태로 돌아가기는 불가능하다. 그런 상태로 돌아가는 것이 꼭 바람직한 것만도 아니다. 『유엔미래보고서 2050(State of the Future)』을 보면 2050년에 실업률이 최대 50퍼센트에 달할 것인데, 이때는 삶의 목적과 가치관이 달라지기 때문에 실업률의 수치가 큰 의미가 없어진다고 말한다. 생계를 위해 일할 필요가 사라지면서 사람들은 취업과 경제적 성공을 목표로 하기보다 사람들의 존경과 사랑을 받는 식의 완전히 다른 목표를 갖게 된다는 것이다. 그래서 일자리의 개념도 근본적으로 바뀌게 된다는 것이다.[33]

이와 더불어 정부와 민간의 역할 관계도 이전과는 근본적으로 달라진다. 그렇기 때문에 특권·기득권의 제한과 함께 어떤 대안적인 제도를 제시하는지가 그런 문제를 푸는 데 필수 조건이 된다. 삶의 가치와 목표가 근본적으로 달라지고 완전고용의 실현이 정책 목표가 아닌 것이 된다면 특권·기득권을 제한하는 정책의 방향도 상당 부분 달라질 수밖에 없다. 최근 문재인 정부가 출범한 뒤에 공공 부문의 고용 확대나 비정규직의 정규직화 정책을 둘러싸고 논쟁이 벌어지는 것도 이런 문제와 연관된다.

오늘날 전 세계가 부딪히는 사회경제적 문제의 본질은 생산력의 급격한 발달과 함께 삶의 양식 및 가치가 근본적으로 변화하는 데 반해 기성 사회시스템의 경직된 구조가 이를 수용하지 못하기 때문이다. 기성의 사회시스템이란 기업 지배 구조일 수도 있고, 정부와 민간의 역할 구조일 수도 있으며, 민주주의의 구조일 수도 있다. 하지만 가장 궁극적으로는 임노동에 입각한 자본주의 시장경제 제도와 그 상부구조를 말한다. 자본주의 시장경제의 경직성이 근본적으로 재구성되고 있는 노동의 가치와 형태의 변화를 수용하지 못하는 것이다. 4차 산업혁명의 예를 통해 이야기해보자.

4차 산업혁명은 산업의 기술적 진보만으로 이루어진 것이 아니다. 오히려 더 중요한 요인은 사회적 가치와 노동 양식의 변화다. 4차 산업혁명은 집단 지성에 따른 공유와 협업의 결과물이기도 하다. 공유 경제는 지식 기반 경제에서 나타나는 현상인 수확 체증 법칙의 유력한 원천인데, 아이디어가 공유될수록 무한한 변형과 창조가 가능해지기 때문이다. 다보스 포럼(Davos Forum)은 2025년 공유 경제 시대의 도래를 예견하고 있다. 2016년 기준 미국 시가 총액 상위 10위 기업 중 여섯 곳이 공유 경제와 관련을 맺고 있고, 신생 거대 벤처기업의 60퍼센트가 공유 경제 기업이다. 국내에도 카카오, 쿠팡, 티몬, 배달의민족, 쏘카, 코자자 등 공유 경제 기업이 대거 부상하고 있다.

그런데 공유 경제가 잘 발전하기 위해서는 사회제도와 노동 양식이 근본적으로 재구성되어야 한다. 집단 지성의 힘을 조직하려면 자발적 동기에 입각한 공유와 협업의 가치를 활성화해야 한다. 자발적 노동이 되려면 그것이 자신의 삶과 관련해 가치 있어야 하며, 자신의 일이 무척 흥미롭고 이런 일을 다른 사람과 공유하는 것에 동기를 느껴야 한다. 이는 새로운 노동·금전·공동체 윤리의 탄생을 의미한다.[34] 그러나 자본주의 시장경제의 구조 안에서 이루어지는 임노동은 본질적으로 자기실현을 위한 노동이 아닌 타인(자본)을 위한 노동이기 때문에 그런 동기를 이끌어내는 데 구조적 한계가 있다.

미래 시대는 창의성이 핵심이 되는 사회다. 집단 지성에 의한 협력이 키워드로 등장하는 단계의 노동은 창의성의 가치와 필연적으로 연관된다. 지금은 물질 생산의 시대가 아니라 가치를 창조하고 생산하는 단계로 경제의 중심이 전환하고 있다. 4차 산업혁명의 시대는 창의성의 원천인 호기심의 차이가 개인의 삶의 질을 결정하고, 호기심을 어떻게 대하는지가 한 나라의 운명을 결정한다고들 한다.[35] 그런데 창의성의 바탕이 되는 호기심은 자신이 좋아하고 직접 하고 싶은 일을 할 때 나온다. KBS 제작팀이 펴낸『명견만리』를 보면 이를 "세상을 바꾸는 덕후의 힘"이라고 표현하는데, 그런 덕후의 예로 전기 자동차 시장의 대표 주자 일론 머스크(Elon Musk), 세계 드론 시장의 최강자 프랭크 왕(Frank Wang), 세계 최고의 SNS 발명자 마크 저커버그(Mark Zuckerberg) 등을 꼽고 있다. 이들은 기성 사회시스템의 요구와는 관계없이 자신이 좋아하는 일에 호기심을 갖고 몰두하다가 상상력과 아이디어가 발전해 현실에서 성공한 경우다.[36]

미래 시대에 다양성은 동전의 양면처럼 창의성의 전제 조건이 되기도 한다. 미래 사회에서는 최적의 효율을 내는 어느 한두 가지에 집중하기보다 다양한 가치와 목표를 추구하며 이것들 사이의 융합을 통해 최대의 효율을 내는 가치 창출로 이어지도록 해야 한다. 그것은 노동이 이윤 추구를 위한 획일적인 형태에 머무르지 않고 다양한 노동 형태가 인정받을 때 성립할 수 있다. 앞에서 언급한 머스크나 왕 등이 처음에 전기 자동차로 지구를 구하는 식의 공상의 나래를 펴고 헬리콥터 놀이에 푹 빠져 지낼 때 그들의 행동은 기성 사회시스템의 관점에서 생산 활동으로 인정받지 못했을 것이기 때문이다.

다양성과 함께 미래 사회의 또 다른 중요 트렌드는 유연성이다. 서로 전혀 다른 기술과 지식이 융합해 새로운 가치를 창조해내는 오늘날의 환경에서 전문화와 집중화의 생명력은 그리 길지 않다. 그 대신 다양한 영역을 넘나들며 소통하고 네트워크를 짜는 전인적이고 유연한 능력이 중요해졌다. 지나치게 많은 노동량은 그런 유연한 능력을 제고하는 데 장애가 된다. 전인적인 능력을 기르기 위해서는 고용 노동의 과중한 업무에서 해방되어야 하기 때문이다. 이는 인류가 맞고 있는 문명 전환의 중요한 포인트다. 인류는 애덤 스미스(Adam Smith)가 말한 것처럼 근대 자본주의에 이르기까지 노동의 분업과 전문화를 통해 생산성을 늘려왔다. 그러나 이제 자신의 분야와 매우 다른 다양한 분야와 통섭하는 능력이 점점 더 중요하게 되었다. 하라리는 『사피엔스』에서 수렵 채집인들은 그 후손인 농부, 양치기, 노동자, 사무원 대부분에 비해 훨씬 더 안락하고 보람 있는 생활을 영위했다고 말한다. 그들은 지구상의 가장 척박한 곳에서 사는 경우조차 주당 평균 35~45시간만 일했다. 그들은 똑같은 기계를 갖고 똑같은 방식으로 일하는 현대인과 달리 버섯을 따고 식용 뿌리를 캐고 개구리를 잡았다. 남는 시간에는 잡담을 나누고, 아이들과 놀아주고, 서로 지어낸 이야기를 들려주며 살았다. 그들은 수렵 채집 덕분에 이상적인 영양소를 공급받았으며 신체는 기민하게 발달해 있었다. 하라리는 이 시대를 최초의 풍요 사회라 부른다.[37] 어쩌면 지금 우리 인류는 최초의 풍요 사회에 살았던 사람들의 전인적인 삶으로 돌아가고 있는지도 모른다.

미래 사회가 우리에게 던져주는 함의는 매우 근본적이다. 그것은 미래 사회의 흐름에 적응하려면 과학기술과 생산력의 급속한 발달에 조응하는 새로운 제도와 의식을 창출하고 사회를 떠받치는 기본 개념 자체를 재구성하는 철학적 전환이 필연적이라고 알려준다. 우리는 새로운 경제·기술의 조건하에서 다음과 같은 철학적 질문에 직면한다. "인간은 일하기 때문에 먹는가, 인간이기 때문에 먹는가?" 1944년 5월 10일 미국 필라델피아주에서는 선진국의 노사정 대표들이 모여 국제노동기구(ILO)의 목적에 관한 선언에 서명했다. 이 선언은 네 가지 기본 원칙을 천명했는데, 제1원칙이 바로 "노동은 상품이 아니다"라는 조항이다.[38] 이 조항은 오늘날 더욱 절실한 의미를 띠고 나타난다. 지금 사회에서 모든 인간적인 행위와 노력은 효율과 수익의 크기에 상관없이 가치와 의미를 지닌다는 것, 다양한 사람이 공존하고 협력함으로써 사회가 풍요로워진다는 철학을 요구하고 있기 때문이다.

4차 산업혁명의 시대에 과연 일이라는 개념은 무엇이고, 일과 여가, 일과 놀이의 경계는 어떻게 되는가? 생계 노동 또는 임노동을 하지 않으면 노동하지 않는다고 말해야 하는가? 노동하지 않기 때문에 먹지도 말아야 한다고 주장할 수 있는가? 기존의 시대와는 다른 새로운 보상 평가의 원리는 무엇인가? 4차 산업혁명의 시대에 필요한 창의적 노동은 다양한 형태의 노동이 사회적으로 인정받고 보상받을 수 있는 보다 유연한 사회시스템을 요구한다. 가상-현실의 융합에 따른 초생산 혁명의 시대에 임노동의 틀로만 사회 전반을 규제한다면 필연적으로 독점과 양극화의 폐해는 걷잡을 수 없이 부풀어 오른다. 그렇게 되면 사회는 공유와 독점의 가치가 내적 충돌을 일으키는 자기모순 때문에 끊임없이 내파될 수밖에 없다.

앞의 설명이 자본주의를 철폐해야 한다는 말로 들릴지 모르겠다. 당장 모든 개인과 기업에게 기본소득과 같은 무차별적인 지원을 할 수는 없다. '필요에 따른 분배'라는 공산주의식 분배 원리로 흐를 경우 무임승차, 나태, 도덕적 해이를 사회 전체에 확산시킬 수도 있다. 그러므로 사회적으로 효용이 높고 누구나 참여할 수 있는 사회적 노동을 통하거나 복지 설계를 통해 창의적 노동과 연계될 수 있는 보상 체계의 정교한 구성이 필요하다. 시장에서 형성되는 주식, 상품, 자산의 가치뿐만 아니라 사회적 약자 지원, 고용, 환경 등 사회적 가치 창출로 연결되는 사회적 경제 육성 등을 통해 다양한 노동 형태를 만들어야 한다. 또한 정부와 민간의 관계를 지금까지와는 매우 다르게 재설계해야 한다. 지금은 서로 다른 지식과 기술이 인문학적인 상상력을 매개로 융합해 새로운 가치와 부를 창조해내는 시대이기에 기존처럼 정부가 타깃을 설계하고 선택과 집중을 통해 지원하는 방식은 한계에 부딪히고 있다. 이런 시대일수록 정부는 개인과 기업에게 자율과 선택권을 최대한 보장하면서도 사회 다수의 구성원이 최대한 많이 포괄되도록 노력해야 한다.

새로운 경제 비전
한편 국내외 전문가들은 우리 사회가 미래를 가늠할 기술 역량과 인적자원, 지정·경제학적 조건 면에서 풍부한 역동성을 지니고 있다고 평가한다. 이를 몇 가지로 요약해 소개하면 다음과 같다.

첫째, 한국은 4차 산업혁명 단계에서 필요한 기술력과 창의력을 갖고 있다. 한국인 특유의 역동성으로 이를 만들어내는 데서 다른 나라들에 뒤처지지 않았다. 4차 산업혁명에서는 보다 높은 수준의 ICT (Information and Communication Technology) 기술 역량과 창의력이 필요한데, 한국은 세계 최고 수준의 ICT 인프라와 제조 기술이 있다. 그래서 많은 독일 전문가들은 "한국은 제조업과 디지털 두 분야의 성공적 융합을 통해 하이테크 제조업을 성장시킬 수 있는 기회를 맞고 있다"라고 말한다.[39] 힐러리 클린턴(Hillary Clinton) 전 미국 국무장관의 자문관을 지낸 알렉 로스(Alec Ross)는 『알렉 로스의 미래 산업 보고서(The Industries of the Future)』에서 4차 산업혁명의 아찔한 변화에서 살아남을 국가로 미국, 일본, 한국, 독일, 중국, 이렇게 다섯 개 나라를 꼽고 있다.

둘째, 지정·경제학적 관점에서 한국은 다른 어느 나라보다 유리한 위치에 서 있다. 앞에서 설명했지만 세계 정치·경제의 중심이 동아시아로 이동하고 있고, 각 세력의 접점에 위치한 지정·경제학적 장점을 살려 해양과 대륙 간의 교량 역할을 할 수 있다. 우리는 동아시아를 둘러싼 열국의 정치·경제·군사적 대립을 평화와 번영의 다자간 협력 체제 속에서 묶는 접착제 역할을 수행해야 할 위치에 놓여 있다. 이는 경제적으로도 우리에게 커다란 기회를 제공해줄 것이다. 특히 한반도 통일은 매우 중요한 출구다. 골드만삭스에 따르면 한국은 중국이 홍콩을 관리하는 방식으로 북한을 관리하기만 해도 2050년 무렵에 통일 한국의 실질 GDP가 6조 5000억 달러가 되어 프랑스, 독일, 일본을 능가할 것이라고 한다.[40]

셋째, 한국은 사회 패러다임 자체를 혁신하는 정치적 동력을 갖고 있다. 존 페퍼(John Feffer) 미국 외교정책포커스 소장은 한국이 정부와 재벌의 역할을 근본적으로 재규정하고 사회제도와 의식을 전환시키는 힘을 갖고 있다고 긍정적으로 평가한다.[41] 『21세기 대한민국 국부론』의 저자 김택환 교수도 한국인은 기존 사고나 모형을 잘 파괴하는 좋은 습성을 가졌기 때문에 창조 국가로 갈 수 있는 국민 DNA가 형성되어 있다고 말한다.[42]

우리가 혁신적 경제 발전을 이룰 수 있을지의 관건은 미래의 핵심 가치를 중심으로 앞에서 말한 여러 유리한 조건을 얼마나 잘 묶어낼 수 있는지에 달려 있다. 미래 시대에는 4차 산업혁명과 조화를 이루는 생산·분배 제도를 어떻게 짤지가 초미의 관심사가 된다. 기본 방향은 공감 능력과 창의성에 바탕을 둔 혁신의 가치다. 개인의 자율과 창의성을 중시하고, 수직적 권위 대신 수평적 의사소통을 강조하며, 다양성과 협업의 가치를 사회제도에 구현하고 활성화하는 것이다. 이를 좀 더 구체적으로 정리해보면 다음과 같다.

첫째, 노동의 가치와 질을 높여 '노동'의 사회적 역할과 비중을 복원하고 자본과 노동 간의 무너진 균형을 재확립해 새로운 경제 발전 체제를 창조해야 한다. 창조적 인간이 수행하는 노동이야말로 가장 질 높은 활동이며 지속적인 혁신과 발전의 원동력이다. 인간의 창조적인 노동이 혁신이라는 이름 아래 물적 자본에 의해 자꾸 구축(驅逐)되는 비인간화의 과정을 중단시킬 때 진정한 의미의 혁신과 경제 발전이 가능해진다.

둘째, 특권적이고 획일적인 재벌과 대기업 중심의 경제구조를 다양성의 경제구조로 바꿔야 한다. 다양성의 경제구조란 다양한 가치, 다양한 분야, 다양한 사람 집단이 함께 어울려 구성되는 경제 시스템이다. 한 종류의 나무만 있는 숲보다 여러 종류의 나무가 어우러져 있는 숲에 더 많은 곤충과 식물이 찾아들고 건강한 생태계가 되는 것처럼, 경제도 다양한 가치를 추구하는 다양한 생산양식이 함께 공존하며 나아갈 때 건강하고 경쟁력을 갖출 수 있다.

셋째, 기존의 자본·개발 중심의 낡은 공공 인프라가 아닌 새로운 공공 인프라를 구축해야 한다. 새로운 공공 인프라를 구축하는 일은 인적자원의 발달을 촉진하고 다양성의 경제구조로 전환을 촉진하는 공통의 물적·정신적 기반을 만드는 작업이다. 이를 위해 과거 완전고용 시대의 복지 제도를 혁신해 다양한 노동과 소유의 형태가 출현할 수 있도록 뒷받침하고, 인간적인 기품과 사고력을 바탕으로 소통 능력을 키우는 교육제도를 구축하며, 국민들의 정보 접근성을 강화해야 한다.

여기서 앞의 다양성 경제와 관련해 부연하고 싶은 것은 우리 사회에서 유독 심각한 사회경제 문제인 소상공인이나 영세 자영업자들에 대한 이야기다. 한국에서 대부분의 자영업은 먹고살 방법이 없어 어쩔 수 없이 뛰어드는 막장 분야로 인식되고 있다. 한마디로 사회에서 퇴출되는 마지막 관문이라는 뜻이다. 실제 현실도 다수의 자영업자가 영세하고 낙후한 편이다.

하지만 미래 사회에서 자영업은 다양성의 경제를 발전시키는 데 중요한 역할을 하는 주체다. 물론 한국은 자영업자가 과포화 상태이기 때문에 노동시장의 구조 조정과 맞물리면서 일정 부분 해소되어야 한다. 그렇다고 영세 자영업자의 대부분을 고용으로 흡수하는 것은 불가능하고 바람직하지도 않다. 만약 그들의 공간을 기업형 프랜차이즈 가게가 완전히 점령한다면 그 지역은 개성과 특색이 죽어버리면서 전체적인 경제가치도 축소되고 말 것이다. 경제가 침체되고 실업이 늘 때 경제적인 완충지가 사라지는 것도 문제다. 그런데 소상공인의 존재가 사회적 가치를 갖게 되는 핵심 요인은 바로 '적정기술'이라는 개념이다. 적정기술이란 획일화된 대량생산 체제에서 벗어나 지역의 특성에 맞게 지식과 지혜를 결합하며 생겨나는 기술이다. 이를 통해 사회는 중간 단계에서 무한한 창의성이 생겨나고 사회적 수확 체증이 일어난다. 공공 기관, 기업, 대학의 연구소에서 소수의 전문가가 개발하는 첨단·선진 기술도 중요하지만, 그것을 인간화해 개인의 삶을 개선하는 쪽으로 발전시키는 일은 수많은 사람의 참여를 통해 가능하기 때문이다. 이런 적정기술의 개념은 미래 사회에서도 적용된다.[43] 우리가 소상공인의 가치를 새롭게 발견하고 이를 실현하기 위해 사회적인 대책을 함께 만들어야 하는 이유다.

이상과 같은 일들은 사회 공동체의 노동 가치와 생산의 윤리 체계를 새롭게 확립하는 것이다. 이는 새로운 문명 전환의 토대를 만들고 거기서 성공하기 위한 조건을 만드는 일이다. 이 과정은 필연적으로 인간과 노동에 대한 근본적인 가치 투쟁의 문제로 발전하게 된다. 지금 세계 각국은 미래 사회로 가는 길목에서 문명의 트렌드를 선점하기 위해 치열한 경쟁을 벌이고 있다. 그것은 다양성, 공유, 참여, 협력을 통한 집단 지성의 창의성을 어떻게 조직할지에 달려 있다. 그리고 다양한 주체가 집단 지성으로 탄생하기 위해서는 사회적인 공감 능력이 바탕이 되어야 한다. 앞으로는 이런 시대 흐름을 잘 읽어내는 나라가 세계를 주도하게 된다.

한국은 지금 맞고 있는 총체적인 위기 국면에서도 상황을 반전해 나갈 수 있는 역동성을 지니고 있다. 촛불혁명은 세계화와 전근대·근대적인 요소가 반동적으로 결합한 현재의 사회구조가 정치의 역동성을 매개로 진취적인 사회구조로 전환할 수 있는 가능성을 보여주었다. 촛불혁명의 힘은 단순히 정치적인 민주화에 그치지 않고 사회경제적인 민주화와 혁신에 중요한 역할을 할 것이다. 왜냐하면 그것은 우리 사회 내면에 문명의 메가 트렌드이기도 한 다양성, 공유, 참여, 협력에 바탕을 둔 집단 지성의 엄청난 에너지가 실재하고 있음을 확인시켜주었기 때문이다.

4장

한국의 역사시간과
새로운 국가공동체

•●○

우리 역사의 흥망성쇠 법칙

우리 역사를 해석하는 하나의 틀

혼돈, 위기, 불안의 대전환기일수록 역사에 대한 성찰이 중요해진다. 역사에 대한 성찰이 결여되면 남의 뒤만 이리저리 따라다니다가 길을 잃고 만다. 우리는 누구인가? 우리는 지금 어디에 서 있고, 어디로 향하고 있는가? 우리의 역사시간은 무엇인가?

먼저 우리의 집단 정체성이 무엇인지를 탐구해야 한다. 집단 정체성은 우리가 어떤 조건에서 흥성했고, 어떤 조건에서 쇠락했는지를 규명함으로써 집합적 실천의 방향을 규정하기 때문이다. 다만 집단 정체성에 대한 탐구는 필수적이지만 그 방법은 신중하고 올발라야 한다. 예를 들어 인종적 순혈주의와 우월주의에 입각한 나치 민족주의는 그 자신과 인류에게 커다란 재앙을 안겨주었다. 집단 정체성이란 발생학적 기원을 갖는 영원불멸의 실체가 아니다. 앞에서 집단 정체성이란 역사적 서사이며, 서사적 실천의 산물이라고 말한 바 있다. 이를테면 미국인이라는 정체성은 혈통이나 언어적 기원 때문에 성립한 것이 아니라 식민지 개척과 자치, 독립 투쟁의 경험과 가치의 공유, 남북전쟁과 통합을 위한 정치적 실천 등의 결과물이다. 그 과정을 통해 만들어진 집단적 신화, 허구, 이야기가 수억 명이 되는 미국인을 하나의 국민 정체성으로 묶어냈다. 그러므로 집단 정체성의 탐구에서 역사학적·정치학적 접근은 필수다.

필자는 이 장에서 우리의 장구한 역사를 되돌아보며 집단 정체성의 변곡점들과 흥망성쇠가 어떻게 맞물려왔는지를 얘기해보고자 한다. 이를 통해 지금 우리 시대의 역사시간이 세계·문명의 전환과 선순환을 이루는 방향에서 서로 만나는 꼭짓점 위에 서 있음을 밝히려고 한다. 먼저 다음과 같은 근본적 질문을 던지며 우리의 집단 정체성에 대한 얘기를 시작해보겠다. 즉, 동아시아 변방의 작은 민족, 종종 내부가 여러 국가로 쪼개져 다투었던 나라가 어떻게 수천 년의 기나긴 시간 동안 독자적인 정체성과 국가 체제를 유지하며 존속할 수 있었는가? 그래서 마침내 중국, 일본과 더불어 동아시아 삼국으로 정립할 수 있었는가? 중화 체제의 헤게모니하에서 명멸해버리고 만 북방 민족들과는 왜, 어떻게 달랐는가?

중화 질서의 변방에 있는 조그만 나라가 수천 년간 국가 체제를 성공적으로 유지할 수 있었던 이유를 일부에서는 유교 가치를 근간으로 하는 중화 질서의 특징에서 찾기도 한다. 즉, 주변국들이 중화 질서 안에서 조공-책봉 관계를 받아들이는 한 중국의 왕조는 전통적으로 유교의 시혜적 가치를 바탕으로 주변국을 굳이 정복하거나 복속시키려고 하지 않았다는 것이다. 1880년대 조선에서 커다란 반향을 일으킨 주일 청나라 외교관 황쭌셴(黃遵憲)의 『조선책략(朝鮮策略)』은 "조선은 중국의 속국이 된 지 이미 1000년이 지났다. 그동안 중국은 조선이 편안히 지내도록 은혜를 베풀어주었을 뿐 한 번도 그 땅과 백성을 탐내는 마음을 가진 적이 없다"라고 말하고 있다.

그러나 이런 시각은 사실과 전혀 다르다. 동아시아 국제 질서의 역사는 크게 다원성이 작용하던 시기와 단일 패권이 확립되던 시기로 나눌 수 있다. 다원성이 작용하던 시기는 주로 중화 왕조와 북방 민족이 패권 경쟁을 벌이던 때였다. 반면에 동아시아 패권 체제로서 중화 체제가 확립되었던 때는 한 무제, 당 태종, 명 영락제 시기였다. 북방 민족의 정복왕조에 의해 패권 체제가 확립된 시기도 있었다. 원(元)나라와 청나라 때였다. 그런데 동아시아에 단일 패권 체제가 들어섰을 때 우리 민족은 혹독한 시련을 겪는 경우가 많았다. 한(漢)나라는 고조선을 멸망시켰고, 당(唐)나라는 고구려와 백제를 멸망시켰다. 북방 정복왕조에 의한 패권 체제인 원나라는 장기간에 걸친 치열한 전쟁으로 고려를 복속시켰고, 청나라 또한 조선을 굴복시켰다. 따라서 단순하게 훑어만 봐도 황쭌셴의 말은 전혀 사실과 부합하지 않는다. 다만 명(明)나라 정도가 조선을 향한 침략과 전쟁이 없이 관대했다고도 볼 수 있는데, 이것은 조선의 철저한 추종과 사대가 뒷받침되었기에 가능했다. 그 대신 조선은 거기에 안주해 사회제도가 부패하고 진취적인 기질이 소멸해 망국의 길로 나아가는 대가를 치러야 했다.

우리 역사의 흥망성쇠를 설명하는 데는 국제 질서의 구조와 내부 질서 및 주체적 대응의 구조를 결합해보는 시각 틀이 필요하다. 즉, 한 축은 국제 질서의 구조가 다극 경쟁 체제인지, 아니면 단극 패권 체제인지로 나뉜다. 다른 한 축은 내부 질서와 주체적 대응 구조가 통

우리 역사의 해석 틀

다원적 국제 질서

| A 유형 | B 유형 |

통합적 내부 질서 ←──────────────→ 분열적 내부 질서

| C 유형 | D 유형 |

패권적 국제 질서

합적인지 분열적인지에 따라 나뉜다. 통합-분열은 국가의 분단, 국론의 통일성 정도, 사회체제 및 제도의 건강성, 사회의 문화적 창조력, 리더십 등을 포함한다. 이 두 축이 어떻게 상호 작용하는지가 국가의 흥망성쇠를 결정한다. 그래서 이 두 축을 조합하면 그림과 같이 네 개의 유형이 만들어진다. 이런 모델이 필요한 이유는 우리가 역사적으로 중화 체제와 북방 민족 간의 패권 경쟁이 벌어지는 접점에 위치해 있었기 때문이다. 접점이라는 조건은 우리의 정체성을 구성하는 데 매우 중요한 요소다. 접점의 지정학적 위치야말로 우리가 문명을 발전시키고 국가 체제를 유지해온 이유를 설명하는 키포인트와 같다. 이는 한국의 전략적인 가치를 증대시켜주기도 했지만, 다른 한편으로 끊임없는 도전에 시달리게 만들었다.

　A 유형: 백제, 고구려, 고려의 전성기가 대체로 여기에 해당한다. 지정학적 위치상 우리 민족은 국제 질서가 단극적일 때보다 다극적일 때 국제 위상이 올라가고, 영토를 확장했으며, 활발한 문명 교류를 통해 문화를 발전시켰다. 백제와 고구려가 전성기를 달리던 때는 중국이 남북조, 5호 16국으로 분열되어 있던 때였다. 백제는 4세기경부터

해양과 대륙의 광활한 무대에서 역동적으로 활약했다.[1] 불교라는 선진 이념과 문명을 받아들이기 위해 신라와 백제는 멀리 인도까지 가서 불경을 가져왔고, 근초고왕 때는 중국의 요서 지역을 공략해 경영하며 대륙 진출을 적극 시도했다. 고구려는 광개토대왕과 장수왕 시기에 중국과 대등한 고구려 천하 질서를 형성했다. 고려의 전성기도 중국 대륙에 한족의 송(宋)나라, 거란족의 요(遼)나라, 여진족의 금(金)나라가 패권 경쟁을 벌이던 시기에 이루어졌다.

이때 간과해서는 안 되는 요소는 백제, 고구려, 고려가 전성기를 구가하기 위해서는 국가 내부의 개혁, 제도 정비, 민생의 안정이 선행되었다는 사실이다. 고구려에서는 광개토대왕이 나타나기 전에 소수림왕의 국가 질서 정비가 있었고, 고려에서는 광종의 과거제도 도입 등을 통한 중앙집권 체제의 강화 노력이 있었다.

이 시기의 또 한 가지 공통점은 국제 질서가 다극 체제인 상황에서도 패권 경쟁을 추구하지 않았다는 점이다. 고구려는 수(隋)나라나 당나라와 싸워 이길 정도로 중국과 동아시아 천하의 패권을 겨루었지만 독자적인 연호를 고집하지 않고 중국에 형식적으로 조공하는 태도를 취했다. 그런 정도에서 고구려는 자존감을 지키고 훌륭하게 나라를 보존해나갔다. 고구려에 이어 고려 역시 원나라의 간섭 이전까지 송나라, 요나라, 금나라에 조공국의 형식을 갖추면서도 대내적으로는 황제 국가 체제의 국가 의례와 제도를 운영하며, 고려가 세계의 중심이라는 천하관을 갖고 있었다.[2] 윤영인 교수의 연구를 보면 왕 위에 황제가 있으며, 연호 사용이 큰 나라에 복속을 나타낸다고 인식하는 것은 잘못이다. 즉, 왕이나 텡그리 칸(Tengri Khan), 황제는 단순한 명칭에 불과하며, 조공국의 연호 사용도 복속이 아닌 적극적인 외교정책 수단이었다.[3] 즉, 고려의 입장에서 요, 금, 송은 모두 같은 이웃 나라였다. 고려 시대 동아시아 여러 국가 간의 책봉-조공 관계는 어느 한편의 시혜나 강박이 아닌 고려의 주체적인 결정에 따라 사대의 대상을 바꿀 수 있었던 상대적인 제도였던 셈이다.

B 유형: 조선의 인조와 고종 시기가 대체로 여기에 해당한다. 국제 질서가 다극 체제라고 해서 국가의 융성과 발전이 저절로 주어지지는 않았다. 내부 질서의 상태와 주체적인 대응이 어떠했는지에 따라 결과는 판이하게 달라졌다. 백제든, 고구려든, 고려든 전성기를 구가할 수 있었던 이유는 국제 질서의 환경만이 아니라 더 중요하게는 내부적으로 선진 제도와 문물을 받아들여 체제를 정비하는 것과 동시에 민생을 안정시킬 수 있는 통합적이고 진취적인 시스템이 구비되어 있었기 때문이다.

국제 질서는 주변 열강이 각축하는 다극 체제였으면서도 내부 질서가 사실상 파괴되다시피 하고 관념적 교조주의와 문약(文弱)에 젖을 대로 젖어버린 조선 후기 이후의 역사는 끊임없는 전쟁, 민란, 망국, 식민의 역사로 이어졌다. 분단과 한국전쟁으로 이어진 역사도 이 유형에 속한다. 일제 강점으로부터 해방되었지만 우리는 미소 냉전 체제의 틈바구니에 끼여 결국 민족 분단과 전쟁을 초래하고 말았다. 그것이 필연적으로 불가피한 일은 아니었다. 미국과 소련은 처음부터 한반도를 분단국가로 만들려는 계획을 갖고 있지도 않았고, 세계적으로 냉전 체제가 점차 심화되었지만 그것이 곧 자동적으로 한반도의 분단으로 이어진다고 볼 수도 없었다. 오히려 미국과 소련의 대(對)한반도 전략은 우리 안의 좌우 세력의 극단적인 이해관계 논리에 매개되어 굴절된 탓에 분단의 고착화로 이어진 측면이 많다.

C 유형: 우리를 둘러싸고 있는 국제 질서가 단극 패권 체제라고 해도 국가의 융성과 발전을 나름대로 도모하고 실현한 사례가 있다. 바로 신라의 삼국통일 시기와 조선의 세종 시기가 그것이다. 신라가 삼국을 통일하던 시기는 당나라가 이민족을 제압하고 동아시아에 단극 패권 체제를 확립하던 때였다. 신라는 당나라와 손을 잡고 백제와 고구려를 멸망시켰다. 그런데 백제와 고구려를 멸망시킨 뒤에 당나라는 변심해 약속을 깨고 신라까지 복속시키려고 시도했다. 북방 민족은 물론이고 백제와 고구려라는 완충지대가 사라진 상황에서 신라는 절체절명의 위기에 처했다. 이때 신라를 당나라와의 전쟁에서 구해준 힘은 신라 지배층의 단결된 힘과 무한한 희생정신이었다. 그 밑에는 신라 지배층을 보편적인 가치로 묶어내면서 정신적으로 단련시킨 선진적 이념으로서 불교의 도입과 통치 제도의 선진화 과정이 뒷받침되어 있었다.

조선의 세종 시기 역시 명나라가 원나라를 완전히 제압하고 단극 패권 체제를 형성하던 시점이었다. 그런 상황에서 세종은 명나라에 대한 사대(事大)를 불가피한 현실로 받아들였다. 하지만 사대주의에 안주하지 않았다. 세종은 명나라의 의구심을 살 만한 상황인데도 중신들의 반대를 무릅쓰고 북방을 개척해 조선의 영토를 지금의 한반도 경계선까지 확장했다. 중화 사대주의자들의 극렬한 반대를 뚫고 훈민정음을 창제한 사례에서 보듯이 국가의 생존과 선진 문명을 흡수하기 위해 사대를 수용하면서도 정신적으로는 자주성을 지키기 위해 엄청난 노력을 기울였다.

요컨대 세종 시기는 단극 패권 체제의 제약 속에도 진취적이고 개방적인 자세로 국제 질서의 틈새를 이용하며 독자 문명을 발전시켜갔다는 점에서 높게 평가할 만하다. 하지만 이 시기는 상대적으로 볼 때 우리 역사에서 일반적으로 나타나는 유형은 아니다. 특별히 탁월한 리더십이 출현하거나 매우 우호적인 환경 요인이 뒷받침되었을 때만 가능한 현상이었다.

D 유형: 단극 패권의 국제 질서가 확립된 상황에서 무모한 모험과 극단적인 대결로 국력을 소진해 마침내 나라를 멸망으로 이끈 경우도 있다. 바로 고구려의 연개소문(淵蓋蘇文) 집권 시기와 백제의 의자왕 시기가 그런 사례다. 연개소문은 "임금을 죽인 역적이자 고구려의 멸망을 초래한 장본인"(김부식)으로 평가받기도 하지만, "위대한 혁명가"(신채호), "독립 자주의 정신과 대외 경쟁의 담략을 지닌 우리 역사상 일인자"(박은식)로 상반된 평가를 받는 인물이다. 연개소문은 당나라와의 화친을 주장하는 영류왕과 귀족들을 쿠데타로 제거하고 당나라와 강경한 전쟁 노선을 고수했다. 비록 여러 차례에 걸쳐 전개된 고당(高唐) 전쟁에서 고구려는 당나라를 번번이 물리쳤으나 강대국과 전쟁을 수행하느라고 국력은 극도로 쇠잔해졌다. 여기에 더해 연개소문 사후 그의 아들들 간에 후계를 둘러싼 불화와 분열이 겹쳐 나라는 결국 파멸에 이르고 만다. 당시의 국제 정세를 정확하게 읽어내지 못해 외교 고립을 초래하고, 이것이 결국 후계자들의 극한 분열로 이어져 나라를 영원히 잃고 말았다.

이상을 종합하면 우리 역사에서는 대체로 우리를 둘러싼 국제 질서가 단극일 때보다 다극일 때 더 많은 기회가 주어진 것을 알 수 있다. 여기에 더해 우리 내부의 역량이 잘 결집되고, 진취적인 가치와 기질이 충만하고, 제도가 잘 정비되어 있다면 우리는 국가공동체로서 융성과 번영의 길을 걸어갈 수 있었다.

다원성·진취성·개방성의 정체성

이상의 유형을 통해 보았을 때 우리 민족의 흥망성쇠 역사를 관통해서 규정할 수 있는 하나의 법칙과 기준은 무엇일까? '다원성·진취성·개방성' 대 '획일성·교조주의·폐쇄성'의 구도를 통해 우리 민족 성쇠의 역사를 읽어낼 수 있지 않을까 한다. 즉, 전자의 가치가 강할 때는 흥했고, 후자의 가치가 강할 때는 쇠했다는 것이다.

다원성·진취성·개방성은 선진 문명을 끊임없이 흡수해 자국 문명의 보편성을 대담하게 확대해나가려는 열린 태도다. 동아시아 역사에서 한민족은 선진 문명에 호의적이었고 그것을 흡수하기 위해 지속적으로 노력했다. 불교라는 선진 이념과 문명을 받아들이기 위해 신라와 백제는 멀리 인도까지 가서 불경을 가져왔다. 통일신라는 멀리 서역까지 문명 교류의 폭을 넓혀나갔다. 당나라의 교육기관에는 통일신라에서 온 유학생들로 넘쳐났다. 고려는 요나라와 금나라의 협박에도 선진 중화 문명을 받아들이기 위해 송나라와의 외교 관계를 끝까지 단절하지 않았다.

그 과정에서 자주인지 사대인지 여부는 상대적이며 수단적인 것에 불과했다. 패권 국가가 아닌 변방의 작은 나라라는 조건에서 주변에 단일 패권 국가가 출현하게 되면 사대는 불가피했다. 그러나 국제질서의 환경이 패권 체제에서 다극 체제로 변화하면 우리도 거기에 맞춰 변화했다. 단일 패권 체제하에서도 국가의 생존이 위협받을 때는 강대국에 대항해 당당히 싸웠다. 통일신라가 그랬다. 세종은 명나라의 단일 패권 체제라는 국제정치의 현실적인 제약 속에서도 국익을 위해 필요할 때는 과감하게 북진 개척의 대업을 밀어붙였다.

자주든 사대든 이를 이념으로 격상해 신봉하는 태도가 가장 위험했다. 자주를 도그마처럼 신봉하고 무모하게 밀어붙이다가 고립을 자초한 사례가 연개소문이라면, 사대의 이념에 포획되어 고립과 수구의 길을 걷다가 멸망에 이른 사례가 조선 후기 노론(老論)의 소(小)중화주의자들과 쇄국정책이라 할 수 있다. 진취성과 개방성의 가치가 역사 속에서 잘 발휘될 때 우리 민족은 융성과 번영의 길을 걸었고, 고립과 도그마의 가치에 포로가 될 때 쇠락과 파멸의 길로 내달렸다.

한때 중화 체제를 위협할 만큼 강성했던 북방 민족들과 달리 우리 민족이 오늘날까지 존립과 발전을 꾀할 수 있는 것은 중화 세력과 북방 세력의 틈바구니에서 지정학적 위치를 유연하게 활용하며 선진 문명을 끈질기게 흡수하고 그것을 독자적인 제도와 문화로 창조했기 때문이다. 우리에게는 문명을 지향했던 다원성과 개방적 보편성의 힘, 진취성을 가진 평화 국가로서의 정체성이 있다. 이것이 중화 질서의 헤게모니하에서 명멸해버리고 만 북방 민족과 갈라지는 지점이었다.

● ● ●

국가공동체의 정체성 상실과 쇠락

기득권층의 형성과 양대 전란에서 노출된 무기력의 원인

조선 중기 이후의 역사는 민족사의 관점에서 볼 때 정체성을 상실하고 국가공동체가 쇠퇴하는 과정이었다고 할 수 있다. 그런 조선의 역사를 반추하는 것은 매우 중요한 의미를 지닌다. 조선은 한국사에서 삼국시대 이후 이민족의 식민지가 되며 역사의 무대에서 사라진 최초의 사례다. 조선의 망국은 역사학자 김기협의 표현을 빌리면 "단지 한 왕조의 멸망이 아니라 국민과 민족 정체성이 철저히 해체당한

처절하고 비극적인 사건"이었다. 왕조의 멸망 이후 왕조를 복원하려
는 움직임을 찾을 수 없을 만큼 민중의 뇌리에서도 조선은 빨리 지워
졌다. 그렇다면 조선은 왜 그렇게 처참하게 멸망했고, 오늘날 우리가
되새겨야 할 점은 무엇인가?

고려 말기 귀족들은 엄청난 토지를 차지하고 있었던 데 반해 국가
는 재정 파탄의 상황에 처해 있었다. 대다수 백성도 국가의 보호를 제
대로 받지 못하는 실정이었다. 이런 상황을 바로잡기 위한 개혁이 조
선 건국 사업의 큰 줄기였다.[4] 성리학의 이념은 여기에 긍정적인 기여
를 했다. 유교적 비판 정신은 권력 비판을 통해 기득권을 견제했으며
전제 왕권을 견제하는 바탕이 되었다. 또한 작위와 영지 세습을 줄이
고 과거제도와 같은 능력 위주의 인재 등용을 통해 평등 의식을 증진
시키는 데 공헌했다. 전제(田制) 개혁이 이루어져 백성의 부담은 낮아
지면서도 국가 재정은 더 확충되었다. 농업 기술과 생산성이 크게 향
상되어 농지 규모가 확장되었다.

조선 초기에는 국제 관계에서도 꾸준히 영토를 확장하면서 국방
을 튼튼히 하려고 애썼다. 사대의 명분을 내세우며 정권을 쟁취한 왕
조이지만 정권을 획득한 뒤에는 스스로 요동 정벌을 준비하기도 했
다. 세종 때는 명나라 중심의 패권 질서가 강력하게 확립된 상황이었
지만, 조선 역사에서 최대의 영토 확장이 일어났다. 세종은 명나라의
심기만 거스르고 여진족을 실질적으로 몰아낼 수 있을지는 불확실한
상황에서 중신들의 반대를 아랑곳하지 않고 북방 개척을 밀어붙였다.
만약 조선이 세종 시기의 자주성, 진취성, 개혁 정치의 맥을 이어갔다
면 이후 여진과 일본의 발흥, 명나라의 쇠퇴라는 다원적인 국제 질서
가 도래했을 때 세력 균형을 활용하며 영토와 국가적 영향력을 더욱

확장할 수 있었을 것이다.

그러나 시간이 지나면서 15세기 중반부터 조선에도 특권·기득권 층이 형성되기 시작했다. 왕권을 둘러싼 쟁탈전에서 공을 세운 사람들이 권력과 부를 독점하는 현상이 나타났다. 이른바 훈구파라고 불리는 집단이었다. 이들의 힘이 지나치게 강해지자 견제하기 위해 조선의 역대 왕들은 사림(士林)이라 불리는 집단을 등용했다. 그러나 사림의 등장에도 조선 사회의 모순은 근본적으로 해소되지 못했다. 훈구파를 점차 밀어내고 등장한 사림은 민생 문제를 해결하는 것보다 이념적 유토피아를 실현하는 것에 경도되었고, 다른 한편으로는 사림 자신이 기득권 집단으로 바뀌어갔다.

조선이 정체의 길로 들어섰음을 알린 사건은 임진왜란과 병자호란이라는 양대 전란이었다. 양대 전란으로 국토와 백성이 철저히 유린되었고, 국권의 자존심은 땅에 떨어질 대로 떨어졌다. 당시 지배 엘리트가 장악한 층위에서는 부패와 타락이 넓게 퍼져가고 있었다. 그래도 조선은 나라를 보전할 수 있었는데, 이름 없는 의병과 하층민 덕분이었다. 국난 극복의 사령탑을 맡은 유성룡의 주도로 실시된 면천법(免賤法), 속오군(束伍軍) 등의 제도가 민중의 에너지를 끌어내는 데 크게 기여했다. 면천법은 노비라고 해도 왜군의 목을 베어오면 양인(良人)으로 면천해주는 제도였고, 속오군은 양반·중인·양인·천인으로 조직된 혼성군으로 신분 차별을 완화시킨 군대 제도였다. 그러나 임진왜란이 끝나자 조선 조정은 면천의 약속을 모조리 파기했다. 기득권 세력의 반발 때문이었다. 명나라 군대의 도움 덕분에 민중에게 호소해야 할 절박성이 작아진 탓도 있었다. 그 뒤에 병자호란이 일어났을 때 의병은 씨가 말랐고, 천민들은 조정의 부름에 전혀 호응하지 않았다.

왕은 남한산성에서 고립무원의 상태로 유폐되어 있다가 결국 청나라 황제에게 목숨을 구걸하는 굴욕을 당해야 했다.

내부의 개혁 정치도 성공을 거두지 못했다. 국가 관리들은 농민에 대한 약탈과 갈취에 몰두했다. 대동법(大同法)의 개혁 정치가 약간의 성공을 거두었으나 사회 추세를 반전시키기에는 역부족이었다. 대동법을 주도한 사람들은 성리학 안에서도 실용주의 계열이었다. 이들은 상대적으로 수레와 수차를 보급하고 화폐와 역법을 개선하는 등 기술 정책에 힘썼던 사람들이다. 하지만 이들은 성리학의 주류로 성장하지 못했고, 조선은 예학(禮學)을 배경으로 세를 확장한 원리주의자들의 세상이 되었다. 이들은 능률과 합리성보다는 유교 원리인 예에 입각한 질서 확립을 우선했기 때문에 대동법의 시행에도 반대했다.

조선이 양대 전란에서 무기력했던 원인은 진취성, 다원성, 개방성의 정신이 사라지고 특권적 폐쇄성, 관념적 교조주의, 문약의 질서가 국가 체제 속에 깊이 뿌리내렸기 때문이다. 중화 패권 질서의 등장과 함께 조선은 오로지 중국을 추앙하며 중국만을 믿고 위기 예방의 노력을 방기했다.[5] 그 결과 임진왜란 당시 조선의 형편없는 군사력에 놀란 명나라 장수들이 "조선은 수·당(隋唐) 이래 강국으로 불렸는데 지금 이처럼 허약한 이유가 뭐냐"라고 반문할 정도였다.[6] 조선의 지배자들은 동북아 삼국 중에서도 유례없이 강한 신분제 질서, 원리주의와 교조주의가 강력하게 지배하는 폐쇄적인 세계를 구축했다. 김구는 『백범일지』에서 이렇게 말했다.[7]

모든 계급독재 중에서도 가장 무서운 것은 철학을 기초로 한 계급독재다. 수백 년간 조선에서 행해진 계급독재는 유교, 그중에서도 주자학파의 철학을 기초로 한 것이어서, 정치뿐만 아니라 사상, 학문, 사회생활, 가정생활, 개인생활까지 규정하는 독재였다. 이 독재정치 밑에서 우리 민족의 참다운 문화는 소멸되고 원기는 마멸된 것이다.

동굴 속 황제와 신하들 그리고 망국

성리학의 주류에 원리주의자들이 득세하면서 이념은 권력으로 발전해갔다. 성리학은 조선 후기에 이르러 더욱 급격히 교조화되었다. 지배층은 민생과 경세의 과제를 외면하고 오직 형이상학적 과제에만 매달리며 폐쇄적이고 배타적인 권력 집단을 형성하는 데 전념했다. 이를 타파하고자 여러 개혁 군주가 등장했으나 왕 혼자만의 리더십으로 망가진 국가의 틀을 복원하기는 역부족이었다. 결국 영·정조의 개혁 정치가 실패한 뒤 조선의 국가권력은 특권 집단의 수중으로 떨어져 공공성을 완전히 상실하게 되었다. 몇몇 세도 가문이 왕을 임명했고 매관매직과 부정부패가 만연했다. 전국 곳곳에서 수탈과 압제에 저항하는 민란이 들끓었다.

조선 말기 흥선대원군이 주도했던 개혁 정치는 500년을 지속해온 왕조가 쓰러지면서 내지른 단말마적인 발버둥이었다. 대원군의 개혁은 처음에는 양반의 횡포와 과도한 조세 부담에 지친 백성의 환호를 받았다. 호포법(戶布法), 환곡 개혁, 서원 철폐 등 민생 개혁은 일정한 성과를 거두기도 했다. 그러나 대원군의 개혁 정치가 지향했던 비전은 기껏해야 시대착오적인 성리학 질서의 재건을 통한 왕권 강화에 불과했다. 성리학 질서가 아닌 다른 모든 질서를 사악한 것으로 보는 낡은 이념적 도그마에 의존해 국제적 고립을 자초했을 때 조선의 운명은 산산조각 나기 일보직전에 있었다. 게다가 대원군은 비전의 부재로

인한 개혁 정치의 몰락을 지연시키고자 특권 세력의 이념 공세에 편승해 수천여 명의 천주교도를 처형하는 병인박해(丙寅迫害)를 일으키고 말았다. '조선판 종북몰이'라고 할 만한 사건에 대원군 스스로가 뛰어든 것이었다. 시대를 꿰뚫는 철학과 비전이 없는 정치는 필연적으로 권력정치로 변질되고 만다는 것을 대원군의 개혁 정치가 선명하게 보여주었다.

조선 후기는 세계사의 기본 질서가 대전환을 일으키는 시기였다. 진시황 이후 수천 년간 지속되어온 중화 체제가 서양 열강들에게 추월당해 붕괴되고 문명의 급격한 단절과 전환이 일어나고 있었다. 그런 대전환은 시민혁명과 산업혁명 시기인 17세기부터 19세기까지 내내 일어났다. 그런데 이 시기에 조선은 한민족을 하나의 국가공동체로 유지시켜온 자신의 정체성을 상실하고 폐쇄성과 이념적 도그마에 빠져 허우적거렸다. 망국 전야에 조선의 위정자들은 전인권 박사의 표현을 빌리면 "동굴 속 황제와 그 주위에 모여 웅성거리는 원숭이 무리"와 다를 것이 하나도 없었다.[8] 고종과 박규수가 나눈 다음의 대화는 당시 조선 사회가 얼마나 천진난만하고 어리석은 사고에 파묻혀 지냈는지를 잘 보여준다.[9]

고종: 천하만국 가운데 어찌해 성인들의 교화를 지키지 않는 자들이 있으며, 양이(洋夷)들의 사교(邪敎)가 나오는 것은 어째서인가?

박규수: 서양의 여러 이적들이 중국에서 너무 멀리 떨어져 있기에 중화 문명의 가르침이 아직 미치지 않은 것입니다.

고종: 어찌 치우진 것이 바른 것을 해칠 수 있겠소. 치우친 것이 바른 것을 범하는 것은 대낮에 구름이 태양을 가린 것과 같아 머지않아 해소될 것이오.

박규수: 신이 중국인들의 말을 듣건대, 저들 이적이 항시 중국의 경전을 번역해 읽고 있다고 합니다. 그러니 이들도 필시 하루아침에 크게 깨달아 스스로 의 비뚤어짐을 자각하고 성인의 가르침에 귀의할 것입니다.

19세기 말 조선에도 독립을 유지할 수 있는 조건은 있었다. 중화 패권 체제는 쇠락하기 시작했고, 일본은 부상하기 시작한 지 얼마 되지 않은 상황이었다. 러시아는 강대해 보였으나 내적으로 취약했을 뿐만 아니라 영국, 미국, 일본의 견제를 받고 있었다. 조선은 어느 한 나라가 독점적이고 배타적으로 지배하기 대단히 어려운 지정학적 구도에 위치해 있었다.

하지만 조선은 그런 환경을 활용해나갈 수 있는 역량을 철저히 상실한 상태였다. 당시 시어도어 루스벨트(Theodore Roosevelt) 미국 대통령은 일본이 조선을 병탄할 때 거중조정(居中調停)을 바라는 조선의 요청에 다음과 같이 대답했다. "코리아가 독립국으로 존재해야 한다는 것은 1882년 조미수호통상조약에 따라 엄숙하게 주어진 것이었다. 그러나 코리아인 스스로 자신을 위해 할 수 없는 일을 이해관계가 없는 다른 나라가 코리아를 위해 시도하리라고 가정하는 것은 불가능한 일이다. 코리아는 어떤 의미로도 전혀 스스로를 통치할 수 없다는 사실을 이미 보여주었다"라고 말이다. 결국 조선은 제국주의 열강들이 벌이는 각축의 틈바구니 속에서 더는 견디지 못하고 나라를 잃고 말았다. 사대주의, 관념적 교조주의, 폐쇄성이 사회를 너무나도 강고하게 지배한 결과였다.

●●●

국가공동체의 정체성 복원을 위한
기나긴 투쟁과 반전

새로운 역사적 발걸음의 시작: 만민공동회와 3·1운동

이민족의 지배와 망국이라는 처참한 처지로 전락한 나라가 그 상황에서 벗어난 지 불과 반세기 만에 세계 11위의 경제 강국, 아시아 최고의 민주주의국가로 거듭난 것은 한마디로 기적이었다. 도대체 어떻게 그런 일이 가능했는가? 이것은 멀게는 동학농민혁명, 만민공동회, 3·1운동에서, 가깝게는 1960년 4·19혁명, 1980년 5·18광주민주화운동, 1987년 6월 항쟁으로 이어지는 긴 역사적 맥락에서 볼 때만 제대로 파악할 수 있다. '국민주권'과 '민주공화국'을 핵심 원리로 하는 근대 헌정 체제를 등장시키기 위한 일련의 기나긴 역사적 선행 조건이 없었다면 오늘날의 대한민국은 출현할 수 없었을 것이다.

기적을 가져온 역사의 연원을 찾기 위해서는 적어도 100년 이상을 거슬러 올라가야 한다. 한국에서 근대국가 형성의 원동력이 된 민족주의는 다른 제3세계 국가의 민족주의가 그랬던 것처럼 제국주의의 식민 지배에 저항하는 과정에서 형성되었다. 그러나 한국의 민족주의는 신채호나 박은식 같은 지식인들이 제시했던 '우리 대 저들'이라는 이분법적 대립 구도에 기초한 피상적인 수준을 뛰어넘어 발전해갔다. 한국의 민족주의는 '우리'에 대한 성찰과 헌정주의의 실천으로 나아갔다. 지배층의 무능과 부패 탓에 이민족의 피지배 신세로 떨어진 암울한 상황 속에서도 우리 민족이 역경을 딛고 부활할 것이라 예고한 사건은 바로 만민공동회와 3·1운동이었다. 이런 일련의 사건 속에서 한

민족 구성원은 단선적이고 위계적인 오랜 타성의 구조에서 벗어나 진취성과 개방성에 입각한 아래부터의 자발적인 실천을 통해 새로운 역사적 발걸음을 내딛기 시작했다.

1898년 독립협회가 주도하며 열린 만민공동회에서는 1만 명에서 2만 명가량 모여 최장 40여 일간 장작불을 피워놓고 철야 투쟁을 벌였는데, 당시 서울 인구가 17만 명이었다. 현재 인구로 환산하면 최대 100만 명 정도가 나온 셈이다. 여기서 사람들은 활발한 정치 토론과 함께 외세 배격, 개혁파 정부의 수립, 의회의 설립을 요구했다. 흥미롭게도 만민공동회는 20년 뒤 3·1운동, 80년 뒤 5·18광주민주화운동, 120년 뒤 촛불혁명을 통해 고스란히 되살아났다. 만민공동회에는 콩나물 파는 할머니부터 기생, 백정, 철모르는 아이들에 이르기까지 계층과 신분을 떠나 모든 사람이 참가했다. 할머니와 순검들이 앞을 다투어 푼돈을 털어 시위 군중을 응원했고, 시민들이 자발적으로 마련한 장터에서는 시위대를 위해 장국밥을 제공했다. 수많은 말이 넘쳐나는 공론의 현장을 신문들이 앞다투어 중계했다. 열두어 살에 불과한 소학교 학생 두 명이 만민공동회에서 연설했다는 이유로 학부대신(지금의 교육인적자원부 장관)은 이들에게 퇴학 처분을 내리고 교사를 감봉 조치하는 일이 벌어지기도 했다.[10] 만민공동회는 비록 실패로 끝나고 말았지만 근대로의 문명 전환 속에서 우리 민족의 진취적 정체성의 가치가 씨를 뿌리고 새롭게 싹을 틔우는 계기였다.

정치학자 전인권 박사는 만민공동회가 한국 최초의 근대적인 시민사회의 출현이자 최초의 근대적 정치 집회였다고 의미를 부여한다. 만민공동회는 대중이 집단적으로 의사 표현을 하고, 과거 백성이나 신민이었던 이들이 민족의 이름으로 새롭게 호명되면서 균질적 자격으로 공론장에 참여하는 문명의 전환을 상징하는 것이었다고 말한다. 한반도를 둘러싸고 치열하게 각축하는 열강 사이에서 조선 사회의 대중이 능동적으로 반응을 보인 첫 번째 사례였다는 것이다. 그리고 조선이 민중과 엘리트가 공정한 게임을 하기 위해 '사회계약'을 필요로 하는 근대사회에 진입했음을 알려주는 사건이라는 것이다.[11]

그런데 어떻게 이런 일이 가능했을까? 만민공동회와 같은 사회현상은 경이롭고 신비로운 일이었다. 왜냐하면 우리 가까이에 위치해 있고, 우리보다 다소 앞서 근대화 추진에 성공했던 일본의 경우 그런 현상을 거의 찾아볼 수 없었기 때문이다. 1870년대 일본에서도 자유민권운동이 일어나 대중운동으로 발전하기도 했으나 결사체 운동의 한계를 벗어나지 못했다. 그나마 그 운동은 농민 등 하층 대중이 참여하면서 폭동 등 급진적 방식으로 나아가는 양상에 두려움을 느낀 주도 세력이 스스로 운동을 해산하는 바람에 아래로부터의 정치 운동은 단절되고 말았다. 그에 비해 한국은 대중운동이 마찬가지로 일시적 단절을 겪기도 했으나 내적으로는 지속적으로 발전해나갔다는 점에서 일본과 달랐다. 그 이유가 무엇이었는지를 밝히는 일은 학계에서도 중요한 연구 과제일 것이다.

근대사회를 향한 아래로부터의 자발적 실천은 1919년에 발발한 3·1운동에서 대폭발을 일으켰다. 1924년 조선총독부 공보과에서 발행한 자료를 살펴보면, 3·1운동에는 참가 인원이 136만여 명, 사망이 6670명, 체포가 1만 9000여 명에 달했다. 3·1운동은 세계사적으로도 희귀하고 특별한 사건이었다. 그것은 각계각층 민중의 정치적 자각을 바탕으로 근대적 국민국가의 수립을 위한 정치 주체가 본격적으로 형성되기 시작했음을 알리는 사건이었다. 국제사회가 스스로 통치할 역량이 안 되는 민족이라고 규정했던 나라에서 사람들이 근대적 주체의 모습으로 당당하게 자주독립을 외쳤다. 한국 정치에 대한 기념비적인 저작을 남긴 미국의 정치학자 그레고리 핸더슨(Gregory Henderson)은 『소용돌이의 한국정치(Korea: the Politics of the Vortex)』에서 3·1운동을 적절하게 묘사하고 있다.[12]

> 3·1운동에서 한국인들은 처음으로 하나의 이념 아래 단결했고 권력 경쟁으로 흩어지지 않았으며, 신흥국의 정치에 늘 붙어 다니는 회의, 추종, 원자화, 부패와 같은 것들에 물들지 않고 국민을 결집시키는 순수하고 이상적이며 희생적인 힘을 보여주었다.…… 강한 의지를 가진 여러 계급 출신이 독립운동 과정에서 신분의 상하를 구별하지 않고 공통의 열성과 기회균등을 느꼈으며, 근대화 과정에서 나타나는 새로운 인재, 새로운 이념, 새로운 형식 등을 만들어냈다.

3·1운동은 직후 수립된 임시정부와 '임시정부 헌법'에 커다란 영향을 끼쳤다. 3·1운동의 정신에 따라 수립된 대한민국 임시정부는 사회계약에 대한 민중의 새로운 요구가 반영된 한국 최초의 근대 공화주의를 정체로 삼았다. 1919년 4월 수립된 임시정부는 군주 주권을 부인하고 국민 주권국가의 수립을 헌법을 통해 선포했다. 이는 완결된 형태의 근대적 헌정 체제의 탄생이었다.[13] 임시정부 수립은 무엇보다 이념과 정파를 초월해 거국적 형태로 건설되었다는 점에서 의미가 있었다. 1919년 9월 15일 통합 임시정부에는 민족주의자, 공화주의자, 자유민주주의자, 무정부주의자, 사회주의자가 모두 포괄되었다.

3·1운동에서 파생된 민족 독립운동의 물줄기는 그 뒤에도 국내외에서 끊임없이 이어져 나갔다. 한국인들은 식민 지배를 받는 다른 나

라의 피지배 대중에 비해 상당히 저항적이고 역동적이었다. 가령 일본의 또 다른 식민지인 대만과 현격한 대조를 이루었다. 당시 한 미국인 여행자는 "대만에는 일본 옷을 입은 사람이 꽤 많지만 한국에서는 게다를 신고 기모노를 걸친 사람을 본 적이 없다"라고 썼다.[14] 일본이 1931년 만주를 침략해 합병했을 때 중국인과 한국인을 포함한 유격대의 강력한 저항에 부딪혔다. 1930년대 말까지만 해도 만주의 지방경찰은 유격대의 수중에 완전히 장악되어 있었다. 브루스 커밍스(Bruce Cumings)는 중국 소식통을 인용해 인구 비례로 볼 때 한국인 저항자의 비중이 한족을 포함한 다른 어떤 민족보다 높다고 말했다.[15] 이처럼 끈질기게 지속된 저항의 동력은 해방 공간에서 정치적 폭발의 중요한 요인이 되었다.

4·19혁명과 산업화의 동학

해방 후 제일 먼저 정국 주도권을 잡은 것은 좌익 세력이었다. 그러나 적어도 미군이 점령한 남한 사회에서 좌익 세력은 정치적으로 패착을 거듭했으며, 우익 세력에게 급속히 밀리기 시작했다. 그래서 1947년 말에 이르면 좌익 세력의 영향력은 공개적인 정치 영역에서는 거의 소멸했다. 남한에서 좌익 세력의 소멸과 우익 세력의 득세는 중도 및 우익 세력의 내부 지형에도 커다란 변화를 가져왔다. 1947년 중도 좌파 지도자 여운형이 암살된 데 이어, 민족주의 우파의 김구까지 제거되고 말았다. 이런 와중에서 반공 국가 연합 세력에 의한 단독정부 수립 주장이 더욱 힘을 얻어갔으며, 결국 그 같은 주장은 1948년 대한민국 정부 수립으로 실현되었다. 한국 정치사회의 이념적 지형은 1950~1953년의 한국전쟁을 거치면서 더욱 극우적으로 고착되었다.

그러나 이런 정치 지형에도 불구하고 헌정 체제 전체의 근본적인 성격이 곧바로 극우 파시즘으로 전환한 것은 아니었다. 민중 영역에서는 극우 세력을 견제하려는 시도가 끊임없이 계속되었다. 예를 들어 1948년 5월 10일 제헌국회 선거로 뽑힌 당선자 198명은 대체로 한국민주당(한민당) 성향, 이승만 지지 세력, 김구·김규식과 성향을 같이하는 무소속 구락부[클럽(club)의 음역어] 의원이 삼각 분포를 이루고 있었다.[16] 1950년 국회의원 총선거도 제3세력의 약진이 두드러졌다. 특히 이승만 정권에 의한 반공·독재가 확립된 지 불과 10년도 안 되어 4·19혁명이라는 민주 항쟁이 발발한 것도 민중 영역의 에너지가 작동한 결과였다.

　　민중 영역의 에너지는 산업화를 이해하는 결정적 단서이기도 하다. 박정희 정권의 경제개발 방식은 정부 통제하에서 외국으로부터 차관을 빌려 공장을 짓고 농촌에 축적되어 있는 풍부한 노동력을 공장으로 옮기는 것이었다. 저곡가 정책을 통해 농업 부문으로부터 잉여를 추출해 공업 부문으로 이동시키고, 정부가 은행을 통제해 세계 시장에서 잘 팔리는 상품을 생산하는 산업에 집중적으로 자본을 투입하면 성장이 쉽게 일어났다. 이는 독일, 일본 등 후발 자본주의국가와 소련과 북한 등 사회주의국가가 초기에 빠르게 경제성장을 달성한 방식이었다. 그러나 이런 방식은 기술 변화가 필요한 혁신적 성장이 아니었기 때문에 지속적이지 않았다. 이 나라들은 하나같이 일정 지점에 이르면 구조적 한계에 직면해 결국 몰락의 길을 걸었다. 박정희 정권의 개발 체제도 어느 시점부터 정경 유착과 부패, 족벌 기업의 지배 구조와 도덕적 해이, 강렬한 분배 저항과 사회 갈등을 끊임없이 야기했다. 그러므로 박정희 정권의 정책과 리더십 요소는 한국의 경제 발전 성과를 설명하는 데 매우 제한적일 수밖에 없다.

그렇다면 박정희 정부 때 달성한 경제 발전이 사회주의국가들의 경우처럼 단절되지 않고 그 뒤에도 지속적인 경제 발전으로 이어지게 만든 요소는 무엇인가?

먼저 박정희 정권 등장 이전의 사회적 조건 덕분이었다. 국내적으로는 해방 뒤에 체제의 사활을 건 좌우 투쟁 속에서 이루어진 농지개혁 등으로 산업화에 장애가 되는 전근대적 요소가 대부분 척결되었다. 한국전쟁은 수많은 참상과 비극을 낳았지만, 다른 한편으로는 낡은 봉건적 관습과 제도를 파괴하는 효과를 가져왔다. 전쟁에 동원되는 과정에서 대중의 정치적·사회적 권리 의식이 상당 정도 높아지는 계기가 되었다. 이런 선행 조건 때문에 박정희는 무력으로 정권을 장악하고도 미얀마의 군부 세력처럼 정치적 다원주의를 완전히 제거하지 못했고, 제한적으로나마 민주적 제도를 유지해 눈에 보이지 않는 대중적 압력 구조가 계속 작동하도록 허용해야 했다.

다음으로 박정희 정권은 1970년대 초 유신 체제를 선포하고 더 극단적인 권위주의 체제로 돌진하는데, 이는 정권의 정통성을 더욱 악화시키고 저항 세력의 투쟁에 정권이 노출되어 체제를 불안정하게 만들었다. 이에 박정희 정권의 선택은 정치적 저항을 억누르면서 동시에 대중에게 큰 폭의 경제적 양보를 하는 것이었다. 그것을 단적으로 보여주는 지표가 바로 유신 체제에서 억압과 저항이 가장 극심했던 시기에 유례없이 큰 폭의 임금 인상이 이루어졌다는 사실이다. 가령 1973~1979년 동안 노동자 실질임금의 연평균 증가율은 12.7퍼센트로, GNP 증가율을 2.4퍼센트나 상회했다. 이는 멕시코, 아르헨티나, 터키는 물론이고 대만과 비교해도 높은 상승률이었다. 이런 조치는 박정희 정권이 의도하지는 않았지만 소득분배가 극단적으로 악화되는 것을 피할 수 있게 해 결과적으로 성장의 질이 좋아졌다.

민주주의의 탄생과 확장

1960년대 말 박정희 정권의 3선 개헌 시도에 맞선 싸움부터 유신 반대 투쟁에 이르는 시기는 4·19혁명으로 잠깐 나타났다가 소멸한 민주주의 역량을 새롭게 구축하는 과정이었다. 그러는 중에 1970년 대 말 박정희 정권이 정치·경제적 모순에 휩싸인 가운데 붕괴되었고 1980년 민주화의 봄이 펼쳐졌다. 그런데 민주화의 봄은 박정희 정권이 뿌려놓은 신군부 세력의 군홧발에 다시 짓밟히게 되었고 철권통치는 계속되었다. 그러나 이 과정에서 발생한 5·18광주민주화운동은 1980년대 보다 치열하고 강해진 민주화 투쟁이 출현하게 되는 씨앗을 뿌렸다.

1980년대 민주화 운동은 이념, 전략, 조직, 투쟁 모든 면에서 질적인 발전을 이루며 군사독재 정권을 궁지에 몰아넣었다. 재야 지식인, 종교계, 학생들에 국한되었던 민주화 운동은 노동, 농민, 도시 빈민 등 여러 부문으로 퍼져갔다. 화이트칼라 등 도시 중간층도 민주화 운동에 본격적으로 합세했다. 민주화 운동은 이전보다 훨씬 더 탄탄한 대중 기반을 구축하게 되었다. 이렇게 축적된 민주화 역량으로 마침내 군사독재 체제가 무너지고 민주적 헌정 체제를 회복할 수 있었다.

1987년 민주화는 국민의 대대적인 항쟁을 통해 촉발되었지만 군사독재 세력이 민주화 요구를 수용하면서 타협에 따라 이루어졌다. 그 때문에 1987년 헌정 체제는 권위주의의 잔재를 광범위하게 간직했으며, 국민의 기본권 조항에도 실질적 민주주의 요구가 제대로 담기지 못했다. 또 민주주의의 설계 과정에는 군사정권과 자유주의 야당 세력만이 참여했고, 시민참여나 민주화를 이끌었던 운동 세력의 참여는 배제되었다. 87년 체제는 그만큼 불완전했을 뿐만 아니라 불안정했다.

민주화의 이행과 공고화 과정은 정말로 험난했다. 1987년 민주항쟁 직후에는 대통령 선거 과정에서 민주화 세력이 분열하면서 정권 교체가 무산되었다. 군부독재 시절로 돌아가는 것이 아니냐는 우려가 온 사회에 팽배했다. 그러나 그 직후 치러진 국회의원 총선거에서 여소야대 국회가 출현하면서 독재 청산 작업이 진행될 수 있었다. 그러다가 1989년에는 문익환 목사와 대학생 임수경의 밀입북 사건을 계기로 거센 공안 바람이 나라를 강타하기도 했다. 한국의 거리는 민주 세력과 권위주의 세력 간의 가두 투쟁으로 평온할 날이 없었다. 1990년에는 권위주의 세력과 민주화의 한 축을 이루던 김영삼 세력이 민주자유당으로 합치는 이른바 3당 합당이 일어나 민주주의가 위기를 맞기도 했다.

그럼에도 민주화가 가져온 변화는 어느 나라보다 폭이 컸다. 군부정권의 후계자들은 민주화의 압력을 수용해 권위주의의 잔재를 일소하는 데 협력했다. 무엇보다 그들은 자신의 정통성을 확보하기 위해 탈냉전의 세계적 흐름에 발맞춰 북방정책을 추진했다. 소련, 중국과 국교가 수립되었고 북한과도 역사적인 기본합의서의 채택이 이루어졌다. 이는 나중에 김대중 정부에서 햇볕정책을 추진하는 발판이 되었다. 그러면서 권위주의의 정신적 기반이 되어왔던 반공 이데올로기가 많이 약화되었다. 3당 합당을 통해 정권을 장악한 김영삼 정부는 정치 군부를 완벽하게 척결해 다시 군부독재로 돌아갈 수 없게 만들었다. 1997년에는 외환위기라는 초유의 사태를 맞아 민주주의가 흔들릴 수도 있었다. 통상적으로 경제 위기는 권위주의 세력이 정권을 유지하는 데 중요한 기제로 활용되어왔기 때문이다. 그런데 이때의 위기는 오히려 수평적 정권 교체의 계기가 되면서 민주주의가 한 단계 진전되었다.

우리 사회의 민주화는 경제적으로도 제2의 도약을 가져왔다. 권위주의 성장 체제가 극단적 한계에 부딪힌 시점에서 한국이 민주주의로 전환한 것은 경제적으로도 커다란 축복이었다. 민주화에 의한 대중의 권리 의식이 증대해 실질임금 수준이 크게 상승하며 소비 수요가 확대되었고, 기업들은 이를 겨냥해 투자를 확대해서 투자와 소비가 선순환하는 메커니즘이 형성되었다. 1990년대에 들어서는 자동차·전자·정보·통신 산업이 비약적으로 발전해 세계적 경쟁력을 갖춘 주력 산업이 되었는데, 이는 전적으로 민주화에 따라 자유롭고 창의적인 에너지가 사회에 넘쳐흘렀기 때문이라고 말할 수 있다. 그 결과 한국은 지속적인 성장을 이루며 2003년에는 국내총생산 기준 세계 11위까지 올라가게 되었다.

이런 일련의 과정을 거치면서 우리 사회는 절차와 인권에서 커다란 민주적 진전을 이루었고, 마침내 일본을 제치고 아시아 최고의 민주주의국가로 등극하게 되었다. 사회 내부적으로는 민주 세력과 과거 권위주의를 구성하던 세력 간의 역관계가 균형에 접근해갔다. 이제 어느 한편이 다른 편을 일방적으로 지배할 수 있는 사회구조가 아니게 되었다. 87년 헌정 체제는 근대국가 건설이라는 긴 20세기의 관점에서 볼 때 우리 사회가 정상국가로 올라선 최초의 계기가 되었다.

특권·기득권적 약탈 체제의 등장

민주화를 통해 정상국가로 등극했지만 우리 사회가 근대국가를 완성하고 긴 20세기를 마감하기에는 아직 커다란 구조적 장벽이 버티고 있었다. 수구-친일-독재의 그림자는 여전히 짙고 끈질기게 한국 사회의 지붕을 덮고 있었다. 불안정한 타협 체제로서 87년 체제는 수구-친일-독재로의 회귀 본능을 수시로 드러내면서 정상국가의 지위를 위협했다.

그런데 매우 다른 새로운 환경이 도래하면서 근대국가 완성의 과제는 더욱 복잡하고 혼란스러운 상황에 처하게 되었다. 1990년대 이후 한국은 지금까지와는 전혀 다른 새로운 역사적 국면과 맞닥뜨리게 되었다. 1990년대 초반에는 제2차 세계대전 이후 40년간 고착되어온 세계적 냉전 체제가 종식되는 대사건이 발생했다. 그와 거의 동시에 세계화와 정보화 물결이 우리 사회에 거대한 해일처럼 몰려왔다. 그것은 우리에게 일대 역사적 도전의 과제를 안겨주었다. 이는 우리 사회가 근대적 국민국가를 완성하기도 전에 탈근대의 새로운 문명의 파고를 만나게 되면서 이중의 도전에 직면했음을 의미했다. 탈냉전과 세계 질서의 재편은 우리의 국제적 위치와 역할을 재구성해야 하는 새로운 역사적 시점에 와 있음을 시사했다. 세계화와 정보화 물결은 새로운 가치에 입각한 국가공동체의 재창조로 나가야 하는 과제를 던져주었다.

그러나 실제 현실의 결과는 상당 부분 폐쇄적 이익공동체를 구축하고 배제의 정치를 수행하는 특권·기득권 체제의 형성으로 나타났다. 한국은 미국, 중국, 독일 등과 함께 세계화의 물결 속에서 수혜를 본 몇 안 되는 나라 중 하나로 평가받지만, 사회 내면에서는 지속 가능성을 위협하는 요인이 거대한 규모로 증대해왔다. 한국에서 세계화는 지구상 어느 나라보다 급속하고 광범위하게 전개되었다. 그 분기점은 1997년에 찾아온 외환위기였다. 한국에서 세계화는 전근대, 근대, 탈근대의 비동시적 요소가 독특하게 결합하며 강력하게 촉진되었다. 세계화는 재벌 총수에 의한 황제 경영, 노동권의 지체와 저발전, 발전 국가에 기초한 국가의 전폭적인 지원 체제, 승자 독식 민주주의와 같은 전근대적·근대적 결손 요인들을 활용하며 가속화되었다. 그 결과 한국은 세계에서 가장 빠른 속도로 세계화의 첨단을 달려갔다. 그러나 다른 한편으로 천민자본주의와 결합한 세계화의 부작용 때문에 역시 세계에서 가장 급격하고 광범위한 양극화, 불평등, 가계 부채, 저출산 같은 구조적 사회문제를 낳게 되었다.

세계화의 부작용이 구조화되고 공고화되면서 특권·기득권 체제가 자리 잡기 시작했다. 그것은 성공한 사회들이 겪는 이른바 '성공의 위기'이기도 했다. 미국의 저명한 경제학자 맨커 올슨(Mancur Olson)은 『국가의 흥망성쇠(The Rise and Decline of Nations)』에서 민주주의 사회에서는 시간이 지나면서 점차 많은 종류의 강력한 이익집단이 나타나고, 이는 사회체제를 경직시켜 경제의 원활한 순환을 저해한다고 말한다. 이런 이익집단은 가격통제, 생산제한, 지역 제한, 신규 진입 제한 등 각종 경쟁 제한적 행위를 통해 기술혁신과 자본축적을 저해하는 등 사회 경직성을 유발해 경제성장을 부진하게 만든다는 것이다. 또 이런 집단이 점점 더 많이 강하게 사회를 지배하게 될수록 사회는 의사결정 속도가 느려지고 새로운 혁신을 도입할 가능성이 낮아진다고 한다.[17] 바로 그 같은 성공의 위기 때문에 한때는 세계를 호령했던 나라도 어느 시점부터 정체하고 퇴보했으며, 반대로 한때는 별 볼일 없던 나라가 압축과 추월을 통해 세계의 강자로 등장하기도 했다. 과거에 융성했으나 발전이 정체된 나라는 성공 과정에서 형성된 이익집단이 경직화하고 사회의 원활한 작동을 방해했기 때문이다. 반면에 과거에는 별 볼일 없던 나라가 강자로 부상한 데는 특수 이익집단의 압력에서 자유로워, 창의적인 에너지가 사회 전반에 넘쳐흘렀기 때문이다.

오늘날 지구상에서 가장 첨예한 위기를 겪는 나라들도 하나같이 올슨이 말한 특수 이익집단의 딜레마에 갇혀 있다. 그리스, 스페인, 일본도 그런 사례다. 그리스는 거대한 지하경제와 탈세로 이득을 누리는 강력한 특권 집단, 공무원 등 소수 이익집단의 강력한 카르텔이 사회를 경직시켜 재정 위기의 늪으로 몰아넣었다. 스페인 또한 유럽에서 폴란드 다음으로 비정규직이 많은 나라인 데다가 정규직 임금은 물가연동제를 통해 보장해줄 정도로 기득권 집단의 카르텔이 강하며, 부동산 경제를 중심으로 한 부패가 만연하고, 과도한 저금리로 주택 거품이 층층이 누적되어 있다. 일본은 자유민주당(자민당)을 중심으로 뭉쳐 있는 토건업자, 기성세대, 연금 수혜 집단 등이 청년과 비정규직을 극단적으로 소외시키면서 사회 전체가 활력을 잃고 말았다.

우리 사회 역시 성공의 위기를 겪고 있다. 우리 사회에는 경제 환란을 겪은 이후 사회의 특권·기득권화 현상이 급속히 증가했다. 특권 세력은 민주화 이후에도 거의 손상되지 않고 살아남았으며, 오히려 국가의 지도를 받는 수동적 지배 동맹의 위치에서 국가를 포위해 사익 추구의 도구로 삼는 능동적 지배자로 성장했다. 이들이 이끄는 특권 네트워크의 범위도 글로벌 금융자본과 정치·관료·언론·금융·학계 등 엘리트 집단으로 훨씬 확대되고 복잡해졌다.

특권 세력이 부와 권력을 축적하는 방식은 한마디로 약탈적이다.

대표적 특권 집단인 재벌의 부의 축적은 도저히 정상적인 자본주의사회에서는 불가능한 특권 마술쇼를 연상케 하는 사례다. 일례로 이재용 삼성전자 부회장은 삼성SDS 등에 1363억 원을 투자해 배당과 주식 처분, 보유 지분 평가액(2014년 말 기준)을 합해 8조 9164억 원의 부를 축적해 재산을 65.4배 불렸다. 정의선 현대자동차 부회장도 현대글로비스 등에 투자한 446억 원을 4조 5429억 원으로 약 102배 불렸다. 이는 약 15년에서 20년 사이에 이루어진 일들이다. 그것은 회사 기회 유용, 저가 주식 매입, 일감 몰아주기 등 사실상 불법적 방식을 동원한 부정 축재였다. 거기에 정부와 정계 엘리트의 비호, 언론 및 전문가와의 결탁 시스템이 작용한 결과였다.

특권 현상은 소수의 엘리트에만 국한되지 않고 또 다른 기득권으로 확산되었다. 이를테면 노동조합이 부패의 고리에 깊숙이 연결되어 있는 모습이 그렇다. 한국GM은 회사와 노조가 얽혀 10년 넘게 이어진 취업 비리가 최근 들통났다. 비정규직이 수천만 원을 들여 노조 집행부나 대의원을 통해 회사 윗선에 줄을 대 정규직으로 전환한 사건이 대표적이다. 고용노동부가 한국노동연구원에 의뢰해 조사한 자료를 보면 상당수 기업 노조가 조합원 자녀 특혜 채용을 비롯해 과잉 특혜를 누리고 있음이 드러났다.[18] 이런 사회적 부작용이 쌓이면서 한국의 부패지수는 민주화 이후 점진적으로 내려가다가 최근 다시 상승하는 추세를 보이고 있다.

이처럼 불공정하고 타락한 약탈 체제의 확산과 공고화 탓에 우리 사회는 비정규직, 저출산, 고령화, 자살, 노동시간, 가계 부채, 분배율 등에서 세계 최악의 지표가 급격히 증가했다. 특권·기득권이 공고화되면서 사회가 전근대적 신분제로 역주행하는 여러 현상이 나타났다.

기업 세습과 부의 세습은 말할 것도 없고 교육 세습이 갈수록 심해지고 심지어는 로스쿨, 노동조합 등을 매개로 일자리를 세습하려는 시도까지 나타났다. 이런 문제가 누적되어 우리 사회는 계층, 세대, 이념으로 찢겨나가고 급기야 헌법상의 국민의 기본권이 사문화되어 국가로서의 최소 기본이 무너지는 지경에 이르게 되었다. 법 앞의 평등이 무너지고 "유전무죄 무전유죄"라는 말이 사회적 유행어가 되기도 했다. "이게 국가냐?"라는 냉소가 널리 퍼져나갔다.

사회적 피로감은 민주주의에 대한 회의감으로 확산되기에 이르렀다. 그 결과 한국의 민주주의는 급격한 퇴행 현상을 보였다. 민주 정부가 등장한 시기는 새로운 역사의 흐름에 대응해 사회 전반에 미래의 기회를 창조하려는 역동적이고 진취적인 에너지가 넘치던 때였다. 외환위기를 맞아 세계 어디서도 볼 수 없었던 전 국민적 금 모으기 운동이나 "꿈은 이루어진다!"라는 구호로 뒤덮였던 월드컵 열풍, 20세기 후반 지구상 최대의 성취를 이룬 나라의 당당한 자존심을 선언한 미선·효순 추모 촛불집회, 새로운 대한민국의 열망이 투사된 노무현 돌풍 등이 바로 그런 현상이었다. 그러나 그 같은 열망은 민주 정부의 부진한 개혁 정치로 급속한 실망과 좌절로 이어졌고, 곧 민주 세력에 대한 분노로 바뀌었다. 그 후유증으로 이명박·박근혜 정부 9년이라는 반동의 세월이 초래되었고, 그동안 우리 사회는 분열과 혼란, 퇴행과 내상이 심화되는 커다란 비용을 치러야 했다.

새로운 역사적 국면의 도래

2016년과 2017년은 한국 사회에 새로운 이정표를 만든 해다. 특권·기득권 체제는 되돌릴 수 없을 만큼 공고화되어가는 듯이 보였고,

정치는 선거의 공정성마저 위태로운 긴박한 상황에서 촛불혁명은 극적으로 우리 사회가 회생할 수 있는 발판을 만들어냈다. '법 앞의 만인 평등'이라는 민주공화국의 기본 가치가 촛불혁명을 통해 복원되었다. 박근혜, 이재용, 김기춘 등 무소불위의 오만한 권력들이 줄줄이 수갑을 차게 되었고, 재벌, 언론, 관료, 지식인, 정치인 등 적폐 세력은 일시에 숨죽인 듯 고개를 조아렸다. '이 나라는 돈과 권력만 있으면 모든 것이 된다'는 신화가 깨졌다.

그것은 어떤 탁월한 지도자나 그룹에 의해서가 아니라 이름 없는 민중의 자각과 헌신에서 나왔다. 강력하고 역동적인 시민사회는 급속한 세계화와 천민자본주의가 모순적으로 결합된 사회구조가 낳은 반사적 현상이었다. 무엇보다 한국에서 세계화를 주도해온 대자본은 특권·기득권에 입각한 약탈 체제를 극단적으로 발전시켜 사회의 지속 가능성에 심각한 의문을 제기하도록 만들었다. 하지만 촛불혁명을 통해 반전의 계기가 형성되었다. 그 속에서 나타난 새로운 시민사회는 대안 사회의 단초를 보여주었다. 세계화의 모순이 첨예하게 나타날수록 한국에서는 대안 사회를 갈망하는 새로운 유형의 역동적 시민사회의 출현이 촉진되었다. 사람들은 그것을 "다이내믹 코리아"라고 부르기도 했다.

촛불혁명은 새로 등장한 시민사회가 낡은 구체제를 유지하기 위해 필사적으로 버티는 수구 세력을 주도 세력에서 변방 세력의 위치로 추방해버린 일대 사건이었다. 마치 기원전 5세기 아테네에서 민회가 민주제에 위협이 되는 유력한 인물(참주)을 10년간 국외로 추방하는 것과 유사했다. 2017년 대통령 선거는 그런 초유의 정치 지형 위에서 치러진 선거였다. 하지만 촛불혁명은 참주를 추방하는 데 그치지 않고 새로운 역사적 국면을 열었다. 근대 너머 본격적인 미래 문명을 개척하기 위한 역사적 계기를 만들어냈다. 이 사건을 계기로 우리 사회에 수구와 천민자본주의라는 전근대성을 지속적으로 존속시켜온 세력이 큰 타격을 받고 몰락하면서 87년 체제의 구조적 불안정성이 해소되었다. 지역주의, 이데올로기적 과잉 대결의 정치가 크게 힘을 잃었다.

물론 수구 세력이 복원될 가능성은 존재한다. 무엇보다 그런 위험을 상존하게 하는 요인은 새로 등장한 민주 정부와 진보 진영의 취약성이다. 그들은 복잡하게 얽힌 사회문제의 파고를 뚫고 나갈 충분한 비전과 리더십을 갖추지 못하고 있다. 일정하게는 기득권 집단으로 변질된 면도 있다. 이에 대해서는 5장에서 설명할 것이다. 그래서 새로 등장한 민주 정부가 큰 실책을 범하거나 대내외적 환경의 급격한 변화에 따라 과거로 역진할 수도 있다. 그 밖에도 앞으로 체제 전환의 과정에서 여러 유동적인 상황이 펼쳐질 것이다. 그럼에도 역사의 기본 물줄기는 87년 체제의 과거 시점을 향해 후진하지는 않을 것이다. 촛불혁명에서 조기 대통령 선거까지 지난 몇 달 사이에 전개된 사태는 우리 정치가 수구 세력이 주도하는 시대로 쉽게 돌아가지 않을 것이라는 여러 증거를 제시한다. 이에 대해서도 5장 조기 대통령 선거 평가에서 다시 얘기하기로 한다.

그런데 한국에서 촛불혁명을 통한 정상국가라는 기반은 근대적 주체인 반공 세력, 산업화 세력, 민주화 세력 등이 아니라 세계화와 정보화 시대를 배경으로 등장한 다중 주체(집단 지성)에 의해 만들어졌다. 그런 점에서 우리 사회는 근대성의 덫에 걸려 근대 너머의 미래로 나아가지 못하는 나라들보다는 앞으로 더 나아갈 수 있는 잠재력이 있다. 최근의 촛불혁명처럼 위기가 깊고 강할수록 더욱 강력한 에너지가 솟구쳐 오르는 것도 그런 잠재력이 있음을 보여준다. 촛불혁명의 제도적 실천이 완성되고 나면 우리 사회는 87년 체제의 불완전성을 극복할 수 있을 뿐 아니라 근대적 정상국가 건설의 긴 20세기를 마무리하게 된다. 그리고 위험하고 불안정한 발걸음 속에서도 세계화, 정보화, 4차 산업혁명 시대의 새로운 문명 건설에 가장 앞서가는 나라가 될 수 있다.

이는 우리에게 국가공동체의 새로운 비전과 목표를 제시해준다. 한때 '보수 집권 플랜'으로 유명했던 고(故) 박세일 교수는 한국의 역사발전 단계를 산업화, 민주화, 선진화의 경로로 규정하고, 선진화를 보수의 새로운 가치이자 목표로 제시한 바 있다.[19] 선진화란 우리도 명실상부한 선진국 대열에 합류한다는 것을 말한다. 우리는 지금까지 압축과 추격이라는 시야로만 세상을 보아왔다. 근대국가를 고도로 완성해 서구 선진국들처럼 되는 것이 꿈에도 그리던 목표였다. 현실 가능성 여부와 상관없이 보수든 진보든 한국인들의 내면에는 강대국이 되고 싶은 욕망이 숨 쉬고 있다. 그런 욕망은 19세기 국가 건설에 사용되었던 제국주의 모델에 대한 선망에 뿌리를 두고 있는데, 미국, 영국, 프랑스, 독일, 일본 등은 복잡한 제국주의 체제를 완성한 국가들이었다.[20]

그러나 선진국이라는 이상적 모델이 우리의 비전이 될 수 있을까? 오늘날 일찍이 근대성을 완성하고 선진국이 된 서구 나라들을 보면 세계화와 정보화라는 문명 전환의 새로운 흐름에 직면해 딜레마에 빠지기도 하고 심지어는 퇴영을 겪고 있기도 한다. 국경 너머 타자에 대한 불신을 강화하고 내부 구성원끼리도 서로를 이방인으로 만드는 적대성의 정치가 출현하기도 한다. 이들은 일찍이 산업 경제력과 자연 자원을 통해 나라를 발전시키려고 제1차·제2차 세계대전을 일으켜 인류를 대참화의 구렁으로 몰아넣었다. 그 나라들이 갖고 있는 정치 문명의 특성은 문명 전환의 새로운 시대 흐름 앞에서 갈수록 한계를 드러내고 있다. 단적으로 2016년 한 해 미국에서 경찰 총격으로 숨진 사람은 963명이었다. 사회가 안정되어 있는 독일에서조차 경찰 총격에 의한 사망자가 한 해 동안 11명이었다.[21] 미국은 제1차 세계대전 전과는 달리 제국주의 야욕에 집착하고 있다. 이는 우리가 이제 추격이 아니라 추월을 통해 선진국이 겪고 있는 딜레마를 뛰어넘어 새로운 정치 문명을 만들어가야 하는 상황에 직면해 있음을 보여준다. 우리가 만들어가야 할 새로운 나라는 선진국 모델을 뛰어넘는 창조적 모델이어야 한다. 촛불혁명은 그런 싹을 보여주었다.

문명 전환에 대응하는 국가공동체의 비전은 제국주의-선진국모델이 아니라, 사람과 사람, 집단과 집단 사이의 관계가 생명의 보편적 가치를 기반으로 서로의 아픔을 공유하고 연민을 나눌 수 있는 사회다. 인류 사회의 보편적 가치 규범에 바탕을 둔 '아름답고 매력 있는 나라'를 만드는 일이다. 다가올 미래에는 그것이 진정한 힘(power)이고, 세계 질서를 이끄는 나라의 가장 중요한 조건이 된다. 오늘날 가장 탁월한 정치철학자 중 한 사람으로 꼽히는 마이클 월저(Michael Walzer)는 "정착된 제국주의 지배는 종종 관용적"이었는데, "로마의 이집트 총독이나 영국의 인도 통치자는 어느 지방 군주나 폭군이 했던 것보다 공평하게, 오늘날 지방 다수파가 하는 것보다 더 공평하게 세상을 지배"했다고 말한다.[22] 작은 도시국가나 변방의 섬나라에서 출발한 로마나 영국이 자기보다 수 배, 수십 배 더 큰 나라를 그토록 오랫동안 다스

릴 수 있었던 이유는 공평하고 관용적이라고 여겨지는 매력을 갖고 있었기 때문이다. 미래 사회도 마찬가지다. 세계화와 정보화 시대에는 경계 너머의 타자와 자기의 이분법적 분리를 극복할 것을 요구하며, 훨씬 더 보편적인 연대성과 관용을 필요로 한다.

한국에서 15년간 기자 생활을 한 영국의 마이클 브린(Michael Breen)은 『한국인을 말한다(The Koreans)』에서 180년 주기로 한국의 기운이 상승하는데 지금이 바로 그때라고 했다. 그러나 다른 한편으로 대중의 건강한 에너지가 사회의 중요한 모순을 한 번에 시원하게 해결하지 못하고 제자리걸음을 되풀이하는 것도 엄연한 현실이다. 미래는 저절로 오지 않는다. 미래로의 결정적인 전환의 관건은 우리의 강점을 이해하고 공유하는 것이다. 그리고 이를 기반으로 새로운 과제가 무엇인지 성찰해보는 것이 우선되어야 한다.

● ● ○

국가공동체의 새로운 과제

낯선 아(我)와 낯익은 피아(彼我)의 투쟁

21세기 새로운 문명의 건설에서 우리가 가장 앞서가고 세계를 주도하는 나라가 되려면 무엇보다 가치와 의식의 혁명을 이루어야 한다. 지금까지 한국인의 정체성 코드라고 알려진 여러 허위의식을 극복해야 한다. 현실적으로 과연 가능할까? 우리 자신을 치밀하게 관찰해보면 이미 우리는 그런 의식을 극복해오고 있음을 알 수 있다.

지금까지 한국인들의 문화 코드에 대한 일반론적 해석은 한국인은 집단을 못 떠나고 유난히 '우리'를 밝힌다는 것이었다. 그런 집단의 형성에 영향을 준 요인은 혈통 중심의 사고, 효(孝)로 철저히 무장한 유교적 가치, 그 연장선상에서 나온 엄격한 가부장제의 윤리, 아래위를 따지기 좋아하는 권위주의 문화, 낯선 것을 두려워하고 나와 다른 것을 못 참는 경직성 등이라고 한다.[23]

그러나 이것이 우리의 DNA 속에 각인되어 있는 가치 정체성일까? 그렇지 않다. 그것은 대부분 우리 민족이 역사적으로 억압되고 쇠락하던 시기에 만들어진 문화 코드들이다. 이념적 도그마, 순혈주의, 폐쇄성이 우리를 지배하면서 침체, 망국, 전쟁, 분단이라는 내리막길을 걸어왔다. 일반적으로 알려진 한국인의 문화 코드는 그런 맥락 속에서 획득된 것이었다.

역사적으로 한국인은 북방의 기마 문명에 뿌리를 두고 문명 환경의 변화에 적응하면서 점차 농경문화를 발전시켜왔다. 우리 속에는 여전히 기마민족으로서의 민첩성과 역동성이 살아 있다. 그런 기질은 오늘날 산업화와 정보 통신 혁명을 통해 순식간에 세계에서 손꼽히는 국가군으로 발돋움하는 데서 제대로 발휘되었다.

집단을 못 떠난다는 것도 반쪽짜리 진실이다. 한국은 세계화의 물결 속에서 가장 큰 수혜를 본 나라 중 하나로 알려져 있다. 집단을 못 떠나는 국민이라면 어떻게 그런 일이 벌어질 수 있겠는가? 한국인은 역사적으로 개방을 통해 문명을 발전시켜온 민족이다. 고구려, 백제, 신라, 고려가 그랬다. 일제의 식민 지배하에서 한국인들은 자기 삶을 개척하기 위해 만주, 일본, 러시아, 중앙아시아, 미주 등 뻗어나가지 않은 곳이 없을 정도다. 이때 해외로 나아간 한국인들의 숫자가 무려 600만 명에 달했다. 지금도 세계화의 물결을 타고 해외로 진출하는 한국인들을 양과 질 측면에서 추월하는 나라는 없다.

가부장제의 윤리, 권위주의의 문화가 강하다는 것도 상대적인 얘기다. 한국인들이 아시아 최고 수준의 민주주의를 이룩했다는 사실을 어떻게 설명할 수 있는가? 더구나 한국의 민주주의는 역동적이다. 한국인은 결코 보수성이 강한 민족이 아니다. 우리는 진보적 가치와 제도도 재빨리 받아들이는 개방성과 진취성을 갖고 있다. 물론 지금도 억압과 쇠퇴의 역사적 시대에 우리를 옥죄었던 가치와 문화가 여전히 강력한 영향력을 발휘하고 있다. 하지만 중요한 것은 우리가 그런 사슬의 고리들을 하나씩 하나씩 풀어오고 있다는 점이다. 지금의 역사시간은 낯선 아(我)와 낯익은 피아(彼我)의 투쟁이 우리 내면에서 벌어지고 있고 그것을 통해 우리는 한걸음 한걸음씩 잃어버린 정체성을 찾아가고 있는 것이다.

아직도 진짜 정체성과 가짜 정체성이라는 두 개의 가치사슬이 우리 안에서 격렬한 갈등과 충돌을 일으키고 있다. 지금 우리가 부딪치고 있는 총체적 위기는 낡은 가치사슬의 완강한 저항을 극복하지 못하고 장기간 제자리걸음을 되풀이하는 데서 비롯된 것이다. 우리가 과거의 성취만으로 도약을 이루어내기는 어렵다. 양극화와 특권·기득권이 다시 공고화되고, 배타성, 사대주의, 교조주의, 획일성 등 낡은 유산이 여전히 위력을 발휘하는 모습은 공동체의 가치 정체성을 회복하는 과정이 지체되거나 굴절될 수도 있음을 시사한다. 그럼에도 지금의 위기는 장기적 역사의 시각에서 볼 때 조선 말기와 같은 절망과 암흑의 나락으로 되돌아가는 상황은 아니다. 문명사의 여러 흐름은 우리에게 우호적이다. 무엇보다 역동적인 시민사회를 바탕으로 새로운 정체성을 구성해가는 집단 지성의 서사적 실천이 지구상의 어떤 나라보다 강하다.

권력 자원의 분산

지금은 가치(의식)와 제도의 혁명이 필요한 시기다. 현재 세계는 문명 전환의 압력 속에서 근대를 넘어 새로운 문명사회로 나아가려는 필사의 노력을 전개하고 있다. 그 속에서 주요 국가들은 새로운 시대의 이니셔티브(initiative, 주도권)를 쥐려는 치열한 경쟁을 벌이고 있다. 우리도 이미 그 대열 안에 있다.

우리가 지향해야 할 사회는 무엇일까? 그 사회는 일차적으로 민주공화국의 가치에 바탕을 둔다. 민주공화국이란 자유롭고 평등한 권리를 가진 시민들의 동의에 입각해 통치하는 체제다. 그것은 정의(justice)의 원칙 위에 성립한다. 20세기 최고의 정치철학자 존 롤스(John Rawls)가 말한 것처럼, 다른 어떤 면이 탁월해도 정의롭지 못하면 그 사회는 좋은 사회라고 볼 수 없다. 민주공화국이 정의로울 수 있는 조건은 사회 구성원이면 누구나 다른 사람에 의해 지배당하지 않고 동등한 권리를 누릴 수 있도록 하는 데 있다. 공화주의 정치 이론에서는 이를 '비지배의 자유'라고 부른다. 법 앞의 평등, 공정성, 기회균등과 같은 공공성이 그런 사회를 구현하는 가치다.

그런 사회가 가능해지려면 우선 권력의 분립과 견제가 잘 이루어지는 것이 가장 중요하다. 그것은 흔히 말하는 삼권분립보다 훨씬 넓은 개념이다. 무엇보다 돈, 권력, 명예가 하나로 융합되어서는 안 된다. 돈, 권력, 명예는 다른 사람을 지배할 수 있는 권력 자원의 핵심 요소다. 만약 그것이 하나로 융합된다면 권력 자원은 소수에게 독점되어 다양성의 가치가 파괴되고 민주공화국의 정체성이 훼손되고 만다. 그런데 우리 사회는 최근 들어 특히 돈, 권력, 명예가 긴밀하게 융합해 특권 카르텔을 형성해가고 있다. 권력 자원이 점점 더 집중화되고 있다. 얼마 전 뉴스에 평균 연봉이 1억 원이 넘는 서울대학교 교수 중 72퍼센트가 급여 수준에 불만이라는 보도가 있었다. 명예가 생기면 돈이 생기는 것이 당연하다는 의식에 빠져 있음을 보여준다. 게다가 서울대학교 교수들은 권력에 직접 진출하기도 하고 그렇지 않더라도 대부분 강력한 권력 네트워크에 연결되어 많은 특혜를 누리고 있으니 삼위일체를 모두 석권하고 있는 셈이다.

우리 사회에서 권력 자원의 집중 현상은 여러 제도와 구조를 통해 정착되어 있다. 이를테면 강력하게 중앙집권화되어 있는 제도, 관료에게 권한이 과도하게 위임되어 있는 상황, 지나치게 집중되어 있는 경제력 등이 대표적이다. 사회문제의 대부분이 이런 구조에서 파생되어 나온다고 해도 과언이 아니다. 이런 구조에서는 민주공화국의 가치가 제대로 작동하기 힘들다. 그러므로 민주공화국의 가치를 잘 작동시키고 사회문제를 풀어가기 위해서는 강력하게 집중된 권력 자원을 가능한 한 넓게 분산시켜야 한다. 우리가 그것을 이룰 수 있을까? 촛불혁명은 이를 반전시킬 수 있는 시민사회의 잠재력을 확인시켜주었다는 점에서 역사적 의의가 있다. 앞으로 촛불혁명의 제도적 실천은 고도로 융합된 권력 자원의 카르텔을 해체하고 사회의 가능한 많은 다양한 주체에게 권력을 분산시키는 일이 될 것이다.

세계화 시대에 맞는 시민권의 재설계

민주공화국은 역사적으로 국민국가라는 배타적 주권과 시민권 개념에 입각해 성립한 체제다. 20세기 말부터 불어닥친 세계화와 정보화 물결은 국민국가의 경계를 허물고 그 기능을 변형시켰다. 그에 따라 시민적 권리의 개념과 기준을 어떻게 확립해야 하는지 커다란 혼돈과 혼란이 발생하게 되었다. 어떤 나라는 국민국가가 가진 배타적 애국주의의 요소를 강화하고 외부 요소를 통제하는 쪽으로 나아갔다. 최근의 영국과 미국의 모습이 그렇다. 반면 다른 나라는 국민국가의 개념을 확장하면서 공존과 관용의 가치를 유지하기 위해 노력하는 쪽으로 나아갔다. 독일과 북유럽 국가가 그와 비슷하게 근접한 사례였다. 물론 어느 나라든 양면성을 지니고 있다.

이는 민주공화국의 기본 가치와 비전이 좀 더 세계화와 정보화 시대의 흐름에 맞게 재구성되고 보완되어야 함을 시사한다. 구체적으로 말하자면 그것은 다양성의 기반에서 여러 이질적 요소를 포용하고 무수히 많은 사람의 지식과 통찰을 결합해 공통의 사회문제를 해결해가는 집단 지성(다중 지성)의 사회를 실현하는 일이다. 한국인만큼 집단 지성의 조직에 강한 잠재력을 가진 국민은 없다. 한국인들은 리더십을 창출하는 데는 취약한 대신 아래로부터 집단 지성을 만들어내 새로운 역사를 창조하는 데는 기막힌 재능을 가졌다. 우리 헌정 체제의 역사를 일궈온 만민공동회, 3·1운동, 4·19혁명, 5·18광주민주화운동, 6월 항쟁, 그리고 최근의 촛불혁명까지 이를 입증한다. 여기서 더 나아가 우리에게는 민주공화국의 근대적 차원을 넘어서는 새로운 시민권의 설계가 필요하다. 21세기는 복잡성의 사회이며 동시에 이종교배의 사회다.[24] 앞으로 통일한국의 설계와 관리, 다원주의적 다자 협력의 국제 질서를 촉진하기 위해서도 그렇다.

한국 민족주의는 재구성이 필요하다. 우리의 민족에 대한 인식은 초등·중등학교 교실과 일반인들의 언어생활 내면에 깊숙이 자리 잡고 있는 '한민족'이라는 개념이다. 한마디로 한국인은 단일민족이라는 관념이다. 그런 점에서 한국의 수많은 지식인은 서양의 민족주의와 한국 민족주의는 질적으로 다르다는 이른바 한민족 예외주의의 견해를 취해왔다.[25] 그것은 민족주의의 세계사적 보편성보다 한국의 특수성을 더 강조하는 시각이다. 그것은 근대국가의 형성 과정, 특히 제국주의의 식민 지배에 저항하는 시기에는 나름대로 정치적 효용성이 있었다. 그러나 그것을 보편적 차원으로 확장하기에는 한계 또한 뚜렷하다.

민족주의가 단일민족이라는 기반 때문에 국가 형성의 강력한 기제가 된다면 왜 우리는 다민족으로 이루어진 나라들보다 더 분열된 분단국가를 갖게 되었는가? 보편성이 결여된 민족주의는 궁극적으로 배타적일 수밖에 없으며 대내적으로도 상대를 억압하거나 상대방에 저항하는 이념적 도구로 변질된다. 남한의 반공 민족주의와 북한의 민족적 사회주의가 서로를 괴뢰라고 부르며 적대하고, 남한 내부적으로도 지배 세력의 민족주의와 저항 세력의 민족주의로 갈라져 반목하는 현상이 그것이다.[26]

더욱이 세계화 시대에는 민족주의가 재정립되어야 한다. 우리 사회는 이미 다민족 사회가 되어가는 중이며, 앞으로 저출산 문제를 극복하기 위해서도 이런 흐름은 필연적이다. 경제적으로도 활력을 유지하기 위해서는 이민정책을 개선해 필요한 인력을 받아들이는 길을 피하기 어렵다. 이 말은 이민에 따른 다원적 공존과 균형을 위한 권리 배분 체계가 달라져야 함을 의미한다. 그렇지 않고 기존의 협소한 민족국가 관념을 유지한 채 외국인 노동자를 받아들이면 상상할 수 없는 사회 범죄 등 여러 문제에 봉착하게 될 수 있다. 이로 인한 집단 불안은 공동체의 존속을 위협하게 될 것이다.

지금처럼 기업(자본)의 필요에 의해 외국인 노동자를 무분별하게 받아들이는 것에는 많은 문제가 있다. 무엇보다 사회 하층에 위치한 내국인의 지위와 노동 가치가 지속적으로 절하되어 사회 양극화를 더욱 가속화하기 때문이다. 그들의 불만은 표출될 통로가 없어서 잠재해 있을 뿐이지 이미 상당히 광범위하게 누적되어 있다. 어느 시점에 이들의 불만이 폭발했을 때는 외국인 노동자들을 공격하고 외국인들이 반격하는 사태가 벌어질지 모른다. 자국의 하부 일자리 시장에 외국인을 들여와 내국인과 직접 임금 경쟁을 시키는 선진국은 거의 없다. 그런 점에서 외국인 노동자의 유입을 적절한 균형 위에서 조절할 필요가 있다. 그렇다고 해서 외국인 노동자의 유입을 중단시키는 것은 더 큰 문제를 야기할 가능성이 크다. 그렇게 하면 단순노동에 종사하는 사람들의 임금이 당분간은 일정하게 상승하겠지만, 대신에 기업이 해외로 빠져나가고 일자리가 사라져 내국인의 임금은 결국 다시 하락할 것이다. 또한 소비품의 가격이 전반적으로 상승해 임금 상승의 효과가 상쇄될 것이다. 그렇다면 어떻게 해야 하는가? 하나는 사회 전체적인 노동생산성을 높이고 특권·기득권에 의한 인위적 격차를 줄여 양질의 일자리를 더 많이 만들고 하층에 위치한 사람들을 흡수하는 것이다. 또 다른 하나의 방법은 복지를 강화하고 기본소득 제도를 적절히 도입해 사회적 재분배를 촉진하는 것이다. 장기적으로 볼 때 기업의 단기적 필요에 따라 유입된 노동자들은 과거 우리가 중동에 노동자로 나갔던 것처럼 돈을 벌면 자기 고국으로 송금하고 어느 시기에는 다시 돌아가는 경우가 대부분이다. 그 때문에 그들이 한국 경제에 기여하는 것은 저임금 노동 외에 소비를 촉진한다든지 하는 효과는 별로 없다. 따라서 오히려 그들에게 국가공동체의 발전에 기여하는 만큼의 권리와 기회를 배분해주고 한국이라는 사회의 매력에 이끌려 동화될 수 있게 하는 것이 낫지 않을까? 그렇게 하면 저임금 단순 노동자 위주의 이주민이 아닌 좀 더 재능도 있고 일정한 재산도 있는 사람들도 유입되게 될 것이다.

새로운 보상 체계로서의 사람의 가치

한국은 OECD 국가 중 노동생산성이 낮은 나라에 속한다. 우리나라의 시간당 노동생산성은 OECD 30개국 중에서 27위 수준이며, 제조업 생산성은 G7 국가의 48퍼센트 수준, 서비스업 생산성은 35퍼센트 수준에 불과하다. 현재 미국의 노동 생산성을 100이라 할 때 일본은 78이고 한국은 45라고 한다. 같은 양의 노동을 투입해도 우리의 최종 생산량이 미국의 절반밖에 되지 않는다는 뜻이다. 게다가 한국은행이 2015년 3월 발표한 보고서를 보면, 우리나라의 제조업 생산성은 2004~2012년 동안 연평균 1.0퍼센트 느는 것에 그쳤다. 1992~2003년 동안의 1.9퍼센트 증가에 비해 절반으로 뚝 떨어진 것이다.

그렇다면 한국은 왜 이렇게 노동생산성이 낮고 생산성 증가율도 갈수록 급격히 둔화되고 있는가? 우선 노동생산성을 결정하는 하나의 함수는 자본축적의 정도와 기술 수준이다. 이를테면 한국 노동자들은 어떤 면에서는 미국 노동자들보다 더 똑똑하고 열심히 일하는데도 한국은 전체적으로 자본축적과 기술 수준이 미국보다 훨씬 낮아 노동생산성도 낮게 나온다. 다만 이는 중요한 요인이지만 여전히 현상을 제대로 설명해주지 못한다. 왜냐하면 한국은 이미 오래전부터 GDP의 30퍼센트를 투자에 쓰고 R&D 투자 비율이 거의 세계 최고일 정도로 자본 투입이 엄청나게 이루어지는 국가이기 때문이다. 물론 중소기업의 상황은 다소 예외다. 게다가 제조업의 기술 수준은 4위다. 이를 감안하면 한국의 노동생산성 수준은 지나치게 낮고 상승률도 더디다.

이렇게 노동생산성이 낮고 발전이 지체되는 다른 이유로 우리는 사회의 조직 문화, 의식구조, 보상 구조를 들 수 있다. 최근 블로그에 쓴 글로 주목받은 호주 출신의 마이클 콜겐(Michael Kolgen)은 한국이 노동생산성이 낮은 이유로 상명하달식의 의사소통과 엄격한 위계 구조, 내실보다 외면에 집착하는 형식주의 문화, 자신과 연관 없는 다른 그룹과 제대로 협력하지 못하는 커뮤니케이션 채널의 문제 등을 꼽았다. 이는 결과적으로 업무의 몰입 수준을 낮추고 효율성을 해친다는 것이다. 이런 문제를 해결하려면 사회를 탈권위적이고 수평적인 방향으로 나아가도록 해야 한다. 여러 차원에서 권력이 집중되어 있는 구조를 해소하고 가능한 한 많은 사람에게 넓게 분산시켜야 한다. 이는 촛불혁명의 코드와 일치한다.

그런데 노동생산성 향상이 정체되는 더 중요한 이유는 사람의 가치가 낮게 평가되고 격차가 심하기 때문이다. 우리 사회는 지난 개발 연대에서 습득한 자본 투입 위주의 경제성장이 고착화하면서 자본과 노동 간의 균형이 무너지고 노동 가치가 계속 절하되어왔다. 단적인 예가 바로 노동의 소득분배율이 지속적으로 악화되는 현상이다. 생산의 자동화, 세계화, 노동의 분할 지배를 통해 만들어진 고용 없는 성장 체제는 사회 내부의 격차를 확대하고 인적자원의 질을 지속적으로 떨어뜨려 왔다. 과거의 성장 전략은 자본을 많이 투입해 노동생산성을 올리는 것이 요체였다. 그러나 인적 자본 역시 물적 자본만큼이나 축적이 가능한 생산요소이며, 오히려 그것을 통한 노동생산성의 향상이야말로 고용과 빵의 증가라는 두 마리 토끼를 모두 잡을 수 있는 훨씬 우월한 전략이다. 그러나 우리 사회는 그동안 다른 길을 걸어왔다.

사람의 가치는 오늘날 보상 체계에 관한 새로운 기준이 된다. 우리는 가치 기준에 따라 사회 발전 단계를 몇 개로 구분해볼 수 있다. 첫째, 구성원들이 금수저와 흙수저로 구별된 신분 공동체 사회다. 여기서는 지연, 혈연, 학연 같은 연고주의 가치가 득세한다. 둘째, 메리터크러시(meritocracy)의 사회인데, 출신이나 가문을 따지지 않고 능력에 따라 사회적 지위가 결정되는 사회다. 셋째, 누구나 노력하고 열심히 일하면 풍요롭게 잘살 수 있는 사회다. 넷째, 인간(생명)의 존엄과 가치에 입각해 보상이 이루어지는 사회다.

지금 우리 사회는 주로 첫째와 둘째 요인이 결합해 작동하는 시스템을 갖고 있다. 이런 시스템 속에서는 부패, 정경 유착, 인치주의, 가신주의, 연고주의, 보스주의, 지역주의, 패거리 문화, 권위주의, 능력지상주의, 무한경쟁주의와 같은 전근대적·근대적이며 낡은 잔재가 끊임없이 부활하고, 세계화와 결합하면서 사회 발전이 폭력적이고 갈등적인 양상을 띠게 된다. 반면에 우리 사회는 노력에 비해 주어지는 보상이 너무 불균등하고 사람(노동)의 가치와 비중이 지나치게 절하되어 있다. 그러므로 21세기 세계화의 조건 속에서 민주공화국이 유지되고 더 발전하기 위해서는 세 번째와 네 번째 요인이 융합된 사회를 만들어야 한다. 즉, 자신의 삶을 발전시키기 위해 노력하는 사람이라면 넉넉히 먹고살면서 삶의 자존과 행복을 느낄 수 있어야 한다. 땀 흘려 일하는 사람이 잘사는 사회가 되어야 한다. 하지만 네 번째 요인은 공동체 전체의 가치 총량을 증진시키는 의무를 전제로 할 경우에만 보상을 받는 세 번째 요인을 뛰어넘는다.

사람의 가치란 무엇인가? 우리 헌법 제10조에는 "모든 국민은 인간으로서의 존엄과 가치를 가지며, 행복을 추구할 권리를 가진다. 국가는 개인이 가지는 불가침의 기본적 인권을 확인하고 이를 보장할 의무를 가진다"라고 되어 있다. 또 제34조 1항에는 "모든 국민은 인간다운 생활을 할 권리를 지닌다"라고 되어 있다. 인간으로서의 존엄과 가치, 인간다운 생활이란 무엇일까? 그것은 인간 본성에 입각해 태어날 때부터 부여받은 권리이며, 사회계약으로 보장된 권리보다 선행한다. 자연적 존재로서 생명에 기초해서 성립하고, 수단이 아닌 존재로서 스스로의 필요와 이해에 의해 결정하는 주체라는 점에서 자기 결정권을 갖는다. 이렇게 생명과 자기 결정권에 입각한 인간의 권리 개념은 개인이 사회 공동체라는 분모의 분자로 규정되는 국민이나 시민의 개념을 뛰어넘는다.

인간(사람)의 개념과 가치는 구체적으로 보상 체계의 기준에서 어떻게 적용되는가? 19대 대통령 선거 TV 토론에서 자유한국당 홍준표 후보는 현대자동차 노동자 연봉이 도지사와 같아서 노동자로 볼 수 없고 자영업자로 봐야 한다는 말을 한 적이 있다. 이 속에는 노동자는 전문직이나 관리직에 종사하는 사람보다 당연히 임금이 적어야 한다는 의미가 내포되어 있다. 홍준표 후보의 말처럼 그래야 하는 이유는 무엇일까? 현대자동차 노동자가 다른 노동자들에 비해 과도하게 높은 임금을 받는다는 비판은 별개로 하는 말이다.

그런데 사회복지가 잘되어 있는 선진국일수록 홍준표 후보가 말한 보상 기준이 잘 들어맞지 않는다. 예를 들어 북유럽 등 선진국에서는 배관공, 청소부, 탄광 노동자의 수입이 사무직 노동자보다 높은 경우가 많다. 이는 결코 비정상적인 현상이 아니다. 물론 여기서도 숙련도와 노동생산성 등 능력과 노력에 따른 기여도가 기본 척도로 적용된다. 하지만 여기서는 보상 체계가 능력과 노력 외에 인간으로서 가치의 동등성을 기준으로 돈, 권력, 명예, 그 밖의 여러 문화 자원을 적절하게 배분해서 결정된다. 산뜻한 사무실이나 연구실에서 폼 나게 일하는 사람은 그 자체로 상당한 보상이 되기 때문에 물질적 보상에서는 일정 부분이 삭감될 수 있다. 반면에 누구나 하기 싫은 힘들고 더러운 일을 하는 사람에게는 경의를 표하는 차원에서 상대적으로 더 많은 보상이 주어지는 것이다. 대개 선진국에서는 이런 보상 시스템이 제도로서 강제된다. 미국만 해도 '적정임금(prevailing wage)'이라는 제도가 있어서 주 정부가 공시하는 임금을 건설사가 노동자에게 주지 않을 경우 3년간 정부가 발주하는 공공 건설공사의 입찰 자격이 박탈된다.

물론 제도로서 시장의 작동 논리를 통제하는 데는 한계도 있고 부작용도 있다. 따라서 좀 더 근본적인 대안을 만들어나갈 필요가 있다. 예를 들어 산업구조를 고도화해 양질의 일자리를 더 많이 창출한다든지 복지 제도를 통해 소득분배를 균등하게 하는 일 등이 그것이다. 그럼에도 그런 대안적인 제도 마련이 쉽지 않고 오래 걸린다면 사회는 무엇을 어떻게 해야 하는가? 시장 논리보다는 인간적인 자존과 가치에 입각한 기본선을 보장받는 것이 우선이라는 사회적 믿음에 입각해야 한다.

그런데 그런 사회가 치열한 경쟁이 지배하는 지구촌 사회에서 살아남을 수 있을까? 자유시장주의 철학의 이념적 대부인 프리드리히 하이에크(Friedrich Hayek)는 상대 빈곤 완화를 목표로 하는 복지 정책은 본질적으로 성공한 사람에 대한 가난한 사람의 시기심에 불과하며 결국에는 거대한 사회적 비효율의 온상이 된다고 말했다. 그러나 인간다운 생활의 보장과 상대 빈곤의 완화는 사회적 효율을 더욱 높이는 계기가 된다. 첫째, 그것은 인간의 자존을 높임으로써 사회 공동체에 대한 귀속감과 책임감을 강화하도록 한다. 둘째, 인간다운 생활의 권리가 보장되면 자본을 위한 노동이 아니라 자신의 가치와 즐거움을 위한 노동 등 다양한 노동 형태가 출현하게 된다. 이를 통해 사회의 창조성을 높이는 데 기여한다. 즉, 스티브 잡스(Steve Jobs) 같은 창조적 기업가가 더 많이 출현하게 되고, 문화·예술인들이 새로운 가치 창조의 길에 몰두해 세상을 더욱 다채롭게 만들어가도록 촉진한다.

한편 인간의 가치와 존엄에 입각한 보상 기준은 세계화 시대에 국민의 개념을 좀 더 유연하게 하는 데도 의미가 있다. 21세기는 단순히 물질을 생산하는 것보다 가치를 창조하는 일이 더 중시되는 사회가 된다. 그것은 다양하고 이질적인 인간들이 공감과 소통을 통해 집단지성을 어떻게 조직하는지에 달려 있다. 그런 체제는 인간의 존엄과 가치의 기반 위에서 다원적 공존과 균형을 실현할 때 가능하다. 그런 점에서 우리는 근대적 시민권의 개념을 유연하고 개방적으로 확장해 좀 더 다양한 이질적인 요소를 국가공동체 안에 통합할 수 있어야 한다. 외부 구성원들도 공동체의 책임과 의무를 다한다면 권리를 누릴 수 있도록 이민정책을 개선해야 한다. 이때 '사람(생명)'의 가치는 중요한 기준이 된다. 그것은 세계화 시대에 계급·계층, 지역, 민족, 인종, 이념, 성, 문화의 차이를 다양성과 포용성의 가치 아래 통합시키는 개념이다.

지금 우리는 의식과 제도의 대전환이 필요한 시점에 와 있다. 촛불혁명은 단순한 국정 농단에 대한 저항을 넘어 새로운 헌정 체제를 설계하도록 요구하고 있다. 단순히 근대국가의 완성이라는 과제 수행에 머무르지 않고 그 너머의 새로운 미래를 향해 '역사의 뛰어넘기'를 할 것을 요구하고 있다. 이는 긴 20세기를 완성함과 동시에 우리 자신의 정체성을 새롭게 써나가는 '21세기'의 새로운 여정을 시작하는 일이다. 지금 우리 내면에서 벌어지고 있는 낯선 아(我)와 낯익은 피아(彼我) 사이의 치열한 투쟁은 그런 역사적 과제와 맞물려 있다. 바로 촛불혁명이 우리에게 주는 역사적 과제이기도 하다.

5장

21세기
한국 정치 현상 읽기

21세기 한국 정치를 규정하는 기본 틀

정치가 중요한 이유

정치란 한정된 자원을 배분할 때 다수의 사람이 가장 정의롭고 합당하다고 동의할 수 있는 배분의 가치와 규칙을 정하는 일이다. 또한 그 과정에 누가 참여하고, 어떤 이슈가 중심이 될지를 결정하는 일이기도 하다. 지금 세계는 전술한 것처럼 문명의 전환이라는 시대적 압력 속에서 자원 배분의 새로운 규칙과 방법을 놓고 치열한 쟁투가 벌어지고 있다. 우리 사회도 같은 상황에 처해 있다. 촛불혁명은 앙시앙 레짐(ancient regime)을 무너뜨린 대사건이었다. 세계사의 위대한 혁명이 그랬듯이, 그것은 장기적으로 정치뿐만 아니라 경제, 사회, 문화 등 한국 사회의 거의 모든 구조와 질서를 뒤바꾸어놓을 것이다. 하지만 앞으로 이어질 변화의 방향과 폭 속에서 블랙박스와 물음표로 남아 있는 정치 영역이 여전히 많다. 그 공간들은 앞으로의 정치적 실천에 의해 채워질 것이다. 그에 따라 시민들의 삶이 근본적으로 바뀌면서 동시에 새로운 시대가 개막하는 계기가 될 수도 있고, 기존 지배층이 몇 가지 양보 조치를 취하면서 구질서가 정비되고 변화의 폭이 최소화되는 선에서 끝날 수도 있다.

정치가 부실하면 다른 부문을 아무리 좋게 고쳐도 소용이 없다. 그런 사례로 대한제국의 역사를 들 수 있다. 대한제국의 황제 고종은 1897년 아관파천을 끝내고 돌아와 광무개혁이라는 근대적 개혁에 박차를 가했다. 국방, 경제, 산업, 교육 등 많은 분야에서 근대화를 추진했다. 근대적 토지조사사업을 추진하고 식산흥업(殖産興業)이라는 진흥 정책을 펼쳤다. 철도, 전화, 전차 등 근대 시설이 건설되었다. 1899년에는 오늘날의 헌법에 해당하는 대한국 국제(國制)도 발표했다. 그럼에도 고종의 이런 근대화 노력이 실패로 돌아간 것은 고종 스스로가 정치 개혁을 거부하고 낡은 정치제도와 관행을 유지하려고 했기 때문이다. 그는 독립협회, 만민공동회 등 자주적 근대국가 수립을 지향하는 대중의 열망과 역동성을 흡수해 선전적 정치제도(입헌군주제)로 나아가기는 대신 전제군주제를 고수하기 위해 아래로부터의 대중적 실천을 탄압했다. 그 결과 대한제국은 외세의 압력이 고조되었을 때 이를 견딜 수 있는 동력을 상실하고 망국의 길로 치달았다.

지금 우리 정치에서 가장 큰 문제는 제도권 정치의 허술함이다. 다시 말해 정치 리더십의 취약성이다. 정치 리더십이란 개인의 역량일 수도 있고 집단의 역량일 수도 있다. 그것은 단순히 세력의 측면만을 지칭하는 것이 아니며, 시대의 흐름을 읽고 역사의 수레바퀴를 움직일 수 있는 전반적인 능력을 뜻한다. 자신에게 주어진 역사적 소임이 무엇인지 깨닫고 있는지, 그런 대의에 열정을 바쳐 헌신할 태도를 갖고 있는지, 그것을 실질적으로 뒷받침할 만한 비전, 의제, 노선을 수립할 수 있는지, 역사적 진실에 기초해 대중과 소통할 수 있는 능력을 갖추었는지 등이 포함된다. 그런 면에서 우리의 정치 리더십은 보수와 진보, 여와 야를 막론하고 매우 열악하다. 촛불혁명 과정에서도 제도권 정치집단은 끊임없이 우왕좌왕했다. 당시 야권조차 '질서 있는 퇴진'이니 '제3지대론'이니 하며 민심을 전혀 읽어내지 못했다. 그럼에도 그들은 다른 대안이 없다는 이유로 정권을 잡거나 정당 체제의 주요 거점을 장악한 채 국민을 대의하고 있다.

21세기 한국 정치의 중요한 특징 중 하나는 대중의 역동성을 바탕으로 제도 정치 안에 새로운 정치 리더십을 건설하려는 열망과 실험이 반복적으로 이루어지고 있다는 사실이다. 노무현의 개혁 정치, 안철수 현상 같은 역사적 실험이 그 전형적인 사례다. 이는 20세기의 한국 정치와는 다른 현상이다. 그 전에는 박정희, 김대중, 김영삼이라는 정치 거목들의 리더십이 강력했기 때문에 그들을 지지하고 추종하기만 하면 충분했다. 그러다가 이들이 사라지자 새로운 정치 리더십을 찾아 나서게 되었다.

여기서 새로운 정치 리더십을 세우기 위한 역사적 실험의 주체는 노무현, 안철수가 아니라 한국 사회의 변화를 갈망하는 대중 자신들이었다. 노무현 돌풍, 안철수 현상은 기득권 질서에 맞설 수 있고 그것을 정말로 실현할 만한 지도자를 갈망하는 대중의 욕망과 기대가 증폭되어 나타난 현상이었다. 그것은 단순한 정권 교체를 넘어 새로운 정치를 향한 실험이었다. 그러나 그 실험들은 모두 시련에 처하거나 실패해왔다. 이번 장에서는 정치가 무엇을 해야 하는지를 논의하기에 앞서, 제도권 정치에서 새로운 리더십을 창조하기 위한 역사적 실험이 우리 사회에서 어떻게 전개되었고, 왜 실패로 돌아갔는지에 대해 살펴볼 것이다.

한국 정치의 네 가지 역사시간들

해방 뒤의 한국 현대 정치는 반공·냉전의 정치를 거쳐 산업화의 정치, 민주화의 정치, 그리고 촛불정치로 변화해왔다.

먼저 반공·냉전의 정치는 해방 후 친일 세력이 미국이 주도하는 냉전·반공주의에 편승해 좌익 세력과 민중 세력, 나아가 민족주의 세력까지 제거해버린 공포정치에 입각한 적대성의 정치였다. 정치는 곧 전쟁이었고 집단 폭력이었다. 그것은 분단 체제하에서 수립된 남북한의 좌우익 독재 체제 사이에서 적대적 공생 구조를 통해 더욱 강화되었다. 1950년 6월부터 1953년 7월까지 전개된 한국전쟁은 그 같은 체제를 확립하는 데 결정적 계기가 되었다. 그러나 반공·냉전 체제는 주로 강압적인 공포정치에 의존해 유지되다 보니 헤게모니의 물적 토대가 매우 취약했다. 갈수록 강화되는 독재정치와 관료적 자본에 의한 약탈 경제는 국민들의 지지 이탈을 가져왔고, 결국 1960년 4·19혁명으로 몰락하고 말았다. 1948년 대한민국 정부 수립은 우익 지배층의 반공 질서 확립이라는 요구와 국민 다수가 바랐던 토지개혁과 일반 민주주의 도입 요구가 서로 맞바뀐 성격을 띠고 있었다. 4·19혁명은 이승만 정권이 그 같은 약속을 일방적으로 폐기하고 위임의 범위를 넘어 마치 왕조처럼 국가를 운영한 데 따른 심판이었다.

둘째, 산업화의 정치는 근본적으로는 반공·냉전의 정치를 계승한 체제라 할 수 있다. 반공 이데올로기에 의한 공포정치를 그대로 유지했다는 점에서 산업화의 정치 역시 본질적으로 적대성의 정치체제였다. 다만 산업화의 정치는 경제 발전에 대한 국민의 욕구를 조직하고 국민을 동원하면서 지배 체제의 물적 토대를 구비하고자 했다. 그러나 그것은 재벌과의 동맹을 주축으로 민주주의와 분배 가치를 일방적으로 희생하며 성립되었는데, 그 결과 산업화 과정에서 형성된 도시의 학생, 지식인, 신중산층, 노동자의 도전에 늘 직면해야만 했다. 이 체제는 1970년대 말과 1980년대 후반 심각한 정치적 위기에 빠졌고 점차 민주주의로 이행하게 되었다.

셋째, 민주화의 정치는 이른바 87년 체제라 불리는 민주 세력 대 독재 세력 간의 불완전한 타협 체제라고 할 수 있다. 이 체제는 국민 항쟁을 통해 선거 민주주의를 거의 일거에 확립했다는 점에서 민주주의로의 이행을 지속적이고 견고하게 수행해냈다. 하지만 민주화 이행 과정에서 기존 체제를 최대한 유지하고자 한 지배 세력의 지역 분할 전략을 민주 세력이 극복하지 못하면서 불완전한 민주주의로 귀결되었다. 이 체제는 노동 정치를 일정 부분 복원했는데도 노동권과 사회권의 보장에서 별다른 근본적인 진전이 없었다. 또한 시민의 정치 참여를 보장하지 못하면서 앞으로 극장식 민주주의 또는 인물 중심의 정치가 정착되는 계기가 되었다. 또한 대의 체제 측면에서도 삼권 사이의 견제와 균형이 충분하지 못하게 이루어지면서 제왕적 대통령이라고도 불리는 위임 민주주의(delegative democracy) 현상이 반복적으로 나타나게 되는 원인이 되었다.

넷째, 촛불정치는 21세기 벽두부터 우리 사회에 모습을 드러내기 시작했는데, 산업화 대 민주화 또는 민주 대 독재의 대결 구도를 넘어서 탈냉전, 세계화, 정보화라는 새로운 시대 배경에 조응하는 새로운 정치를 지향한다. 그것은 반공 이데올로기와 성장 이데올로기에 입각한 정치뿐만 아니라 민주화 시대의 산물인 지역주의 정치 같은 문제를 극복해 근대적 국민국가의 공공성을 완성하고자 한다. 또한 전근대적 재벌 체제와 신자유주의 세계화가 빚어낸 사회 양극화와 불평등 심화라는 구조적인 문제를 바로잡고자 한다. 나아가 근대 너머의 새로운 공동체 속에서 다양한 계층과 집단이 공존과 융합을 통해 새로운 가치를 창조하고자 한다. 촛불정치는 그 전의 정치와는 주체가 다르다. 냉전 세대, 산업화 세대는 물론이고 민주화 세대와도 질적으로 다른 주체를 창출했다. 그 주체들은 다양성, 자기 결정권, 참여, 공유의 가치를 중시한다는 점에서 정치적 가치와 방식이 그 전과는 근본적으로 달랐다.

한국 정치는 기울어진 운동장이었는가?

한국 정치의 세력 구조에 대한 기존의 설명은 대부분 '기울어진 운동장론'에 따라 이루어져 왔다. 기울어진 운동장이란 보수에게 유리하게 기운 한국의 정치 게임 구조를 비유적으로 표현한 개념이다. 그래서 한국의 정치 현상, 특히 선거 정치의 결과를 설명할 때면 기본적으로 이런 개념에 맞춰 해석해왔다. 보수는 항상 포식자나 가해자로서 공격하는 위치에 서고, 진보는 대개 피식자나 피해자로서 방어하는 위치에 서는 것처럼 상정되었다. 지금은 여당이 된 야당 세력은 이런 인식 논리를 역이용해 자신들의 무능과 선거 패배를 변명하는 구실로 쓰기도 했다.

앞에서 얘기한 한국 정치의 네 개의 역사시간 중 반공·냉전의 시대, 산업화의 시대, 민주화의 시대는 분명히 기울어진 운동장이었다는 데 이의가 별로 없을 것이다. 그러나 촛불 시대는 달랐다. 2000년

보수·진보의 주요 선거 득표율 비교

	보수(%)	진보(%)
2010년 지방선거	44.6	51.0
2012년 국회의원 총선거	46.0	46.8
2012년 대통령 선거	51.6	48.0
2014년 지방선거	47.0	47.5

자료: 중앙선거관리위원회 데이터를 토대로 재구성했다.

대 이후 한국 정치의 세력 구조는 기존의 수구보수 우위 구도가 점진적으로 소멸되어왔다. 이는 지난 10~20여 년 동안 주요 선거 정치의 공간에서 벌어진 보수와 진보의 역학 구도를 복기해보면 금방 드러난다.[1] 1997년 야당이 최초로 집권할 때 보수 대 진보는 6 대 4 정도의 구도였고 집권을 위해 'DJP 연대'라는 변칙이 불가피했으나 점차 일대일 구도에 가깝게 바뀌어갔다. 특히 2010년 지방선거 이후 지금까지 중대 선거 공간에서는 진보적 가치와 의제가 지배적인 이슈가 되었고, 양대 진영 간의 득표율이 지속적으로 일대일 구도를 재현해왔다. 이런 현상은 기울어진 운동장론으로 더는 현재의 정치 지형을 파악할 수 없음을 의미한다. 게다가 2016~2017년 촛불혁명은 수구보수 진영을 조직적으로 분열시켰고 그들의 정치 기반을 초토화시켰다. 이제는 '역(逆)기울어진 운동장'이 되었다고 해도 과언이 아닌 것이다.

그렇다면 한국 정치의 운동장 구조는 왜 평평해졌는가? 심지어는 역으로 기울어진 운동장이 되었는가? 그것은 두 가지 측면에서 설명할 수 있다.

하나는 인구학적 변화로 정치 시장에 새로운 가치관과 문화를 지닌 정치 대중이 들어오고 기성 유권자는 자연스러운 시간의 흐름에 따라 점차 퇴출되면서 생기는 역관계의 변화다. 이는 저출산·고령화라는 인구 추세를 고려해도 대체로 보수 진영에 불리하게 작용한다. 정치사회화 과정에서 냉전·권위주의의 가치관을 체득한 집단은 연령 대의 한쪽으로 계속 밀려나고, 탈냉전·탈권위주의의 가치관을 가진 집단이 계속 밀려들 수밖에 없기 때문이다. 특히 지난 몇 년간 촛불집 회에서 새롭게 등장한 정치 대중이 선거 시장 안으로 본격 진입하면 서 수구보수 우위의 정당정치 판도는 급격한 변화를 보여왔다.

그런데 인구학적 자연 변동만으로 정치 판도의 변화를 설명하는 시도는 지나치게 결정론적일 수 있다. 따라서 주체의 대응이라는 측 면을 살펴봐야 하는데, 그것은 '보수의 무능과 부패'라는 요인이다. 즉, 급변하는 환경에 적응하고 변신하는 과제에 한국 보수 진영의 주 류는 나태했을 뿐만 아니라 방심했다. 도덕적 가치에서 퇴행을 거듭 했고, 국가 운영에서조차 무능을 드러냈다. 특권과 반칙을 일삼는 사 람들을 눈감아주고 보수라는 이름으로 대변하고 비호했다. 자신과 정 치적 의견이나 이해관계가 다르면 무조건 종북주의자라고 매도했다. 대중이 인내할 수 있는 임계점을 넘어설 지경이 되었지만 그들은 한 번도 제대로 보수 혁신을 실천한 적이 없었다. 개혁보수를 천명하면 서 새누리당에서 떨어져 나온 바른정당의 이혜훈 전 대표는 "지금 대 한민국은 이렇게 앞으로 나아가고 있는데, 태극기부대라는 사람들은 1970년대에 머물러 있는 사람들이 아니냐. 대한민국과 유리되어 점 점 소멸해가는 사람들이 모인 저 당은 낡은 난파선이다", "저들은 그 런 상태를 온존시키려 하기 때문에 낡은 보수야말로 보수의 적"이라 고 말한다.[2]

영국에서 19세기에 자유당(휘그당)이 소수파로 몰락해 역사의 뒤안 길로 사라진 데 반해, 봉건귀족의 정당이었던 보수당(토리당)이 어떻게 시대 변화의 물결 속에서 살아남을 수 있었는지 알아보는 일은 시사점이 있다. 곡물에 대한 전통적인 보호무역 주장이 설득력을 잃게 되면서 당세가 퇴락하던 보수당은 벤저민 디즈레일리(Benjamin Disraeli)라는 뛰어난 지도자의 주도하에 하층계급을 위한 사회 개혁을 주창하는 정당으로 거듭났다. 빈민을 위한 '주거개선법'과 '공중보건법', 노동 착취를 방지하기 위한 '공장법'과 노동자 단체의 법적 지위를 규정한 '노동조합법' 등이 토리당의 주도하에 이루어진 성과였다. 그들은 노동계급의 선거권 확장을 지지하기도 했다. 그 결과 토리당은 보수 가치를 대표하는 정당으로 굳건하게 살아남을 수 있었다. 환골탈태의 자기 혁신 노력이 있었기에 가능한 결과였다.

근래 메르켈 총리가 이끄는 독일 보수 정당의 모습도 보수주의자가 살아남고 집권하기 위해 어떠해야 하는지 돌아보게 한다. 독일의 기독교민주당(기민당)은 메르켈 총리가 집권하면서 라이벌인 사회민주당(사민당)의 노동·복지 개혁 정책을 수용해 일관되게 추진했다. 그 밖에 녹색당 등 다른 야당과 통하는 정책이라도 시대 흐름에 부합한다면 과감하게 받아들였다. 최저임금제, 핵 발전소 폐기, 동성 결혼 인정, 100만 명에 달하는 난민 수용 등이 좋은 사례다. 불가측성의 시대에 자국 이기주의와 단기적 실리주의가 판을 치는 상황에서 미국, 영국, 프랑스 등이 길을 잃고 좌충우돌을 거듭할 때 독일 국민과 정치 지도자들은 인류의 보편적 가치와 장기적 이익에 입각해 국가를 경영하고 있다. 그 결과 오늘날 독일은 선진 민주주의국가들 중 사회가 가장 안정되고 경제적으로도 우수한 성과를 내는 나라로 자리매김하고 있다.

지금까지의 사례에 비춰볼 때 한국 보수가 시대의 변화에 둔감한 수구 세력이었음은 반론의 여지가 없다. 한국 정치의 운동장 구조가 평평해진 가장 중요한 이유는 보수 진영이 오랫동안 수구 세력의 모습을 탈피하지 못하면서 시대의 흐름에 역행해온 탓이다. 결국 그것이 보수의 탐욕과 무능으로 이어져 대중의 외면을 받게 된 것이라 할 수 있다.

물론 한국 보수의 위기가 반사적으로 한국 진보의 성장과 발전을 의미하지는 않는다. 진보 진영의 실력이 늘고 평판이 좋아져서 평평해진 결과가 아니라는 점을 깨닫는 것이 매우 중요하다. 1987년 이후 민주화의 효과는 우리 사회의 권력관계를 훨씬 더 평평하게 만든 것이 사실이지만, 그것만으로는 2000년 이후의 상황을 설명할 수 없다. 진보 진영의 정치 이념과 문화는 20세기 후반의 수준을 벗어나지 못하고 있다. 2000년 이후 진보 진영은 이념, 조직 기반, 동원력에서 지속적으로 혼란과 축소를 반복해왔다. 민주 정부 10년의 집권 중에 참여정부(열린우리당)는 정치적 몰락을 겪었고, 야권 연대의 파트너였던 통합진보당은 역사의 뒤안길로 사라졌다.

한국 정치에서 보수 우위의 세력 균형이 보다 평평해지거나 아예 뒤집어진 운동장 구조로 바뀐 이유는 상대적으로 보수 진영의 위기가 더 심각했기 때문이다. 대중이 보수 패권의 종식과 교체에 우선적으로 더 집중했기 때문에 더 그랬다. 그럼에도 보수 진영 못지않게 진보 진영 또한 위기를 겪는 양면적인 상황은 보수 패권을 대체할 만한 대안이 없기 때문이며, 우리 사회의 정치사회적 전환을 더디게 만들고 있다. 이것이 지금 한국 정치가 맞닥뜨리고 있는 딜레마다.

노무현 시대 개혁 정치의 도전과 시련

시대의 벽을 넘지 못한 노무현의 개혁 정치

21세기 한국 정치는 노무현 돌풍과 함께 시작되었다. 노무현은 촛불정치 시대의 서막을 알리는 아이콘이었다. 노무현은 새로운 시대와 낡은 시대, 구세력과 신세력, 보수와 진보, 여와 야가 서로 맞물리고 부딪치는 치열한 접점이었다. 그는 부엉이 바위에서 몸을 던지기까지 새로운 시대의 빗장을 여는 복잡한 퍼즐과 치열한 씨름을 벌여야 했다. 하지만 그는 시대의 퍼즐을 푸는 데 실패했고, 그가 남긴 과제는 뒤에 남은 사람들 누구도 벗어던질 수 없는 역사적 굴레가 되었다.

노무현은 김대중의 바로 뒤를 잇는 후계자였지만 김대중과는 시대의 결을 달리하고 있었다. 김대중의 정치 기반이 민주화 세대와 산업화 세대가 교차하고 공존하는 프레임 위에 서 있었다면, 노무현은 민주화 세대와 민주화이후 세대가 접맥되고 이어지는 프레임 위에 서 있었다. 김대중이 '수평적 정권 교체'를 통해 민주화의 이행과 공고화를 완성하는 소임을 안고 있었다면, 노무현은 1997년 외환위기를 맞아 오작동을 일으키는 87년 체제의 결손을 극복하고 세계화라는 새로운 시대의 도전에 대응하며 대한민국 재창조의 기반을 닦는 시대 전환의 소임을 안고 있었다. 따라서 김대중이 구시대의 막내였다면, 노무현에게 주어진 역사적 소임은 새 시대의 문을 열어가는 장자의 역할이었다.

노무현 정부는 김대중 정부가 외환위기를 맞아 추진했던 4대 부문 개혁의 부작용이 본격적으로 분출하는 시점에 출범했다. 소득 불평등과 빈부 확대가 뚜렷해지고 이른바 사회 양극화 문제가 정치사회의 핵심 의제로 부각되게 되었다. 노무현 정부는 이런 문제를 해결하라는 본격적인 압력 속에서 출범했다. 노무현 정부가 직면한 사회문제는 단순한 정책적 문제가 아니었다. 그것은 우리 사회를 지탱하고 발전시켜온 기존의 정치, 경제, 사회의 패러다임을 바꾸라는 압력이었다. 그것은 정치적 민주화와 대비해 경제적으로는 여전히 박정희 시기의 패러다임에 멈춰 서 있는 상황을 극복하라는 것이었다. 이를 위해 성장 우선, 낙수 효과, 과로 노동에 입각한 재벌 중심의 경제체제를 개혁해 성장과 분배가 조화롭게 선순환하는 사회를 건설해야 했다. 다양성, 개방, 공유, 참여 등 새로운 시대 가치가 반영된 새로운 사회제도가 들어설 수 있는 지반을 구축해야 했다. 외교적으로도 세계적으로 냉전 체제가 붕괴한 뒤 펼쳐진 동북아시아 정세의 불안정성과 세계화의 확산에 따른 개방의 요구 속에서 새로운 국제 관계 질서를 재창조하고 한반도의 평화와 번영의 기반을 마련해둬야 했다.

그런데 노무현은 스스로가 고백했듯이 새 시대의 장자이고 싶었으나 구시대의 모순에서 헤어나지 못하고 말았다. 그는 "'반칙과 특권 타파'를 통한 '새로운 대한민국'"을 외쳤지만 그가 추진했던 일련의 개혁은 많은 부분 지지부진했고 혼란스러웠다. 노무현 정부는 김대중 정부의 뒤를 이어 우리 사회가 권위주의를 탈피하고 인권을 신장시키는 데 크게 기여했다. 지방분권과 국가 균형 발전이라는 중요한 의제를 만들어내기도 했다. 햇볕정책을 계승해 남북 관계를 안정시키는 데도 어느 정도 공헌했다. 그러나 노무현 정부를 기점으로 한국 사회는 외환위기 이후 심화되어온 사회 양극화의 덫에 급속히 빠져 들어가기 시작했다. 재벌 중심의 경제체제는 오히려 크게 강화되었다. 또 인구 상위 1퍼센트와 10퍼센트의 소득 비중이 빠르게 증가했다. 상위 1퍼센트의 소득 비중은 2000년에 9.0퍼센트에서 노무현 정부 첫해인 2003년에 9.5퍼센트, 노무현 정부 말기인 2007년에 13.0퍼센트로 급상승했고, 2015년에는 14.2퍼센트가 되었다. 상위 10퍼센트의 소득 비중 또한 2000년에 36.4퍼센트에서 노무현 정부 첫해인 2003년에 36.8퍼센트, 노무현 정부 말기인 2007년에 46.3퍼센트로 역시 급상승했고, 2015년에는 48.5퍼센트가 되었다.[3] 공무원, 공공 부문과 금융기관 임직원, 학교 교직원 등의 연봉이 큰 폭으로 오르기 시작한 것도 이때였다.

사회의 하부에서는 비정규직 노동자, 영세 자영업자, 서민 여성, 배경이 약한 청년의 경제적 지위가 급격히 약화되었다. 대기업 정규직 노동자, 공공 부문에 종사하는 공무원과 교사 등 민주화 이후 조직을 만들고 자신의 목소리를 낼 수 있는 사회집단들은 그런대로 각자의 삶을 지켜낼 수 있었다. 하지만 조직도 없고 목소리도 없는 사람들은 양극화의 태풍을 거의 그대로 맞게 되었다. 그 결과 비정규직 노동자 수는 2002~2007년간 771만 명(전체 노동자의 56.6퍼센트)에서 858만 명(전체 노동자의 54퍼센트)으로 늘었다. 게다가 정규직 대비 비정규직의 임금은 같은 기간 52.7퍼센트에서 49.9퍼센트까지 떨어졌다. 근로 빈곤층의 비율은 더 늘어 25퍼센트 수준이며, 이는 OECD 안에서 거의 최고 수준이다.[4]

노무현 정부에서 다른 영역에 비해 상대적으로 진전을 보았던 영역은 복지 정책이었다. 노무현 정부는 김대중 정부의 생산적 복지를 심화시켜 기존의 사회보장제도를 확충하고 발전시켰다. 공적부조 예산이 노무현 정부 출범 때에 비해 두 배 늘었으며, 보장성 건강보험이 중중 질환에 대해 본인 부담률을 10퍼센트로 낮추는 등 크게 강화되었다. 저출산 대책의 일환으로 육아 지원 예산이 정부 출범 직전에 비해 네 배 이상 증가했으며, 고령화에 대비해 전체 노인의 60퍼센트에게 매월 8만 원가량 수당을 지급하는 기초노령연금제도를 도입했다. 또한 집권 후반기에는 적극적 노동시장 정책의 일환으로 고용 지원 서비스와 직업 능력 개발 조치를 펼쳤다. 하지만 이런 진전에도 노무현 정부는 새로운 발전 전략과 복지 패러다임을 우리 사회에 굳건하게 안착시키는 데는 성공하지 못했다.[5]

노무현 정부의 시련은 무엇보다 개혁 정책의 부진이 개혁 정치의 부진으로 전이되었다는 데 있었다. 노무현 정부는 한국 사회의 기득권 구조를 허무는 데 과감히 도전할 만한다는 국민의 기대감으로 탄생할 수 있었다. 그러나 오히려 재벌 체제와 양극화가 더 심해지고 수구 세력과의 싸움에서 번번이 깨지자 그런 기대감은 실망과 절망을 넘어 배신감으로 발전했다. 특히 그런 흐름은 양극화의 수렁에 빠진 하위 소득 계층의 사람들에게서 뚜렷이 나타났다. 이를테면 한국사회과학데이터센터가 실시한 면접 조사를 보면 소득 기준 상중하로 분류해 보았을 때, 2002년 대통령 선거에서 하위 소득 계층은 진보 개혁 진영의 노무현 후보를 49.0퍼센트가 지지하고 보수 진영의 이회창 후보를 34.3퍼센트가 지지했다. 그러나 그런 구조는 급속히 역전되어 2012년 대통령 선거에서는 소득 하위 계층이 진보 개혁 진영의 문재인 후보를 37.3퍼센트만 지지하고 보수 진영의 박근혜 후보를 52.4퍼센트가 지지했다.

수구 세력은 이런 흐름을 이용해 양극화의 벼랑 아래로 추락한 이들을 파고들었다. 2007년 대통령 선거에서는 "부자 되세요"와 같은 욕망 정치의 담론들이 개발경제의 향수를 자극하며 부활했다. 사회적 열패를 당한 사람들의 좌절감이 민주 정부에 대한 원망과 혐오로 쌓이기 시작했다. 남북 교류와 대북 지원에도 핵 개발을 강행하는 북한에 대한 '퍼주기' 담론이 대중적 설득력을 갖게 되고, 종북 담론이 급속히 득세하기 시작한 것도 이 무렵이었다. 이명박·박근혜 정부 시절의 야권은 정치 동력을 잃고 거의 빈사 상태에 빠지게 되었다. 2007년 대통령 선거와 2008년 국회의원 총선거 결과는 이런 상황을 반영하며 야권과 진보 진영에게 최악의 패배를 안겨주었다. 그런 의미에서 이명박·박근혜 정부의 '역주행 9년'은 민주 정부의 개혁 정치 부진이 낳은 사생아라고 할 수 있다.

노무현의 개혁 정치, 한계와 시행착오 사이

노무현의 개혁 정치가 부진했던 이유에 대해 많은 가설이 있다. 그것들을 크게 두 개의 시각으로 대별해보면 '한계론'과 '과오론'으로 나눌 수 있다. 전자는 노무현 정부의 부진이 어쩔 수 없는 시대적 한계였다는 주장이고, 후자는 정치철학과 노선의 오류에서 기인했다는 주장이다.

전자의 관점은 노무현이 개혁을 추진하기에는 수구·특권 세력의 저항과 방해가 너무 두껍고 높았다고 본다. 마치 조선의 광해군이 명나라와 청나라 사이에서 균형 외교를 펼칠 때 신하들 속에서 홀로 고립되는 모양과 닮았다는 것이다. 문재인은 『운명』에서 "우리 사회 밑바닥에 흐르는 도도한 보수적 풍토와 여론을 주도하는 강고한 보수 세력 속에서 노 대통령과 참여정부는 마치 고립된 섬 같았다. 개혁은 도처에서 보수 세력과 기득권의 저항에 부딪혔고 가로막혔다"라고 썼다. 그는 그 예로 참여정부 때 '국가보안법' 폐지 실패를 들면서, 실패한 원인으로 근원적으로 객관적 힘이 수구 세력에 비해 열세였기 때문이라고 말한다.[6] 한마디로 힘이 없어서 개혁을 제대로 할 수 없었다는 것이다.

노무현 정부는 정말 힘이 없어 개혁을 못했을까? 이에 대해 논쟁한다면 현실적으로 명확한 답을 내기가 힘들다. 하지만 상대적 관계로 보면 좀 더 객관적인 답을 얻을 수 있다. 즉, 노무현 정부는 상대적으로 힘이 없을 때도 있었고 힘이 강했을 때도 있었다. 대통령 당선 때부터 노무현 탄핵 시도가 있었던 2004년 국회의원 총선거까지는 여소야대인 데다 집권 초기 여당 구실을 했던 새천년민주당의 분당까지 겹쳐 힘이 매우 약했다. 반면에 2004년 선거 직후 집권 여당인 열린우리당이 과반 의석을 확보하면서 이후 약 1년 반 동안은 막강한 권력을 휘두를 수 있는 기회를 잡았다. 그 뒤에는 노무현 정부에 대한 국민의 실망과 그에 따른 지지율 저하로 임기가 끝날 때까지 힘이 서서히 빠져나갔다. 그런데 노무현의 개혁 정치는 권력의 힘이 약할 때나 강할 때나 똑같이 한계에 부딪히고 말았다. '국가보안법', '사립학교법', '과거사진상규명법', '언론관계법' 등 4대 개혁 입법을 둘러싼 집권 세력의 좌충우돌과 혼란, 당정 분리를 둘러싼 청와대와 열린우리당의 갈등, 한나라당과의 대연정 제안에 따른 자중지란, 비정규직 양산 법안의 통과, 재벌과의 밀월 관계 형성, 부동산 폭등 사태 등이 주로 집권 초기나 노무현 정부의 권력이 강했던 시기에 일어난 일들이다. 그런 점에서 노무현 정부의 개혁 부진의 원인은 시대적 한계에만 있는 것이 아니라 주체의 잘못된 대응에도 있다고 하겠다.

그렇다면 근본적으로 무엇이 문제였는가? 여기에는 크게 정책 노선의 문제에서 찾는 관점과 정치 노선의 문제에서 찾는 관점으로 나뉜다. 전자는 다시 노무현 정부가 진보적 입장을 포기하고 신자유주의 노선으로 선회한 탓에 부진했다고 보는 관점과 '좌파 신자유주의'라는 노무현 대통령의 언급에서 보듯이 정책의 일관성 없이 시종 왔다 갔다 한 탓에 부진했다고 보는 관점이 있다. 후자는 대연정론이나 한미 FTA 추진에서 보듯이 연합의 대상과 목표를 잘못 설정한 데서 비롯되었다는 관점과 당정 분리와 같이 정당의 기반을 형해화하고 균열시키는 반(反)정치주의의 노선을 취한 데서 비롯되었다는 관점 등이 있다.

지금까지 열거한 여러 분석은 모두 타당한 면을 갖고 있다. 동시에 이런 시각들은 설명이 부분적이거나 불완전하다는 한계도 있다. 이를테면 노무현 정부가 재벌 개혁에 과감하게 나서지 못하고, 영세 자영업자와 비정규직의 상태를 악화시키는 정책을 택한 것은 정치 실패에 중요한 영향을 줄 수 있지만 필연적인 결과는 아니었다. 노무현 정부의 정책 부진이 다른 정권과 비교해 정치적 몰락을 초래할 만큼 특별히 지대한 것도 아니었다. 오히려 그것은 보다 근본적이고 핵심적인 어떤 이유의 결과일 수 있다. 우리는 노무현 정부의 정책 부진이 다른 정권보다 더 증폭해서 나타나는 이유가 무엇인지에 주목해야 한다. 그런 점에서 우리는 개혁 정책이 아니라 개혁 정치의 한계라는 방향에서 그 이유를 찾아야 한다.

하지만 정치에서 부진의 요인을 찾는다고 해도 그것이 연합 전략의 오류나 당정 분리로 나타나는 반(反)정치 노선에서 기인했다고 진단하는 것은 지나치게 협소한 관점이다. 좀 더 포괄적인 차원에서 원인을 찾는 것이 필요하다. 필자는 이를 몇 가지로 나눠 정리해보겠다.

먼저 시대정신에 대한 이해의 문제다. 노무현은 그의 정치 생애 말년에 '새로운 진보 정치란 무엇인가'라는 주제와 치열한 씨름을 벌였다. 그는 우선 민주화 시대의 한계를 뛰어넘고자 했다. 그러면서 동시에 전통적인 좌파 진보주의(진보 원리주의)와도 구별되는 새로운 진보의 정체성을 찾고자 했다. 노무현은 독재 정치와 민주주의 투쟁이 주제가 되는 시대는 끝났다고 보았다. 자신이 대통령이 되고 나서 민주주의에 대한 관심은 완전히 사라져버렸다고 했다. 그 대신 사람들의 주된 관심사는 돈, 즉 경제가 되었다고 했다. 따라서 싫든 좋든 진보도 경제 얘기를 꺼내야 말이 통하는 시대가 되었다고 했다.[7] 그런데 여기서 말하는 돈, 즉 경제란 1980년대 이후 세계를 지배하고 있는 보수 중심의 의제다. 결국 그의 말은 진보도 보수주의의 주제를 갖고 얘기해야 한다는 것이었다. 물론 그렇다고 노무현이 신자유주의나 보수주의에 투항했다고 말할 수는 없다. 그는 돈, 경제, 보수주의가 지배하는 시대의 지형을 받아들이지만, 그 위에서 보수와 진보를 가르는 새로운 가치 기준을 찾아내려고 했다. 사람이냐 돈이냐, 복지냐 감세냐, 성장 일변도냐 분배와 함께 가는 성장이냐가 그것이었다. 시장, 경제, 효율이라는 영토를 포기하지 않고 진보의 가치를 실현할 수 있는 길을 모색했다.[8] 그런 점에서 그의 진보에 대한 생각은 제3의 길 노선에 서 있었다.

노무현의 새로운 정치 실험에 내포된 기본적인 지향은 많은 부분 옳았다. 진보의 의제를 민주 대 독재의 구도에서 시장과 경제의 영역으로 확장시키려고 했던 문제의식은 맞았다. 기존의 개방이냐 반개방이냐, 규제 완화냐 강화냐, 민영화냐 공영화냐 같은 대립선이 보수와 진보를 가르는 기준이 아니라고 본 것은 맞았다. 국가의 역할은 국가의 영광이 아니라 시민의 삶(사람)을 지키는 것이며, 양극화와 빈부 격차 문제가 핵심이라고 본 것도 정확했다.[9]

그러나 노무현의 생각에는 동시에 중요한 한계가 있었다. 그는 보수주의 시대가 갖는 지배력을 과대평가했다. 그는 재임 중에 "권력이 시장에 넘어갔다"라는 말을 남겼다. 정치가 경제의 우위에, 민주주의가 시장의 우위에 설 수 있는 가능성에 대해 회의적이었다. 신자유주의 세계화를 기치로 내건 보수의 시대가 파열음을 내며 글로벌 금융 위기로 발전해가는 상황의 흐름을 인지하지 못했다. 노무현은 퇴임한 뒤 글로벌 금융 위기를 지켜보며 생각에 많은 수정을 가한 듯이 보인다. 그럼에도 그는 한국에서는 보수적 논리가 여전히 득세하고 있고 그쪽으로 가는 것이 현실이라 보았다.[10] 2008년 촛불집회와 2009년 이후의 정치 세력의 균형 복원, 2010년 복지 의제의 급부상, 2011년 경제민주화 의제의 확산으로 이어지는 흐름을 그는 포착하지 못한 것으로 보인다. 그 속에 내재한 정치의 우위, 다시 말해 새로운 민주주의로 회귀하는 시대정신의 물줄기를 보지 못한 것으로 보인다. 그런 점에서 노무현은 한국 사회는 기울어진 운동장이라는 인식의 오류에 강하게 붙잡혀 있었다. 그는 21세기 한국 사회의 문을 어떻게 열었고, 사람들이 그의 대통령 선거 슬로건인 "새로운 정치, 새로운 대한민국"에 왜 그리 열광했는지, 자신에게 주어진 역사적 소임이 무엇인지 정확하게 이해하지 못했다.

다음으로는 권력에 대한 기본적인 태도와 이를 다루는 방법론에 대한 문제다. 노무현에 관해서는 그의 태도가 어떻게 국가의 정책 추진에 필요한 정치적 지지를 동원하고 조직하는 것에 심대한 장애를 초래했는지 성찰해봐야 한다. 그는 권력의 탈집중과 탈권위가 시대정신이라는 것을 지극히 올바르게 인식하고 있었다. 그는 이를 최초로 국정 의제로 삼았고 자신이 몸소 실천했다. 하지만 내 견해로 노무현은 국민이 자신에게 부여한 권력 자원을 소극적으로 평가하고 방치했다. 리더로서 적극적으로 책임지고 수행해야 할 소임을 추상적인 제도나 사회구조의 역할로 환치시켰다. 본인은 선의를 갖고 있는데, 그게 잘 안 통하는 것은 구조와 환경 탓이라고 생각하며 괴로워했다. 그러다 보니 자신의 정치적 오류에서 문제를 찾아내고, 지지 기반을 정비해 자신의 권력을 강화하기보다는 구조나 제도 같은 아이디어로 돌파하려고 했다. 대표적인 사례가 바로 야당인 한나라당에게 국정 운영권을 넘기겠다는 대연정 제안이었다.

이런 태도는 노무현이 무책임하다거나 불성실한 데서 나온 것이 아니다. 그는 권력의 문제에 대해 치열하지 않았다. 그런 점에서 그는 최장집 교수가 말한 대로 반(反)정치적인 면이 있었다. 그는 권력을 역사와 제도에서 분리시켰다. 그에게 권력이란 역사와 제도의 하수 또는 낮은 차원이라는 인식이 있었다. 권력은 정치꾼들의 세계이며, 그는 그런 권력의 사악함에서 거리를 두면서 문제를 해결하려 했다. 검찰 개혁에 대해서도 노무현은 개인적 선의와 도덕성에 기대는 소극적 태도에 머물렀다. 그는 검찰을 정치적으로 이용하지 않겠다고 했고 투철하게 그 약속을 지켰다. 그 이유에 대해 그는 "검찰과 손잡으면 살아서 걸어 나갈 수 없다고 생각했다"라고 말했다. 그러나 그는 끝내 무사히 걸어 나오지 못했고, 검찰은 그를 물어뜯어 죽음으로 내몰았다. 그는 위험한 권력이란 거리를 둬야 하는 대상이 아니라 싸워야 하는 대상이며, 그것이 바로 정치의 세계라는 인식이 확고하지 못했다. 그러면서 그는 자신에게 주어진 권력의 이니셔티브를 적극적으로 사용하지 않았다. 당정 분리도 비슷했다. 노무현에게 당은 여당이든 야당이든 관계없이 더러운 정치가 이루어지는 곳이었다. 정책적 가치와 논리가 통하지 않는 비정상적인 곳이었다. 그런 그에게 정당이란 투쟁을 통해 바로잡아야 하는 대상이라기보다 분리해서 거리를 둬야 하는 대상이었다. 그는 "이론을 가지고 정책과 논리를 가지고 통제를 해내갈 수" 없다고 판단했기 때문에 "당정 분리를 일관되게 주장"했다고 했다.[11] 노무현 정부에서 제왕적 대통령의 폐해는 어느 정권에서보다 많이 완화되었다. 그러나 그것은 노무현의 선의에 의존한 면이 컸다. 그의 선의에도 불구하고 여전히 그 자신은 '강한 대통령-약한 정당-약한 의회'라는 한국식 권력 구조의 속성상 여당에 대해 현저한 우위에 서 있었다. 그런 조건 속에서 당정 분리론은 국정에 대한 여당의 비판과 간섭을 배제함으로써 당시 여당인 열린우리당의 기능을 왜소화하는 결과를 가져왔다. 열린우리당이 2015년 양극화 테제를 당의 핵심 의제로 삼겠다고 꺼내 들었다가 노무현 대통령의 지역주의 극복을 위한 선거구제 개혁과 대연정론에 순식간에 소멸하고 만 것이 그런 사례다. 결국 노무현은 자신의 선의조차 현재의 정치 구조와 시스템 속에서는 끊임없이 왜곡당한다는 사실을 간과했던 것이다.

● ● ●

역사적 퇴행과 반동의 시대

수구보수의 부활과 강화

2007년과 2012년 대통령 선거에서 당선된 이명박 정부와 박근혜 정부는 민주 정부의 개혁 정치가 실패하며 출현한 사생아였다. 이 시기는 한국 사회의 역사적 퇴행과 역주행이 노골적으로 전개된 때였다. 언론의 자유, 선거의 공정성이 광범위하게 훼손되는 등 민주주의가 급격히 후퇴했고, 친재벌 정책이 강화되면서 경제구조나 체질도 크게 악화되었다. 남북대화는 전면적으로 중단되어 남북 간에 크고 작은 충돌과 만성적인 긴장이 고조되었다.

이 시기에 한국의 역사시간은 세계의 역사시간을 거스르며 흘러갔다. 2008년에는 미국발 글로벌 금융 위기가 발발해 보수적 신자유주의에 종언을 고하는 목소리가 높았다. 신자유주의에 대한 뼈아픈 반성이 잇따랐고 세계 곳곳에서 대자본의 탐욕을 비판하는 저항의 물결이 고조되었다. 미국의 새 대통령 버락 오바마는 "미국은 더는 감세 정책, 트리클 다운(trickle down), 금융 규제 완화, 종교 정치를 지지하지 않는다"라고 말했다. 진단에 과장은 있었지만 많은 사람이 진보의 시대가 다시 도래했다고 생각했다. 그럼에도 한국에서는 이명박·박근혜 정부의 연속적 출현으로 수구적이고 재벌 친화적인 신자유주의 정책이 다시 강화되기 시작했다. 감세, 민영화, 구조 조정, 규제 완화, 비정규직 기간 연장, 경쟁 교육 강화, 무차별적인 개방 등이 강력하게 추진되었다. 무엇보다 민주주의가 광범위하게 훼손되고 권위주의적인 통치 방식이 빠르게 부활했다. 정권에 비협조적인 사람들을 향해 독재 시절에나 볼 수 있었던 감시, 사찰, 재정적 압력 등이 도처에서 부활했다. 관제 대중운동을 일으키고, 보수 언론을 동원해 정치적 반대자를 종북 세력으로 몰아붙이고, 정부가 공권력을 동원해 탄압하는 낡은 이념 공세가 노골적으로 전개되었다.

한국은 민주화 이후 보수와 진보의 정권이 차례로 출현했지만 전체적으로는 이념 지향을 막론하고 권위주의와 냉전·반공 이데올로기가 점진적으로 약화되어왔다. 권위주의 체제를 지탱하던 구세력은 근본적인 쇄신까지는 이르지 못했지만 민주화 세력을 흡수하며 주도 세력의 교체가 일어나고 과거의 속성과 체질이 상당 부분 지속적으로 탈색되었다. 1990년 3당 합당에 이어 원희룡, 정태근, 김성식 등 학생운동권 출신과 이재오, 김문수 등 민중당 출신 인사 영입 등이 꾸준히 이루어졌다. 그러나 이명박·박근혜 정부의 등장 이후 보수 진영은 수구성이 급격히 강화되면서, 단순히 보수로의 회귀가 아니라 시대를 역행하는 반동적 존재로 후퇴하고 말았다.

탐욕의 정치, 열풍과 쇠퇴

이명박 정부 집권기는 '탐욕의 정치'가 온 사회에 홍수처럼 범람하던 시대였다.[12] 노무현 정부 말기부터 부동산 투기 등 병리적인 사회현상이 상하 계층을 막론하고 전염병처럼 퍼져나갔다. 시사평론가 윤효원은 당시 사회 세태를 두고 "개발·돈·부자"가 시대정신이고, "친척을 만나도 친구를 만나도, 서울 사람을 만나도 지방 사람을 만나도, 배운 사람을 만나도 못 배운 사람을 만나도, 유신론자를 만나도 무신론자를 만나도, 자본가를 만나도 노동자를 만나도 하는 얘기는 똑같다"라고 표현했다.[13] 이명박 리더십은 바로 이런 분위기에서 태어났다. 이명박의 이미지는 '개발', '돈', '부자'를 가장 확실하게 떠올리게 했고, 그것은 "국민성공시대"라는 슬로건으로 나타났다.

이런 사회심리는 정치에도 뚜렷이 반영되어 나타났다. 정치에 대한 불신과 혐오감, 지속적으로 낮아지는 투표율, 사회적 공공성과 국가 운영을 담보하는 '권위'에 대한 공격과 냉소 같은 탈정치와 반(反)정치 분위기가 횡행했다. 우익 세력이 주도하는 적대성의 정치가 기승을 부리고, 이념 갈등이 극에 달한 것도 이즈음이었다. 이명박 리더십은 그 같은 반정치주의의 분위기를 대변하는 코드 같은 것이었다. 이명박은 정치권을 향해 "여의도 정치"라거나 "해변에 놀러온 사람들 같다"라며 비하하고는 했다.

이명박 정부는 민주 정부의 개혁 정치에 대한 대중의 실망이 결합하며 만들어진 정권이었다. 이명박이 정치적으로 급부상한 것은 노무현 정부의 선거 공약이던 '행정수도 이전'에 대해 헌법 소송을 주도하며 승리한 일이 계기가 되었다. 이는 당리당략에 얽매어 명쾌한 입장을 취하지 못하고 있던 한나라당 구주류 세력과도 구별되어 보였고, 보수층에서는 그를 '용기 있는 사람'이라 칭송하기 시작했다. 동시에 노무현 정부에 극심한 피로감을 느끼던 대중은 가장 대척점에 있어 보이는 이명박에게 반사적으로 쏠리게 되었다.

이명박 정부 집권기는 세계적으로 정치 마초들의 시대이기도 했다. 마초(Macho)는 스페인어에서 온 명사로 '지나친 남자다움'을 뜻하는 조어다. 마초이즘이 정치와 결합하는 현상이 당시 세계적 유행이었다. 조지 W. 부시를 비롯한 미국의 네오콘 정권 수뇌들, 거침없는 언행과 탈세·매수·미성년자 성추문으로 유명한 이탈리아의 실비오 베를루스코니(Silvio Berlusconi) 총리, 강한 러시아와 자신의 카리스마를 절묘하게 결합시킨 블라디미르 푸틴(Vladimir Putin) 대통령, 엄격하고 강경한 통치와 거침없는 행보를 주특기로 삼았던 프랑스의 니콜라 사르코지(Nicolas Sarkozy) 대통령 등이 좋은 사례다. 정치적 마초들이 왕성하게 활동했던 시기에 경제적으로는 신자유주의가, 군사·정치적으로는 신보수주의가 결합하며 전 세계적으로 기승을 부렸다. 탐욕과 욕망의 정치가 마치 최종 진리의 담지자인 양 오만한 가부장적 권위주의의 얼굴을 하고 세계를 휘젓고 다녔다. 이명박 정부의 등장도 이와 비슷하게 흐름을 같이했다. 그는 추진력과 돌파력의 이미지에 박정희 대통령을 연상시키는 행보를 결합해 강한 리더십의 이미지를 창조하려고 했다. 한국에서 가장 유명한 정치 컨설턴트 중 한 사람인 박성민은 이런 시대 추세를 반영해 자신의 책 제목을 『강한 것이 옳은 것을 이긴다』라고 뽑기도 했다.[14]

그런데 정치적 마초들의 개화기는 짧았다. 한때 전 세계를 집어삼킬 듯 질주하던 네오콘은 이라크 전쟁의 늪에 빠지며 허우적거렸다. 부시, 베를루스코니, 사르코지 등은 정치적으로 권위를 구기며 초라하게 퇴장해야 했다. 러시아의 푸틴도 독재자이자 부패 왕국의 우두머리라는 이미지가 강화되면서 저항에 부딪히고 있다. 결정적인 분기점은 2008년에 발생한 세계 금융 위기였다. 그것은 탐욕과 욕망이라는 이름으로 행해진 정치적 약속의 허구적 실체를 적나라하게 발가벗겨놓았다. 배신감의 물결이 대중의 의식을 휩쓸고 지나갔다. 사람들은 한때 욕망의 금자탑이었던 대상을 점령해 허물기 시작했다.

이명박 정부를 무너뜨리기 시작한 것은 세계 금융 위기 직전에 발생한 촛불집회였다. 2008년 촛불집회는 대중의 삶을 자의적으로 지배하고 자기 삶의 결정권을 빼앗아가는 가부장적 권위주의 권력에 대한 저항이었다. 이미 오래전부터 변화해온 삶의 가치관과 행태를 수십 년 전으로 되돌리려는 오만한 권력에 대한 거부였다. 단선적이고 호전적인 삶과 다원적이고 수용적인 삶 사이의 충돌 속에서 오만한 권력의 권위는 낙엽처럼 바스러졌다. 이명박은 울먹이는 소리로 촛불을 든 대중에게 사과했다. 그러나 며칠 뒤에 정권을 옥죄던 저항의 올가미가 느슨해지자 그는 태도를 바꾸어 본격적으로 뒤통수치기에 나섰다. 많은 사람이 잡혀가고 일터에서 쫓겨났다. 그 과정에서 법과 절차는 무시되었고, 야비하고 치졸한 보복 수단이 동원되었다. 권력과 국민의 소통 창구로 기능했던 시민사회의 수많은 NGO가 무너졌고, 오직 정권의 대변자 역할을 하는 황색 NGO들만 활개를 쳤다. 그것은 120년 전 고종 황제가 만민공동회에 모인 백성에게 사과한 직후 보부상을 동원해 시위 군중을 탄압했던 수법과 비슷했다. 만민공동회의 군중이 강제로 해산당한 것처럼 촛불집회의 군중도 강제로 해산당했다. 그러나 그 순간 고종 황제의 근엄한 권위가 땅에 떨어지고 만 것처럼 이명박의 권위도 산산이 부서져 내렸다. 마초 특유의 남성적 터프함에서 나오는 매력적 이미지는 이제 지질함의 이미지로 바뀌었다. 사람들은 이명박을 "쥐박이"라고 부르며 조롱하기 시작했다.

이명박 정부의 지배력이 급격히 떨어지기 시작한 계기는 2010년 지방선거였다. 2008년 촛불집회에서 드러난 대중의 저항 동력이 선거 시장 안으로 유입되면서 보수와 진보, 여와 야의 세력 균형은 빠르게 회복되었다. 이명박 정부는 이런 흐름이 선거에 영향을 미치는 것을 차단하기 위해 낡은 안보 이데올로기를 이용했다. 선거 직전 서해상에서 발생한 천안함 침몰 사건을 이용해 선거를 종북 세력과의 대결 구도로 몰아가려고 했다. 그러나 그런 시도는 오히려 역풍을 불러왔고 선거 패배를 초래했다. 여기서 더 중요한 사실은 이런 분위기가 단순히 선거 형세의 유불리 문제로 그치지 않았다는 점이다. 선거의 판세를 주도하는 이슈로 복지 의제가 급부상한 것이다. 이는 한국 정치사에서 대단히 중요한 이정표가 되었는데, 최초로 진보적 의제가 주도하는 선거가 되었다는 점이다. 그전까지 대부분의 선거는 경제성장, 안정, 색깔론, 지역주의 같은 보수가 선호하는 이슈가 주도하는 선거였으며, 기껏해야 독재 정권 시대에 '군정 종식, 민주 회복'이 선거에서 진보 의제로 사용되는 정도였다. 이런 현상은 한국의 정치 지형이 근본적으로 질적 변화를 겪고 있다는 신호였다.

안철수 현상과 중도정치의 늪

안철수 현상은 2011년 후반에 혜성처럼 나타나 2~3년간 한국 정치를 강타한 폭풍이었다.[15] 그것은 성공한 기업가 출신인 안철수라는 사람에 대한 대중의 폭발적인 지지로 표출되었다. 안철수에 대한 대중의 지지는 안철수 현상이 본격적으로 등장한 뒤 단숨에 철옹성 같았던 박근혜 후보의 대세론을 위협하는 수준까지 이어졌다. 2011년 10월 26일 예정된 서울시장 재·보궐 선거에 출마를 고려한다는 말 한마디로 안철수는 단숨에 대권 유력 주자로 부상했다. 그리고 안철수에게서 시장 후보를 양보받은 시민운동가 박원순이 서울시장에 당선되었다. 안철수 현상은 2012년 대통령 선거가 끝난 뒤에도 지속되었는데, 가장 유력한 차기 대권 주자로 거론되었고 가상의 '안철수 신당'은 제1야당을 제치고 각종 여론조사에서 높은 지지를 얻었다.

안철수가 순식간에 한국 정치의 판을 뒤흔드는 강력한 변수로 부상한 데는 기존의 주류 질서에서 성공한 인물이면서도 동시에 기성 질서의 부패하고 사익 추구적인 행태와는 다른 삶을 살았다고 알려진 그의 이미지가 주요하게 작용했다.[16] 또한 이른바 '청춘콘서트'를 통해 대중과 감정을 공유하고 소통과 공감을 위해 노력하는 등 기성 정치인에게서는 보기 드문 모습도 안철수 현상의 중요한 계기가 되었다. 성공한 엘리트 안철수가 사회 현실에 대해 '상식 대 비상식'이라는 간명한 대립 틀을 사용해 진단을 내린 것도 대중에게는 신선한 충격이었다. 편법과 특권을 통해 거대한 부와 권력을 축적한 재벌 경제를 '삼성 동물원', 'LG 동물원' 같은 메타포로 비판하는 모습은 그를 한국 사회의 야만적 자본주의에 맞설 만한 사람으로 위치시켰다. 나아가 그는 공정한 시장 생태계와 기업의 사회적 공헌과 책임이라는 가치를 대변하고 새로운 시대의 가치인 '공유'와 '소통'을 상징하는 것으로 받아들여졌다. 안철수의 담론은 한국 사회의 경제 갈등의 핵심 지점을 드러내며 대중이 느끼는 고통을 정확하게 대변한다는 점에서 '원칙 대 반칙', 더 나아가 '정의 대 특권'의 구도에서 기성 질서를 거부하는 하나의 표상으로 여겨졌다.

안철수 현상이 출현하던 무렵 한국 정치에는 보수와 진보 양대 진영을 축으로 전체 유권자의 정치적 동원이 대폭 늘고 결집하는 현상이 나타났다. 이런 현상은 2010년 지방선거, 2012년 국회의원 총선거에서도 비슷하게 목격되었는데, 양대 진영에서 유권자의 정치 동원이 증가하는 가운데 서로 '보수 총결집'과 '야권 연대'를 내세우며 격돌하는 구도를 연출했다. 그런데 이런 힘의 지형 변화는 지금까지 은폐되어 있던 여러 갈등을 새로운 정치 경쟁의 지형 안으로 끌어들이고 갈등을 선명하게 보이게 만들었다. 같은 이유로 주요 선거에서 의제와 담론 지형의 중요한 변화가 일어났다. 사회경제적 갈등을 배경으로 무상 급식, 복지국가, 경제민주화 같은 정책 이슈가 선거를 주도하는 핵심 의제로 등장했고, 이를 매개로 양극적인 경쟁 구도가 만들어지는 양상이 새롭게 관찰되었다. 이런 정책 이슈들은 '정의 대 특권', '상식 대 비상식', '소통 대 불통', '새 정치 대 낡은 정치'와 같은 가치 구도로 발전하면서 양극적인 경쟁 구도를 강화하기도 했다. 이는 우리 사회의 정책 이념 지형이 그만큼 진보적인 방향으로 움직이고 있다는

각 대통령 선거 후보 지지층의 성향별 구성

	주관적 이념 성향(%)				정당 일체감(당파성)(%)			
	보수	중도	진보	합계	여	야	무당파	합계
박근혜	56.0	28.7	15.3	100	78.1	8.2	13.7	100
문재인	15.0	35.2	49.8	100	3.1	85.0	11.9	100
안철수	8.6	39.2	52.2	100	7.3	53.3	39.4	100

자료: 한국사회여론연구소의 2012년 11월 2~4일 조사를 토대로 재구성했다.

것을 의미하는 지표였다. 안철수 현상은 그런 가치 구도의 한 축을 대변하는 것이었다.

안철수 현상의 배경이 되는 또 하나의 다른 요인은 무당파 현상이었다. 무당파 유권자는 정치 상황에 따라 달라지기는 하지만 14대 대통령 선거에서 22.7퍼센트 정도였다가 점차 증가해 2002년 16대 대통령 선거에서 40퍼센트에 이르렀고, 2012년 19대 국회의원 총선거와 같은 해 18대 대통령 선거 전후 여론조사에서도 40퍼센트를 넘나들었다. 이처럼 커다란 비중을 차지하는 무당파의 존재는 안철수 현상을 만들어낸 강력한 배경이 되었다.

그런데 여기서 한 가지 간과해서는 안 되는 점은 무당파의 이념 성향별 구성이다. 보통 무당파는 중립이나 중도를 의미한다고 여기지만 실제로는 상황에 따라 다양한 구성 양상을 보인다. 안철수 현상이 시작할 무렵 무당파의 구성은 진보 개혁 성향이 가장 많고 그다음으로 중도 개혁 성향이 많았다. 여기서 중도 개혁 성향이란 엄밀히 말하면 보수적인 이념에 가까운 중도적 유권자들이다. 이들 무당파의 공통점은 높은 정치 지식과 개혁 성향을 갖고 있지만 기성정당에 실망해 지지할 곳을 찾지 못한 사람들이었다. 그런 점에서 안철수 현상은 기성 진보 야당들과도 구별되었다. 대중은 안철수를 통해 분명한 정체성도 없이 진영 논리에 묶여 답보하는 민주당, 낡은 정파주의의 늪에 빠진 진보 정당들과 달리, 진영과 정파의 폐쇄성을 극복하고 소통에 능하면서도 사회구조의 변화를 이끌 수 있는 새로운 정치 리더십을 꿈꾸었다.

안철수 현상은 과거에도 반복적으로 나타났던 박찬종, 정주영, 정몽준 등으로 이어지는 제3후보 현상과는 다른 것이었다. 과거 제3후보의 지지층이 주로 여와 야, 보수와 진보 어느 쪽에도 속하지 않는 탈정치·중도적 무당파를 기반으로 한 것이었다면, 안철수 현상은 무당파만이 아닌 기존 주요 정당의 지지층을 포괄하며 훨씬 넓은 스펙트럼을 형성해냈으며, 진보 개혁 성향 및 중도 개혁 성향의 유권자가 가장 큰 비중을 차지하고 있었다.

하지만 실제 대중 앞에 나타난 '안철수 정치'의 모습은 자신의 이름이 붙은 사회현상의 정치적 의미를 정확히 이해하지 못한 탓에 정치적 파괴력을 확장하지 못하고 지지부진과 혼란스러움을 되풀이했다. 2012년 9월 19일 대통령 선거 출마 선언일에 나타난 안철수의 담론은 자신을 중도적이고 탈이념·탈정치적인 제3후보로 위치시키는 것이었다. 출마 선언을 전후해 그 연속선상에서 안철수는 한국 정치가 극복해야 할 핵심 과제로 '진영 논리 타파'에 초점을 맞추었다. 진영 논리를 극복하자는 화두가 틀린 말은 아니지만, 안철수는 가치의 건강한 대립마저 파당적 대립으로 치환시키는 경우가 많았다. 그는 정치 현안과 관련해 한나라당과 민주당의 중간을 골랐는데, 이는 그의 가치 정체성과 정치적 비전을 모호하게 만들었다. 그는 대중의 절박한 삶의 문제를 해결하지 못하는 낡은 정치의 구조적 모순과 특권·기득권 구조의 타파를 요구하는 대신에 '의원 정수 축소'나 '반값 선거

비용'과 같은 지엽적인 이슈를 제기하는 선에 머물렀다. 결국 안철수는 '새 정치 대 낡은 정치'라는 자기 주도의 정치 구도를 창출하는 데 실패하면서 기성 정치 세력이 주도하는 대립 구도, 이를테면 '정권 교체 대 정권 연장', '노무현 대 박정희' 등의 대립 구도에 묻히거나 아니면 기성 정치 구도의 중간 입장에 머물면서 방향성이 불분명해지고 지지자들에게 강한 자극과 유인을 제공할 수 없게 되었다.

안철수 정치가 지금까지도 이어지고는 있지만 그것이 매번 부딪히는 최대의 딜레마는 진보 개혁이냐 중도 개혁이냐의 문제였다. 안철수 정치는 기성정당을 지지해왔던 사람들, 무당파, 진보 개혁 성향 지지자, 중도 개혁 성향 지지자라는 매우 이질적인 그룹을 동시에 포함하고 있기 때문에 그 내면에서 끊임없는 딜레마에 처하고는 했다. 그런 상이한 요소를 안철수 정치라는 하나의 정체성 안에 어떻게 묶어낼지가 최대 숙제였다. 안철수 정치는 그 사이에서 끊임없이 왔다 갔다 하다가 길게 보면 중도 내지 보수에 향하는 모습으로 기울어갔다. 2012년 대통령 선거 과정에서도 안철수는 "좀 더 중도로 이동하라"라는 안팎의 권유를 받아들여 중도적인 무당파 유권자의 지지를 유지하고 관리하는 데 선거 전략의 초점을 맞추었다. 경제정책의 핵심 담론이었던 '두 바퀴로 가는 혁신 경제'는 진보의 경제민주화론과 보수의 성장론을 동시에 포용해내 여당은 물론이고 야당과도 차별화된 경제 담론을 내세운다는 의도를 품고 있었다. 그런데 이런 중도 노선은 안철수에게 치명적 패착이 되었다. 그의 지지층 중에 가장 큰 비중을 차지하고 있던 진보 개혁 성향의 유권자를 밀어내는 결과를 가져왔다. 이들은 주로 20~40대 젊은 층에 많은데, 안철수의 전략노선은 2012년 선거에서 자신의 잠재적 지지자를 문재인 후보에게 잠식당하는 결과를 초래했다. 야권 후보 단일화를 놓고 치열하게 경쟁했던 문재인은 안철수가 탈정치와 중도주의의 행보를 이어가는 사이에 그와는 정반대되는 이슈 전략을 채택했다. 그는 지속적으로 노동, 일자리, 복지 등 경제민주화의 영역을 공략해나갔다. 진보 의제는 점차 문재인의 브랜드로 굳어졌다. 안철수가 문재인에게 '진보 개혁'의 영역을 스스로 내준 것은 나쁜 선택이었다. 그것은 안철수가 가진 지지 기반의 응집성, 결집력, 내구력을 크게 약화시켰다. 그뿐만 아니라 지지율의 확장을 가로막는 요인이 되었다. 특히 대통령 선거처럼 중요한 정치 국면에서는 진보 성향의 유권자 비율이 크게 늘어나고, 양극적인 경쟁 구도가 심화되는데, 안철수 정치는 이런 흐름에 선제적으로 대처하지 못했다. 이런 전략은 결국 야권 후보 단일화 경쟁에서 문재인 후보 쪽이 압박을 가해왔을 때 버티지 못하고 무너진 중요한 원인이 되었다.

이는 안철수 정치가 중도 개혁 성향 지지층을 무시하고 진보 개혁 성향 지지층만을 중심으로 해서 나갔어야 한다는 뜻은 아니다. 일정하게 보수성을 띠는 중도 개혁 성향의 지지층을 흡수하기 위한 전략은 필요했다. 실제로 안철수 진영에 합류했던 인사들 중에 많은 사람이 그런 성향을 갖고 있었다. 요컨대 안철수 정치는 진보 개혁 성향과 중도 개혁 성향이 공존하며 좌우 양쪽으로 확장해나갈 수 있는 길을 찾아야만 하는 숙명을 안고 있었다. 이는 진보 개혁과 중도 개혁이 내적으로 연결되는 지점에 대한 정치적 통찰력을 필요로 했다. 그것은 중도 개혁 성향의 지지층에 대한 깊이 있는 이해를 요구한다. 이를 위해 그들은 구체적으로 누구이며, 그들의 삶은 무엇 때문에 고통받고 있는지, 지금까지 정치적으로 어떻게 대변되어왔고 그들의 정치적 불만과 욕망이 무엇인지, 그때그때의 정치 상황에서 그들은 어떤 방향으로 움직이는지 등을 종합적으로 분석해야 한다. 다시 뒤에서 얘기하겠지만 중도 개혁 지지층은 기계적 중립을 유지하는 사람들이 아니라, 어떤 부분에서는 진보적이고 다른 부분에서는 보수적인 이중 개념주의자들이며, 정치 상황에 따라 좌로 움직이기도 하고 우로 움직이기도 한다. 그런 점에서 진보 개혁 성향과 중도 개혁 성향의 유권자가 공유할 수 있는 공통의 분모가 존재하고, 이를 통해 강한 연대감과 동질성을 형성해나갈 수 있는 것이다. 특히 비정규직, 영세 자영업자, 경력 단절 여성, 흙수저 청년의 경제문제를 매개로 하는 정책 영역에서는 진보 개혁 성향과 중도 개혁 성향의 유권자가 강력하게 연대할 수 있는 부분이 많았다. 이를 통해 진보 개혁과 중도 개혁을 아우르는 새 정치의 정체성과 노선을 세워나가야 했다. 이는 미국 민주당이 진보주의와 중도주의의 연합 정당이면서 동시에 진보적 자유주의의 정체성을 유지해나가는 것과 비슷하다. 또한 한국 사회의 야만적 자본주의에 맞서라는 안철수 현상에 담긴 시대 요구와 안철수 정치를 일치시키는 방향이기도 했다. 그러나 안철수 정치는 정치 현안에 대해 거의 항상 기계적 중립의 시각에서 접근했으며, 그 때문에 진보 개혁 성향의 지지층이 계속해서 빠져나갔다. 그런 문제는 2017년 대통령 선거에서도 기본적으로 동일하게 관철되었고 안철수 정치가 실패하는 가장 중요한 원인이 되었다.

'강인한 어머니'의 허구적 신화

2011년 후반 안철수 현상이 우리 사회를 강타하고, 같은 해 10월 26일 서울시장 재·보궐 선거에서 안철수의 지지를 얻은 시민운동가 출신의 박원순 후보가 당선되는 데 놀란 보수 진영은 그다음 해 총선과 대선을 앞두고 짙은 암운에 휩싸였다. 보수 진영은 이를 진화하기 위해 특단의 대응에 나서기 시작했다. 보수 진영이 짜낸 대응 전략의 핵심은 리더십의 변화였다. 보수의 리더십을 변형시켜 이명박의 그늘을 지우고 혁신의 이미지를 덧씌운다는 것이었다. 그런 변형 전략의 주인공으로 등장한 사람이 바로 박근혜다.

박근혜는 2007년 한나라당 대통령 선거 후보 경선에서 이명박의 가장 강력한 적수였고, 그 뒤에도 이명박과 종종 갈등을 빚는 모습으로 비춰지며 '여당 속의 야당' 같은 이미지를 갖고 있었다. 그래서 이명박과 차별화가 용이했다. 거기에다 그의 어머니 육영수를 연상시키는 여성이라는 점이 이명박의 정치적 마초이즘에 잘 대비되는 측면도 있었다. 또한 2004년 탄핵 총선 직후 절대 위기에 빠진 보수 세력을 천막당사로 옮기면서까지 구해낸 강인한 이미지도 갖추고 있었다. 박근혜는 그만큼 복합적인 이미지의 정치인이었다. 하지만 박근혜가 한나라당의 새로운 중심으로 부상할 수 있었던 핵심 전략은 두 가지였다. 하나는 당시 기세등등하던 정권 심판 분위기를 야당 심판 기류로 바꿔버린 비판 전략이었다. 예를 들어 박근혜는 당시 야당이 제기한 한미 FTA 재협상과 제주 강정마을 해군기지 건설 반대를 놓고 이들이 노무현 정부 때 체결한 것을 스스로 폐기하겠다는 것은 지금 야권이 선거에서 이기려고 국가정책을 언제든 뒤집는 믿을 수 없고 무능하며 무책임한 세력임을 보여준다고 비판했다. 야당에게 정치꾼 집단의 이미지를 덮어씌우는 데 성공한 것이다. 다른 하나는 당시 가장 핵심 이슈였던 복지와 경제민주화 의제를 선점해버린 것이었다. 박근혜는 김종인, 이상돈, 이준석 등 개혁보수 이미지의 인물들을 영입해 여야의 대결이 개혁 대 수구의 대결로 나타나지 못하도록 봉쇄했다. 특히 경제민주화의 아이콘처럼 알려진 김종인 등을 활용해 경제민주화도 보수가 더 안정적으로 잘 추진할 수 있다는 점을 부각시키려고 했다. 그런 박근혜의 전략은 결과적으로 매우 효과적이었다. 그에 비해당시 야당인 민주통합당은 박근혜의 무능·무책임 프레임 공세에 그다지 효과적인 대응을 하지 못한 채 오히려 무능·무책임 프레임에 단단히 갇혀버리고 말았다. 게다가 2012년 국회의원 총선거에서 민주통합당의 공천 결과는 친소 관계에 의한 패거리 공천이라는 비판을받게 되었다. 선거 막판에는 조롱과 비하를 브랜드로 하는 정치 풍자 팟캐스트 방송 〈나는 꼼수다(나꼼수)〉의 멤버 김용민을 공천했는데, 이 공천이 민주통합당을 선동가들에게 끌려다니는 무책임한 세력으로비춰지게 만들어 선거 양상은 더욱 궁지에 몰리게 되었다. 그 결과 당시 민주통합당은 2012년 선거에서 아주 유리한 상황이었는데도 새누리당(한나라당의 후신)에 패배를 당했다.

2012년 대통령 선거는 프레임 이론의 관점에서 볼 때 '강인한 어머니'와 '자상한 아버지'의 대결이라 할 수 있었다. 전자는 박근혜 후보의 프레임 전략이었고, 후자는 문재인 후보의 프레임 전략이었다.[17] 박근혜 후보는 자신의 라이프 스토리와 사회적으로 궁지에 몰린 사람들의 위기의식, 불안감, 피해 의식을 상처라는 개념을 통해 일체화시키고 강인한 어머니를 통한 구원과 치유를 약속하는 프레임을 작동시키려고 했다. 예를 들어 TV 광고 박근혜의 '다짐' 편에서는 "크든 작든, 상처 없이 살아가는 사람은 없습니다. 하지만 죽음의 문턱까지 가야 했던 그날의 상처는 저를 완전히 바꿔놓았습니다. 여러분이 저를살렸습니다. 그때부터 남은 인생 국민들의 상처를 보듬으며 살아가겠다고 결심했습니다. 이제 여러분께 저를 바칠 차례입니다"라는 멘트가 사용되었다.

　박근혜 후보의 프레임은 위기론을 기반으로 삼았다. '위기의 대한민국'을 전제로 TV 광고에 나오는 배경도 주로 폭풍우가 몰아치는 바다에 배가 항해하는 장면이나 피폐한 서민의 삶을 보여주는 것이 대부분이었다. 위기론을 근거로 성립된 박근혜의 리더십 모델은 바로 강인한 어머니였다. 박근혜 후보는 자신의 리더십에 구원과 위기에 강한 한국형 어머니의 이미지를 덧붙였다. 프레임 경쟁이 가장 치열하게 전개되었던 지점은 서민 담론의 영역이었다. 박근혜 후보는 찌든 삶을 살아가는 서민들을 TV 광고에 출연시켜 "확 바꿔"라고 외치는 장면을 통해 '강인한 어머니'와 '변화' 담론을 연결시키고자 했다. 그러면서 동시에 문재인 후보의 정권 교체 주장을 비판하며 "허구한 날 단일화니, 공동 정부니 하면서 정치 공학에만 의존하고 가치와 철학이 아니라 표만 생각하는 것, 과연 어느 것이 새 정치이고 어느 것이 구정치입니까?"라며 '싸움', '정쟁', '정치 공학'의 프레임에 가두고자 했다.

　반면에 문재인 후보는 배려심 있게 소통할 줄 아는 '자상한 아버지'를 통한 새 시대의 개막을 약속했다. 문재인 후보의 TV·신문 광고는 '가족행복'을 핵심 개념으로 삼고, 행복하고 단란한 가정 속에서 능력 있고 존경받는 아버지의 모습을 집중적으로 부각시켰다. 자상함의 내용은 주로 배려와 책임, 탈권위와 소통에 초점이 맞춰졌다. 예를 들어 문재인 후보의 첫 TV 광고는 후보 자택의 일상을 담았는데, 맨발로 거실 소파에 앉아 정책 자료와 연설문 등을 읽고 있는 문재인 후보에게 아내가 다림질한 옷을 건네주는 장면이었다. 이는 대통령 후보의 일상생활을 보여줘 탈권위, 투명성, 소통을 강조하고 베일에 싸인 박근혜 후보와 차별화하겠다는 전략이 담겨 있었다.

2012년 대통령 선거에서 프레임 전쟁의 승자는 박근혜 후보의 강인한 어머니였다. 박근혜 후보는 권위적인 리더십 이미지 탓에 40대 이하 유권자의 지지를 얻는 데는 실패했으나 비상한 위기 속에서도 자식을 돌보고 위로와 구원을 약속하는 강인한 어머니의 이미지를 심는 데 성공해 심각한 삶의 위기의식을 겪고 있던 50대 이상과 소득 하위 계층 유권자의 압도적인 지지를 받을 수 있었다. 반면에 문재인 후보의 자상한 아버지는 권위적 가치와 문화를 싫어하는 개방성이 강한 유권자에게는 나름대로 강한 인상과 공감을 이끌어냈다. 하지만 문재인 후보의 프레임 속에는 서민이나 긴박한 위기의식을 느끼는 사람들과 공감하고 소통할 만한 것이 많지 않았다. '귀족 대 서민'의 경쟁 구도로 몰고 가려는 시도에도 문재인 후보의 프레임은 다분히 지식인 분위기가 강하고 절박해 보이지 않는 측면이 많았다. 그는 '서민', '변화', '치유'와 같은 담론을 내세웠으나 내용상으로는 오히려 박근혜 후보에게 빼앗긴 면이 많았다.

박근혜 후보의 승리에는 강인한 어머니를 통한 구원과 치유의 약속이 내재해 있었다. 따라서 박근혜 대통령이 이끄는 국가는 강인한 어머니가 되어야 했다. 어머니는 자식이 곤경에 빠진 것을 무한히 슬퍼하고, 자식이 과오를 저질렀다고 해도 보듬고 인정해주는 존재여야 했다. 모든 사람이 이제는 불가능하다며 등을 돌리고 외면해도 어머니만큼은 끝까지 포기하지 않고 위기에 빠진 자식을 구하기 위해 자신의 모든 것을 거는 존재여야 했다. 강인한 어머니는 한국 근현대사의 프레임이기도 했다. 수많은 외침과 내전을 겪을 때마다 어머니는 전장에 나가 죽은 아버지를 대신해 오랑캐에게 치욕을 당하면서도 식구를 먹여 살리는 존재였다. 한국의 여성은 부드럽고 유약한 존재가 아니라 강인하고 책임감 넘치는 존재였다. 대중은 박근혜를 통해 그런 국가를 원했다.

그런데 당선된 뒤에 박근혜를 통해 국민 앞에 나타난 국가는 결코 끝까지 국민을 책임지고 돌보는 강인한 어머니의 모습이 아니었다. 대중 앞에 나타난 국가의 모습은 시베리아 벌판처럼 차갑고 매몰찬 존재였다. 맨땅에 버려진 갓난아기는 어머니가 조만간 돌아오리라는 믿음으로 울고 또 울었지만 어머니는 돌아오지 않았다. 어느 날 어머니가 귀부인이 되어 자기 옆을 스쳐 간 적이 있었다. 맨발의 자식은 일말의 기대감을 품고 어머니를 향해 멀찍이 서서 "도와주세요!", "살려주세요!"라고 소리쳐 불렀다. 그러나 어머니는 울부짖는 자식을 향해 눈을 힐끗 한 번 쳐다본 것이 전부였다. 세월호 침몰 사고가 있은 뒤에 국민이 목격한 장면이 실제 이런 모습이었다.

21세기 길목에서 만난 최초의 여성 대통령 박근혜는 강인한 어머니가 아니라 실상은 가부장제의 표상이었다. 박근혜의 의식은 여성, 딸, 강인한 어머니라기보다 가부장적 권위주의가 낳은 아픈 상처였고 보호해줘야 할 근대화의 불쌍한 고아였다. 박근혜는 종종 그런 자신의 모습을 대중에게 드러내 보호받고 싶어 했고, 사랑과 충성을 확인하고 싶어 했던 동굴 속의 황제였다. 오히려 강인한 어머니는 국민이었다. 한국 근현대사 속에서 홀로 남겨진 어머니가 자식들을 책임지면서도 가부장제의 이데올로기적 그늘에서 벗어나지 못하는 것처럼 강인한 어머니인 국민은 가부장제를 파괴하기보다 가부장제의 아픈 상처를 보호하고 지키면서 위로받고 싶어 했다.

강인한 어머니의 프레임 속에는 전도된 관계의 형태이기는 하지만 어쨌든 지도자와 대중 사이의 유대감이 형성되어 있다. 그러나 믿음은 거꾸로 된 현실로 나타났고, 그것은 절대적 배신이라 부를 만한 상황이었다. 그것은 두 대상 사이의 공감이나 문화적 동질감이 붕괴되는 경험이었다. 대중에게는 절대적 믿음 체계가 붕괴되는 고통스러운 사건이었다. 박근혜가 만들어낸 '배신의 정치'는 곧 국민에게는 모성과 돌봄의 배신이었다. 우리의 전통 가치 속에서 부모와 자식의 관계는 천륜이자 인륜이며 보편적 사랑이다. 강인한 어머니로부터 배신당하고 거부당한 존재들에게 사회는 이제 천륜도, 인륜도, 보편적 사랑도 존재하지 않는 세상이다. 그런 세상은 한마디로 헬조선일 뿐이었다. 천륜이 거부당한 세상은 지옥 같은 곳이라는 절규였다. 절대적 배신은 공동체의 균열을 일으키며 소속감을 증발시킨다. 절대적 배신을 경험한 자식은 어머니를 향해 공격을 가한다.

● ● ●

수구보수의 몰락과 한국 정치의 새로운 국면

20대 국회의원 총선거와 수구보수의 균열

2016년 20대 국회의원 총선거 결과는 절대적 배신을 경험한 자식이 어머니를 향해 가한 역습이었다. 선거에서 압도적 승리를 기반으로 자신의 절대 왕국을 건설하려던 박근혜의 소망은 무너지고 말았다. 집권 여당인 새누리당은 압도적 과반수는커녕 원내 2당으로 내려앉았다. 야권의 분열과 분당으로 새누리당에게 유리한 구도가 펼쳐졌지만 국민은 새누리당을 패배시키기 위해 철저하게 전략적으로 움직였다. 선거 결과는 얼마 안 있어 나타날 촛불혁명을 예고했다.

2016년 국회의원 총선거 결과는 2017년 대통령 선거뿐만 아니라 향후 한국 정치의 트렌드를 예측해볼 수 있는 중요한 지표다. 선거 결과는 대다수 여론조사 기관과 정치 분석가의 예측을 크게 벗어났다. 전문가들의 예측이 크게 빗나간 데는 여론조사 기법의 문제도 있지만 더 근본적으로는 선거 패러다임의 변화를 꿰뚫어보지 못하고 기존 패러다임에 맞춰 정치 현상을 해석했기 때문이다. 기존 패러다임이란 한국의 선거 정치를 설명해왔던 주요 변수로 지역 구도, 세대 구도, 이념 구도의 기반 위에 구축된 독점적 양당 체제로 요약할 수 있다.

20대 국회의원 총선거 결과는 크게 두 가지 의미로 압축된다. 하나는 수구보수 세력의 헤게모니에 균열이 오고 박근혜 정부가 급격한 레임덕에 빠지게 되었다는 것이다. 새누리당은 야권이 더불어민주당과 국민의당으로 분열된 상황에서 치른 선거였기에 압승을 자신했지만 2당으로 전락하고 말았다. 다른 하나는 유권자들이 지역 분점의 패권적 양당제를 거부하고 일거에 다당제 구도를 창출했다는 것이다. 유권자들은 이런 두 가지 목표가 양립하는 지점에서 전략적 투표 선택을 했다.

수구 세력의 추락을 가져온 배경은 두 가지였다. 하나는 전통적으로 야당·진보 성향을 보인 청년 세대 유권자가 투표에 적극 참여하면서 투표율이 상승했다는 점이다. 그들은 일자리와 복지가 제공되지 못한 데 따른 분노를 투표를 통해 표출했다. 다른 하나는 전통적 보수 지지층의 이탈이었다. 통설적으로 보수 진영은 쉽게 와해되지 않는 단단하고 잘 조직화된 지지층을 보유한 것으로 인식되어왔다. 그런데 2016년 선거에서는 보수 지지층의 균열이 어느 때보다 뚜렷했다. 대

자영업자의 20대 국회의원 총선거 투표 현황

직업	자영업	
사례 수	151명	
	지역구 투표(%)	정당 투표(%)
새누리당 후보	37.3	36.1
더불어민주당 후보	39.6	21.2
국민의당 후보	13.4	29.4
정의당 후보	0.7	5.7
그 밖의 정당 후보	0.0	2.1
무소속 후보	3.6	-
모름/무응답	5.4	5.5
합계	100	100

자료: '20대 국회의원 총선거 사후 조사 교차 분석표(2016.4.17)' (중앙선거여론조사심의위원회 자료실).

구에서 야당 정치인이 당선된 것을 비롯해 영남에서만 여덟 명의 야당 정치인이 당선되었다. 서울 강남권에서도 야당 정치인이 당선되었다. 보수 지지층이 이렇게 대대적으로 균열을 일으킨 것은 1997년 외환위기 사태 중에서 치러진 대통령 선거 이후 처음이었다. 특히 전통적으로 새누리당을 강력하게 지지해온 자영업자의 투표 결과는 민심 이탈이 상당히 심각했다는 것을 단적으로 보여준다. 투표 사후 조사를 보면 자영업자 투표층에서 야권의 득표율 합이 15퍼센트가량 높게 나오는데, 과거의 선거 결과와 비교할 때 거의 정반대로 뒤집어진 결과였다. 이는 사회 전반에 퍼진 경제적 위기의식이 반영된 결과라는 점에서 더욱 심각하다.

그런데 20대 국회의원 총선거에서는 박근혜 정부와 새누리당에 대한 심판이라는 의미만으로는 설명하기 어려운 현상도 여럿 나타났다. 무엇보다 표면적으로 나타난 가장 큰 변화는 거대 양당 체제에 입각한 정치 구도가 깨지고 다자 구도로의 변화가 나타났다는 것이다.

이에 따라 야권 연대와 같은 전통적 프레임이 앞으로도 계속 유효한 개념인지 근본적인 재검토 대상이 되었다. 20대 국회의원 총선거는 본질적으로 1987년 정치체제를 구성하는 패권적 양당 체제를 부분적이지만 무너뜨렸다는 의미를 갖는다. 이명박·박근혜 정부로 내려오는 패권적 통치 행태, 지역주의를 배경으로 재생산되어온 지역 패권, 비민주적인 정당 지배 구조를 강화해온 여야 정치권의 패권이 모두 대중의 분노와 심판의 표적이 되었다. 박근혜 정부와 새누리당의 패권적 통치 행태와 그 안의 친박 패권은 물론이고, 야당의 지역 독점이 큰 타격을 입었다.

2016년 선거에서 가장 크게 성공을 거둔 정당은 신생 국민의당이었다. 국민의당은 안철수가 새정치민주연합을 탈당하면서 만들어진 정당이었다. 국민의당은 지역구 선거에서 주로 호남 지역을 석권하고 비례대표 선거에서 더불어민주당을 근소하게 앞지르는 득표율로 일약 38석을 보유한 원내 3당으로 부상했다. 국민의당은 처음에는 야권 분열을 초래한다는 비판에 직면하기도 했으나 오히려 새누리당의 패배와 지역주의 정당 체제를 해체하는 데 기여했다. 첫째, 호남에서 더불어민주당의 지역 패권 체제를 공격해 역설적이게도 영남에서 새누리당의 지역 패권 체제를 무력화시켰다. 이를 통해 1987년 이후 고착되어온 적대적 공생 구조의 고리를 일정 부분 끊었다. 둘째, 새누리당 지지층의 이탈을 촉진하고 이를 효과적으로 흡수해 결과적으로 야권의 승리에 기여했다. 국민의당은 정당 투표에서 보수 진영과 진보 개혁 진영으로부터 거의 일대일로 표를 잠식했다. 지역구 투표에서는 수도권을 중심으로 새누리당 표를 평균 10퍼센트 이상 잠식한 반면 더불어민주당 표는 거의 잠식하지 않았다.

국민의당이 선거에서 약진한 이유에 대해 일각은 중도주의 노선의 성공으로 설명한다. 그러나 이는 틀린 분석이다. 오히려 국민의당은 선거 캠페인 과정에서 '이승만 국부 발언'이나 필리버스터 정국에서 보인 모호한 태도 탓에 심각한 정치적 곤경에 처했기 때문이다. 국민의당이 거둔 성공은 도전자 정신(challenger spirit)의 성공으로 해석할 수 있다. 직전 과거와의 과감한 단절, 지역 패권 체제에 대한 과감한 도전, 정치적 결핍과 미숙에도 불구하고 양당 패권 체제에 균열을 낼 수 있는 유일한 현실적 대안이라는 조건들이 결합해 성공으로 이어진 것이다.

그럼에도 국민의당은 유권자들에게 완결적 대안으로 선택되었다기보다는 지역 패권 체제를 무너뜨리기 위해 일시적인 도구로 활용된 측면이 강했다. 국민의당은 진영 논리를 일정 부분 해체하는 데 기여했지만 새로운 정치 주체를 만드는 데는 심각한 문제를 안고 있었다. 단적으로 국민의당은 주요 지지 기반인 호남에서 새로운 정치 주체를 형성해 일대 쇄신을 이끌어내는 데 철저히 실패했다. 기존의 낡은 인물과 세력을 무분별하게 받아들인 탓에 구태 정치인과 토호 집단이 부활하는 기반을 제공했다. 또 국민의당은 낡은 이념 가치를 넘어 새로운 이념 가치를 구성하는 데는 전혀 나아가지 못했다. 선거 과정에서 나타난 기계적 중립과 중도에 함몰된 모습은 기존 질서를 넘어서기는커녕 오히려 퇴행적일 수 있음을 보여주었다. 선거에서 50대 연령층과 중도 보수층의 지지를 이끌어내는 데는 성공했지만 미래 세대나 개혁적인 사회집단들과 결합하는 계기는 만들지 못했다. 그래서 국민의당은 현실 정치의 두꺼운 벽을 허물고 국민의 마음속에 정치 혁신의 강력한 기지로 자리매김하지 못했다. 양당 구도는 여전히 강력하게 작동하고 있으며 다자 구도는 불완전하게만 자리를 잡았다. 이런 내적 문제점은 이후 2017년 19대 대통령 선거 과정에서 안철수 후보에게 치명적 패인으로 작용했다.

촛불혁명과 19대 조기 대통령 선거

박근혜 정부는 2016년 국회의원 총선거에서 나타난 정권 심판이라는 민심의 흐름에도 독선적인 정치를 이어갔다. 여소야대가 된 상황에서도 야당을 상대로 소통과 협치하는 것을 거부했다. 박근혜 정부의 균열은 시간이 갈수록 가속화되었다. 이런 중에 특히 심상치 않게 감지된 움직임은 청년층의 동태였다. 이들은 그 전부터 헬조선 담론을 만들어내고 확산시키면서 박근혜 정부와 특권 세력을 조롱했다. 이들은 선거 등의 계기를 통해 정치화되기 시작하자 피플 파워의 주력으로 급속히 부상했다. 촛불혁명이 터지기 직전 이화여자대학교에서 일어난 학내 분규는 일종의 전초병 역할을 수행했다. 이화여대 분규는 학교가 일방적으로 참여를 결정한 평생교육 단과대학 지원 사업에 학생들이 철회를 요구하며 학교를 점거한 일이 발단이었다. 하지만 사건의 파장이 점점 커지면서 나중에 박근혜 대통령 탄핵을 부른 최순실의 딸 정유라의 부정 입학 의혹으로까지 번졌다. 단일 대학에서 5000여 명이 시위에 참가할 정도로 큰 사건으로 성장했는데 이는 1980년대 학생운동사에도 거의 없던 일이다. 이화여대 분규는 촛불혁명으로 이어지는 계기가 되었다.

박근혜 정권이 몰락한 이유는 한마디로 국민의 위임(mandate)을 배신하는 정치를 했기 때문이다. 그는 애초 경제민주화, 한국형 복지국가, 보수 혁신의 공약을 통해 선거에서 승리했으나 집권한 뒤에는 이념 투쟁과 권력투쟁에만 골몰했다. 보수 우익 단체와 보수 미디어를 지원하면서 진보 계열의 사회단체, 문화인, 지식인을 상대로는 블랙 리스트를 만들어 지원에서 배제하고 감시와 사찰을 일삼았다. 관제 시위를 조성하고 정치적 테러를 사주하기도 했다. 중·고교 역사 교과서 국정화 논쟁 때는 교육을 이념 투쟁의 도구로 삼았다. 이는 모두 국민과의 계약을 위반한 행동이었다.

촛불혁명으로 박근혜 대통령은 탄핵당했고, 집권 여당인 새누리 당과 수구보수 진영은 순식간에 정치 기반이 붕괴했다. 촛불혁명 이후 새누리당에서 이름을 바꾼 자유한국당의 정당 지지율은 10퍼센트 안팎에 머물렀다. 19대 대통령 선거는 이처럼 근본적으로 변화된 정치 지형 속에서 치러졌다. 사실상 정권 교체가 이루어진 상황에서 치러진 선거라고 할 수 있다. 다자 구도로 진행된 선거 결과는 더불어민주당 문재인 후보 41.1퍼센트, 자유한국당 홍준표 후보 24.0퍼센트, 국민의당 안철수 후보 21.4퍼센트, 바른정당 유승민 후보 6.8퍼센트, 정의당 심상정 후보 6.2퍼센트 순서였다. 1위와 2위 간의 득표 격차는 557만 표로 17대 대통령 선거 때 표차 532만 표를 경신했다.

이번 대통령 선거에서 나타난 결과는 한국 정치의 몇 가지 중요한 정치 지형 변화를 암시하고 있다. 무엇보다 가장 중요한 시사점은 수구보수 진영이 총체적 붕괴의 여파에서 쉽게 벗어나지 못할 것이라는 사실이다. 수구보수 진영이 구(舊)정치 질서를 재생산하는 데 결정적인 버팀목이었던 지역주의와 냉전 이데올로기 구도가 많은 부분 소멸했기 때문이다.

19대 대통령 선거에서 수구보수 진영의 홍준표 후보는 전통적 지역 기반인 대구·경북에서 1위를 했으나 47.1퍼센트 득표에 그쳤다.

18대 대통령 선거에서 박근혜 후보의 대구·경북 득표율은 80.5퍼센트였다. 그조차도 홍준표 후보의 득표율은 고령화 비율이 높은 곳에 집중되어 있었다. 경남에서는 근소한 차이로 문재인 후보에게 우위를 지킬 수 있었고, 부산·울산에서는 문재인 후보에게 상당한 표차로 밀렸다. 진보 성향이거나 개혁 성향인 나머지 후보가 획득한 득표율까지 고려하면 수구보수 진영의 지역 기반은 현저히 축소된 것이다. 한국 정치에서 지역성은 여전히 큰 영향력을 차지하고 있지만 선거 당락에 미치는 파괴력은 거의 소멸 단계에 접어든 것으로 보인다.

냉전 이데올로기의 영향력도 현저하게 감소하거나 소멸한 것이 확인되었다. 단적으로 이번 선거에서 홍준표 후보는 "자유대한민국을 지키자"라는 슬로건으로 안보 이데올로기를 자극하려고 시도했으나 영향력은 미미했다. 특히 수도권 접경 지역의 많은 곳에서 1위를 문재인 후보에게 내주었으며, 15개 접경 지역 전체 득표율 총합은 안철수 후보에게도 밀려 3위를 기록했다. 이는 냉전 이데올로기에 입각한 보수의 확장이 근본적인 한계에 직면했음을 보여준다.

그럼에도 우리 사회가 체제 전환을 마무리하기에는 몇 가지 중요한 장애물이 버티고 서 있다. 우선 패러다임을 바꾸는 개혁인 만큼 이를 최소화하려는 많은 사회적 저항이 뒤따를 것이다. 그와 동시에 반대쪽에서는 개혁이 지지부진한 데 따른 실망과 불평이 솟아나며 상황이 복잡하게 뒤얽힐 것이다. 그러면서 촛불혁명 이전의 상태로 돌아가려는 역진의 위기가 반복적으로 나타날 것이다. 장기적으로 개혁은 이런 식으로 좌충우돌하며 더디게 나아갈 것이다.

6장

정치를
어떻게 바꿀 것인가?

시대 전환과 정치 개념의 변화

정치 개념이 바뀌어야 하는 이유

21세기 한국 정치의 화두는 새로운 정치였다. 노무현의 개혁 정치 슬로건은 "새로운 정치, 새로운 대한민국"이었고, 안철수 정치가 내세운 핵심어도 '새정치'였다. 지도자든 대중이든 새로운 정치를 외쳤고, 그에 대해 많은 토론을 벌였다. 하지만 그것이 무엇인지 정확한 답을 제시하는 사람은 아무도 없었다. 정치 개혁, 정치 혁신이라는 이름으로 수많은 이론과 실천이 이루어졌지만 여전히 모호했다. 그럼에도 새로운 정치에 대한 대중의 열망은 꾸준히 표출되어왔다. 우리 사회는 낡은 정치를 뚫고 강력한 반전을 이루어내는 촛불혁명에서 보듯이 새로운 정치를 위한 풍부한 잠재력을 보유하고 있다. 앞으로도 새로운 정치는 우리 사회의 핵심 화두가 될 것이다. 여기서는 지금까지 진행한 논의를 바탕으로 보다 근본적 차원에서 새로운 정치에 대한 성찰과 설명을 다시 한번 시도하려고 한다.

우선 정치의 개념이 왜 바뀌어야 하는지 역사적인 맥락에서 설명하는 것이 필요할 것 같다. 정치란 고정된 개념이 아니라 역사적 실천의 산물이다. 역사와 시대 상황에 따라 정치에 대한 사고와 실천은 상이하게 변화해나갔다. 무슨 말인가 하면 서양에서 고대와 중세 시대 정치의 원형을 잘 집약해 정의 내린 사람은 아리스토텔레스였다. 그는 정치를 사람들이 공동체와 자신의 윤리적 덕목을 실현하기 위해 수행하는 활동으로 보았다. 일종의 형이상학적 목적론으로서의 정치관이었다. 하지만 2000년 뒤에 니콜로 마키아벨리(Niccoló Machiavelli)는 개인과 국가로부터 윤리를 분리시켜 개인은 안전한 삶을 도모하고 국가는 대외적으로 독립을 유지하는 것이 정치의 목적이라 주장했다. 인간의 삶은 사랑, 선함과 같은 미덕 위에 서 있지 않고 끊임없는 의심, 배신, 투쟁의 현실 속에 처해 있기 때문에 권력(힘)을 유지하는 기술이 정치의 본질이라고 본 것이다.

마키아벨리에 사상적 연원을 둔 근대 정치 개념은 정치란 힘(권력)을 추구하는 것이라는 사고를 근저에 깔고 있다. 여기서 말하는 힘이란 폭력 자원을 말한다. 이는 국가적 관점에서는 주권을 중심으로 하는 정치적 사고다. 주권이란 국가의 의사를 최종적으로 결정하는 권력으로, 대내적으로는 최고의 절대적인 힘을 보유하고, 대외적으로는 자주적 독립성을 유지하는 것이다. 그런 주권 개념은 근대국가의 출현과 흐름을 같이한다. 근대국가란 상비군, 관료제, 조세제 등의 수단을 통해 일정한 지역 안에서 중앙 집중화된 권력을 행사해 대내적으로는 사회 질서를 안정적으로 유지하고, 대외적으로는 배타적인 독립성을 주장하는 정치조직이다.[1] 근대국가의 핵심은 카를 마르크스(Karl

Marx)와 막스 베버(Max Weber)가 적절하게 정의 내렸듯이, 폭력 자원의 공적 독점과 집중, 그리고 그것을 행사하는 데 있어 정당성(동의)과 효율성을 확보하는 것이다. 근대사회에서 정치란 국가가 가진 목적성을 실현하는 행위로 인식되었다.

오늘날 근대 정치의 개념은 사회 상황의 구조적인 변화와 함께 균열을 일으키고 있다. 이는 근대국가의 쇠퇴와 흐름을 같이한다. 김준석 교수는 『근대국가』에서 이스라엘의 사학자 마틴 반 크레벨드(Martin Van Creveld)의 국가 쇠퇴에 관한 흥미로운 논의를 소개한다.[2] 이를 요약하면 다음과 같다. 근대국가의 원리는 중앙정부에 의한 폭력의 독점과 힘의 집중이다. 전쟁의 승패는 그 같은 원리를 실현할 수 있는 국가의 능력에 따라 주로 결정되었다. 더 많은 세금을 징수하고, 더 많은 병사를 동원하고, 더 많은 무기와 보급품을 조달할 수 있는 능력에 따라 판가름 났다. 제1차·제2차 세계대전은 근대국가의 조직 원리가 가장 고도로 적용된 전쟁이었다. 그런데 그 같은 법칙이 깨지는 사건이 일어났다. 1970년대 베트남에서 벌어진 미국과 북베트남 사이의 전쟁, 아프가니스탄에서 벌어진 소련과 탈레반 사이의 전쟁이다. 북베트남군과 탈레반 반군은 폭력의 독점과 힘의 집중을 통하지 않고도 강대국을 상대로 충분히 효과적인 싸움을 전개할 수 있었다. 이들은 민간인 거주지를 중심으로 활동하며 상대방 정규군을 기습 공격하는 게릴라전술을 구사했는데, 대규모 폭력의 동원과 집중에서 우위에 있던 미군과 소련군을 무력화했다. 이는 근본적으로 근대국가가 본격적인 도전에 직면하기 시작했음을 알려준 사건이라는 점에서 큰 의미가 있다.

이에 대해서는 정치철학자 아렌트도 이미 오래전에 비슷한 얘기를 하고 있다. 아렌트는 전쟁과 정치, 폭력과 권력에 관한 옛 진리들이 오늘날에는 적용될 수 없다고 말한다. 약간의 무기로 일순간에 국가권력의 모든 자원을 쓸어버릴 수 있고, 개인으로 이루어진 작은 집단이 전략 균형을 무너뜨릴 수 있으며, 약소국들도 생산할 수 있을 정도의 값싼 생물학 무기가 고안되었다는 등의 사실로 권력과 폭력 관계, 약소국과 강대국 사이의 미래 관계가 전도되었다. 그래서 어떤 특정한 국가가 사용할 수 있는 폭력의 양은 머지않아 국가의 강성에 대한 신뢰할 만한 보장이 될 수 없다는 것이다.[3]

근대국가의 쇠퇴는 세계화라 불리는 역사의 국면에 따라 본격화되었다. 정보 통신 기술의 급격한 발전과 함께 이루어진 세계화로 국가 간의 장벽이나 경계가 많은 부분 지속적으로 허물어졌다. 기후변화 같은 지구적 문제가 등장해 여러 국가의 주권과 충돌하는 현상이 좋은 사례다. 이에 따라 기존에는 당연한 것으로 여겼던 국가의 힘과 영향력이 제한되고 축소되는 현상이 나타났다. 그와 함께 주권의 절대성, 신성성, 불가분성이라는 사고에도 변화가 오기 시작했다. 김준석 교수는 근대국가의 쇠퇴에 각국이 어떻게 대응하고 있는지 영국의 국제정치학자 로버트 쿠퍼(Robert Cooper)의 이야기를 소개한다.[4] 쿠퍼에 따르면 세계 정치는 세 개의 그림으로 대별된다. 먼저 유럽 대륙에서는 유럽 통합의 진전으로 근대국가 질서의 해체가 본격화하고 있다. 반면 아프리카를 비롯한 제3세계 국가들은 근대국가 건설에 실패한 채 전근대적인 정치·사회적 혼란에서 벗어나지 못하고 있다. 그리고 미국, 러시아, 중국, 일본 등 근대국가 건설에 성공한 나라들은 근대국가의 제도적 틀과 가치의 보존을 완강하게 주장하고 있다. 이처럼 지구상의 여러 나라가 각자가 처한 조건하에서 국가의 변화에 대처해가고 있다. 쿠퍼의 논의는 근대국가의 진화가 여러 방향으로 진행되고 있다는 사실을 암시한다.

정치철학자 아렌트는 근대국가의 쇠퇴, 근대 정치의 균열에 대해 중요한 통찰 지점을 제공했다. 그는 정치의 근대적 개념이 내포한 한계를 직접 얘기하지는 않았지만 그에 관한 중요한 근거를 제시했다. 그는 "폭력이란 권력의 가장 악명 높은 발현일 뿐"이라는 거의 모든 근대 정치 이론가들의 합의를 근본적으로 뒤집는다. 그런 합의는 "모든 정치는 권력투쟁"이고 "권력의 본원적 성질은 폭력"이라는 찰스 라이트 밀스(Charles Wright Mills)의 말로 집약할 수 있다. 이것은 다시 베버가 "정치란 적법한 것으로 간주되는 폭력 수단에 기초한 인간에 대한 인간의 지배"라고 했던 말이나 마오쩌둥(毛澤東)이 "모든 권력은 총구에서 나온다"라고 했던 말과 모두 같은 맥락이다.[5] 그러나 아렌트는 권력과 폭력은 결코 동일한 것이 아니라고 말한다. 권력이 자유로운 시민 사이의 적법한 의사소통과 합의에 입각해 생기는 것이라면, 폭력은 그런 목적성을 실현하기 위한 수단이다.[6] 권력이란 공동 행동을 할수 있는 인간의 능력이다. 정치 영역은 동등한 관계에 있는 자들 사이에서 움직이는 공간이며, 그 속에서 사람들이 서로 어울리고 의견을 나누며 공동 의견과 공동 행동을 형성할 때 생기는 것이 권력이라는 얘기다. 그래서 우리가 어떤 사람에 대해 권력을 갖고 있다고 말할 때, 그 의미는 대다수의 사람이 그에게 힘을 실어준다는 것을 지칭한다는 주장이다.[7] 아렌트는 『인간의 조건(The Human Condition)』에서 이렇게 쓰고 있다. "정치적이라는 것은 힘과 폭력이 아니라 말과 설득을 통해 모든 것을 결정함을 의미한다. 그리스인들은 폭력으로 사람을 강제하며, 설득하기보다 명령하는 것을 전(前)정치적(pre-political)으로 사람을 다루는 방식이라 생각한다.[8] 이 방식은 폴리스 밖의 생활, 즉 가장이 전제 권력을 휘두르는 가정과 가족생활에 특징적이며 또는 아시아의 야만적인 제국의 생활에 특징적인 것이다."

이처럼 권력을 폭력과 다르게 파악한다면 권력은 독점과 집중에서 발생한다는 근대 정치의 기본 원리는 완전히 다르게 구성해야 한다. 오히려 권력의 분산을 통해 더 많은 권력이 발생한다는 정반대의 원리가 성립한다. 아렌트는 미국의 헌정 체제에서 새로운 권력 원리의 단초를 발견하는데, 미국의 연방헌법은 분리된 권력이 항구적 연합체를 형성할 만큼 강력한 권력을 창출했다는 것이다. 권력은 분리할 수 없다고 믿었다면, 권력을 양도받은 연방은 강해지고 주(州)는 희생될 수밖에 없지만, 연방 정부는 주 정부의 권력을 제한하지 않고 오히려 주를 기초로 연방을 조직해서 권위를 확보했다는 것이다. 그래서 아렌트는 미국의 연방 체계를 유럽의 국민국가 원리보다 우월한 유일한 대안이라고까지 평가했다.[9] 이런 그의 통찰은 촛불혁명에서 나타난 새로운 권력의 구성 원리를 이해하는 데 도움이 된다. 권력을 나눌 때 권력은 더 강성해질 수 있다는 발상의 전환은 국민국가 단위의 근대적인 세계 질서가 세계화에 의해 구조적으로 이완되는 상황에서 미래의 정치 문명에 대한 중요한 시사점을 제공해준다.

지금까지 얘기한 것처럼 근대국가의 쇠퇴와 변형은 정치의 개념을 변화시키고 있다. 규모의 원리, 집중과 독점, 표준화에 의한 동질성과 효율성, 정당성 확보라는 근대 정치의 기본 개념은 불가피하게 변화하고 있다. 이는 세계화와 정보화라는 세계 질서 및 문명의 근본적인 변화가 가져다주는 필연적 현상이다. 그렇다면 우리는 정치에 대해 어떤 사고를 발전시켜야 할까? 새로운 정치란 무엇일까? 필자는

서구 지성사에서 논의되어온 생명정치라는 개념을 소개하면서 오늘
날 정치의 개념이 어떻게 바뀌어가고 있는지, 우리 사회에 필요한 새
로운 정치는 무엇인지 단초를 얻으려고 한다.

주권정치를 넘어 생명(삶)정치로

생명정치란 말은 최근에 서구에서 상당한 유행어가 되었다. 생명
정치는 생명을 다룬 정치라는 사전적 정의를 공유하고 있지만 매우
다양한 의미로 사용되고 있다. 생물학적 인종 정치도 넓게는 생명정
치 현상이고, 자연환경의 보존과 보호와 연결된 생태주의 정치도 생
명정치 현상이다. 하지만 여기서 말하는 생명정치란 기본적 욕구와
가치, 인간의 구체적 본질, 인간 잠재력의 실현과 풍부한 가능성과 관
련된 정치다. 그런 차원에서 생명정치를 본격적으로 다룬 사람은 철
학자 푸코였다. 푸코는 생명정치를 생물학적 결정 요인으로 귀착시키
려는 시도와 결별하고, 근대의 고유한 권력 행사 방식을 가리키는 개
념으로 사용했다.[10] 푸코가 보기에 근대 권력은 생명의 억압과 박탈
여부만 결정하던 이전의 권력과는 달리 생명을 관리하고 개발하고 육
성해 개별 신체를 훈육(discipline)하고 인구를 조절하며 통제한다. 이를
위해 각종 인구 자료를 수집했고 자원 목록과 통계 자료가 중요해졌
다. 독일 나치의 인종주의와 소련의 국가사회주의는 그런 근대 권력
의 변종인데, 생명을 개선한다는 명분으로 타자를 배제하고 공격하고
살해하는 것을 정당화하는 이데올로기적 토대를 마련했다. 그런데 푸
코는 생명을 조절하고 통제하려는 근대적 권력 과정은 생명, 신체, 건
강, 성에 대한 기본 욕구의 충족과 권리를 요구하는 새로운 대항 정치
를 탄생시킨다고 본다. 남녀 사이의 사회적 갈등이 연출되고, 성 소수

자·생태·평화 운동이 뚜렷한 실체로 부상한다. 그리하여 민족, 계급, 국민이라는 이름으로 이루어졌던 전통적인 형태의 주체화 방식이 점점 더 구속력을 상실한다는 것이다. 이렇게 푸코는 생명권력에 대항하는 생명정치 출현의 가능성을 탐색했다.

생명정치의 개념은 이탈리아의 정치사상가 안토니오 네그리(Antonio Negri)와 문화 운동가 마이클 하트(Michael Hardt)가 더욱 체계적으로 발전시켰다.[11] 생명정치는 자본주의가 도달한 새로운 단계에서 나타나는 현상이다. 이들은 자본주의의 새로운 단계를 '인지 자본주의(cognitive capitalism)'라고 부르는데, 인지 자본주의는 생산과정을 정보화, 자동화, 네트워크화, 세계화하는 특징을 지니며, 결국 노동하는 주체를 결정적으로 변화시킨다. 지식과 창의력, 언어와 감정이 사회 안의 생산과정에서 핵심적인 역할을 차지한다. 생산조직이 네트워크화하면서 개인의 노동과 집합 노동을 구별하기 힘들어진다. 이런 생산에서 경제적인 것, 문화적인 것, 정치적인 것은 서로 중첩되고 서로를 포함한다. 오늘날 자본주의는 개인의 정서적이고 지적인 노동능력을 흡수하면서 협력이라는 집단적 가치를 증식하는 방식으로 작동한다. 이제는 생명이 생산 자체를 결정하게 되는 것이다. 이와 함께 국가와 정치의 개념도 바뀌게 된다. 국가는 생명권력 체제가 된다. 국가는 사람들의 의식과 신체에 깊숙이 침투하고 사회관계 전반에 대한 통제력을 강화해 생산적인 동력과 창조적인 잠재력을 이끌어낸다. 특히 국민국가의 통제력과 권위가 점차 영향력을 상실하게 되면서 새로운 주권 형태가 출현한다. 그것은 외부도 없고 중심도 없는, 상호 보완적인 정치적 의사 결정 단위들로 구성된 하나의 네트워크다. 여기서 네그리와 하트는 '생명권력'과 '생명정치'를 구분한다. 전자는 주권적 권위로 사회

위에 군림하는 것이라면, 후자는 그 대항 형태로 협력적 노동 방식을 통해 사회적 관계와 형태를 창출하는 것이다. 생명권력은 모든 사람을 효용과 가치의 순환으로 포획하려고 한다. 그런데 그것은 불가피하게 착취당하고 종속된 모든 자, 즉 다중(multitude)을 탄생시킨다. 다중은 세계화가 탄생시킨 이질적이고 창조적인 행위자들이다. 이들은 생산과 삶을 일치시키려는 경향을 보인다. 다중은 자율적이고 평등한 삶의 형태와 생산관계를 욕망한다. 그것은 존재론적으로도 생명권력보다 자연스럽고 생명에 부합하는 것이기에 근대적 권력보다 훨씬 더 강력한 해방의 동력을 창출한다는 것이다.

지금까지 살펴본 생명정치 개념은 새로운 정치의 섬광을 보여준 촛불정치 현상을 탐구하는 데 유익한 통찰력을 제공한다. 촛불정치가 보여준 대중 지성, 탈중심성과 탈집중성, 가치의 공유와 확산, 다양한 주체의 참여와 협력적 네트워크, 광장이라는 정치적 공론장 현상을 이해하는 데 도움이 된다. 앞의 논의를 토대로 촛불정치에서 나타난 생명정치의 몇 가지 측면을 좀 더 풀어 설명하면 다음과 같다.

첫째, 생명정치는 삶의 문제를 통해 소통하고 공감하는 정치다. 사실 촛불혁명에서 시위 참가 주체들이 대단히 고통스럽고 수고로운 어떤 과업을 수행했다고 보기는 힘들다. 많은 이들이 매주 추운 거리에 나와 촛불을 들고 "박근혜 탄핵"을 외치기는 했다. 좀 더 적극적인 사람들은 자기 마음속 의견을 표출하기 위한 기발하고 창의적인 방법을 고안하려고 애를 쓴 것도 사실이다. 물론 이런 일도 대단한 노력이기는 하지만 과거 1980년대에 단 수십 분짜리 시위 하나를 조직하기 위해 투입해야 했던 고통과 에너지에 비하면 아무것도 아니다. 그러나 이제는 명백히 시대가 바뀌었고 예전 같은 시위 방식은 매우 비효율적인 방법이 되었다. 지금처럼 개인들이 고립되어 있을 때는 연대가 필요한데, 광장이라 불리는 공간에 모여 서로 의견을 나누고 공감할 만한 이야깃거리를 만드는 것으로 충분하다. 이 과정에서 광장에 모인 사람들은 기성 체제의 억압에 대항하는 집단 지성의 권력으로 탄생한다.

둘째, 생명정치는 가치에 입각해서 작동하는 정치다. 지난 대통령 선거 과정에서 바른정당의 유승민 후보는 "정치는 쪽수와 세력이 아니라 가치"라는 말을 한 적이 있다. 쪽수의 정치는 다수파가 소수파를 압도하고 억압하는 정치다. 그것은 필연적으로 힘의 정치, 이익 정치, 대결 정치를 낳게 된다. 힘의 정치, 이익 정치에서는 사람들의 관계가 지배와 피지배의 무한한 사슬로 연결되어 있다. 하지만 가치의 정치에서 사람들의 관계는 수평적이며, 어떤 의미 있는 것, 즉 가치 있는 것에 대한 공감을 통해 정치적으로 조직된다. 촛불정치는 민주 집중적인 운동권 네트워크를 통해 동원된 것이 아니었다. 그것은 생명과 건강에 대한 자기 결정권이나 국민주권 같은 가치를 지켜내기 위해서 넓은 연대가 필요하다는 자각에서 비롯된 것이었다. 정치에서 가치 중심의 사고는 사회문제를 푸는 데 중요한 열쇠다. 예를 들어 노인복지냐 청년 수당이냐 문제를 놓고 청년 세대와 기성세대가 대립한다고 했을 때, 이를 이익 정치의 개념으로 풀려고 하면 충돌이 불가피해진다. 하지만 가치의 정치라는 개념으로 접근하면 문제는 달라진다. 가령 가족의 연대라는 가치를 중심으로 접근하면 이는 서로 대립할 문제가 아니라 상호 부양에 대한 부담이 줄어들어 서로 공존과 번영의 길이 열리는 것이다.

셋째, 생명정치는 보다 폭넓은 연대를 통해 서로 평등한 관계에서 공존·협력하며 공통의 사회문제를 해결해나가는 거버넌스를 지향한다. 근대적 시민권은 국민국가 안에서조차 여성, 아동, 청년, 비정규직 노동자, 그 밖의 소수자에 대해 평등한 권리의 확립에 한계를 드러낸다. 이주 노동자나 다문화 가정 등 외부자에 대한 배제는 말할 것도 없다. 그런데 지금 사회에는 근대적 시민권 개념만으로 대처할 수 없는 다양한 문제가 쏟아지고 있다. 당장 장기적으로 저출산 문제를 해결할 수 없고, 경제활동에 필요한 인적자원을 확보할 수 없으며, 기본적인 안보를 유지할 병력 확보까지 어려움이 예상된다. 지금까지 정치는 누가 더 많이 빼앗고 빼앗겼는지를 중심으로 편재된 승자 대 패자의 정치였다. 서로 승자가 되기 위해 국가, 민족, 계급, 지역, 정당의 동질성과 결속을 더욱 튼튼히 하는 것이 정치였다. 그러나 지구촌 문명의 흐름은 자신과 타자 사이의 소통의 폭을 넓혀 서로 윈윈할 수 있는 길을 찾아내는 사람이 궁극적 승자가 되는 사회로 나아가고 있다. 촛불정치에 참여한 사람들은 중앙집권적 주권체인 국가에 의해 민족, 국민, 시민이라는 이름으로 호명되는 동질적 주체가 아니라, 무수히 많은 이질적인 사람들로 이루어진 다중이었다. 이질적인 수많은 사람들을 강력한 대중 권력으로 만들어낼 수 있었던 힘은 차이와 경계를 가로지르는 폭넓은 보편주의에 있다. 공정하고 차별 없는 세상을 외칠 수 있었던 기반은 여기에 있었다. 그것은 근대 민족주의의 감정이나 근대적 시민권 개념에 입각한 정치를 뛰어넘었다.

넷째, 생명정치는 주로 삶 속의 '작은 것들'에 주목한다. 21세기는 기본적으로 '작은 것들의 정치'가 작동하는 시대다. 작은 것들의 정치란 사람들이 자유롭게 참여할 수 있는 자기 삶의 이야기들을 의미한다. 『작은 것들의 정치(The politics of small things)』의 저자 제프리 골드파브(Jeffrey Goldfarb)는 미국에서 횡행하는 절망과 테러의 정치에 대한 대안을 탐구한다. 그것은 권력과 정치로부터 거리가 있는 듯해 보이지만 실상은 강력한 연대감을 창출하는 '사적 공간에 숨겨진 공적 삶'을 찾아내는 일이었다. 그런데 그런 단서들이 발견되는 곳이 있다. 골드파브는 옛 공산권 블록의 사적 공간에서 이루어졌던 사적이지만 정치를 내포하고 있는 대화를 소개한다.[12] 작은 것들의 정치는 미국에서도 발견된다. '무브온(moveon.org)'과 '미트업(meetup.com)' 두 개의 웹사이트에서 이루어진 반전운동과 혁신적인 정치 캠페인은 탈근대적이며 민주적인 대안을 보여주었다. 그것은 탈근대적 조직화 모델로 이루어졌고, 인터넷에서 만나 각자의 글을 올리고, 서로에게 반응하며, 서로 알게 되고, 서로의 행위를 조율했다. 사람들이 만나 이야기를 나눌 때 그들은 자신들 사이에서 이루어지는 상황을 정의해야 하는데, 그 과정에서 사람들은 세계를 변화시킬 수 있다. 정치가나 전문가들이 떠들어대는 거창한 이야기가 아니라 내 집 주변의 이야기들이다. 옆집 아이들의 유치원 부족 문제, 층간 소음 문제, 동네 악취 문제 등의 이야기를 함께 나누고 공감하며 강력한 연대감을 형성하고 정치적인 해결 방안을 찾아나가게 된다. 그런 이야기들 속에서만 사람들은 재미와 관심을 갖고 정치에 참여할 수 있다. 결국 그런 방식이 엄청난 정치적 파장을 만들어낸다는 것이다.[13] 촛불정치도 어떤 거창한 국가·민족·계급 담론이 아니라 삶 속에서 느끼는 부당함과 부자유에서 시작했다. 밀실에서 이루어진 정부의 소고기 수입 개방 방침이 나의 건강과 생명에 미치는 영향에 대한 우려나 사회 다수의 사람이 고단하고 팍팍한 삶을 사는데 소수의 특권 집단만이 온갖 불공정한 특혜를 누리는 것에 대한 분노가 그런 시발점이었다.

2011년 에콰도르와 볼리비아는 '부엔 비비르'를 명기한 새로운 헌법을 통과시켰다. 에보 모랄레스(Evo Morales) 볼리비아 대통령은 자연을 법적 권리의 주체로 인정한 이른바 '어머니 지구법'을 제정했다. 에콰도르 정부는 2007년 상당한 석유가 매장된 야수니 국립공원의 채굴을 금지하는 계획을 수립했다.[14] 부엔 비비르는 오직 소유의 크기로만 존재를 증명하는 폭력적인 자본주의 사회에서, 소유 이외의 수많은 다양한 가치가 존재를 증명할 수 있도록 격려한다. 사람과 사람, 사람과 자연 간의 화해를 추구하고 다양한 가치를 존중하는 열린사회를 지향한다는 뜻이다.[15] 이런 움직임을 경제적 후진국에서 일어난 현상이라 무시해서는 안 된다. 이런 현상들은 앞에서도 언급했지만 서구 민주주의에 내재한 한계를 넘어 보려는 비서구 지역의 민주주의 실험들이다. 새로운 정치란 성장 제일주의에 중독된 극도로 피폐한 삶과는 다른 삶을 누릴 수 있도록 가치의 전환점을 만들어주는 정치다. 서구 편향적이고 위계적인 가치 체계에서 벗어나 다양한 흐름을 받아들이는 것이야말로 생명정치에 맞닿아 있는 문제의식이고 새로운 정치의 출발점이다.

● ● ●

정권 교체를 넘어선 정치의 재구성 전략

낡은 진보 대 보수 구도의 재편

얼마 전까지만 해도 수많은 사람이 지금 단계에서 우리 사회에 가장 중요한 정치 과제로 정권 교체를 꼽았다. 어떤 사람은 '더 좋은 정권 교체'라는 수식어를 쓰기도 했다. 그래서 촛불혁명에 의해 치러진 조기 대통령 선거로 정권이 교체되어 문재인 정부가 출범했다. 그렇다면 이미 수평적 정권 교체가 이루어진 지금 상황에서 앞으로 우리 정치의 목표는 무엇이어야 하는가?

정권 교체 이후 최악의 시나리오는 새로 등장한 문재인 정부가 노무현 정부의 전철을 그대로 밟아가는 것이다. 일본 정치의 경로를 그대로 따라가는 것이다. 일본에서는 자유민주당의 장기 집권에 따른 국민들의 염증이 민주당으로의 정권 교체로 나타났다. 하지만 일본 민주당은 국민의 개혁 염원을 철저히 배신하면서 몰락하고 자민당은 정권을 빼앗기기 전보다 훨씬 거대한 골리앗이 되어 돌아왔다. 그다음으로 나쁜 시나리오는 패권적 양당제의 기반 위에서 낡은 보수와 진보가 진영 논리로 대립하던 시대의 유산을 제대로 청산하지 못한 채, 그것에 발목이 잡혀 정치와 사회가 계속 지리멸렬한 교착상태를 이어가는 경우다. 그렇게 되면 정권 교체는 결과적으로 개혁 없이 임기를 때우는 과정에 지나지 않게 되고, 이를 틈타 수구 세력이 환생할 수도 있게 된다. 아니면 기존의 낡은 보수와 진보가 모두 몰락하고 좌우 양쪽에서 실현될 수 없는 공약으로 대중을 선동하는 포퓰리즘의 정치가 횡행할 수도 있다.

지금은 정권 교체를 넘어 새로운 정치의 목표로서 대안적 비전을 확립해야 하는 때다. 그것은 세계, 문명, 역사의 대전환이라는 흐름에 조응하면서 사회의 틀과 의식, 국민의 삶을 바꾸고 새로운 문명을 개척하는 정치다. 바로 문명의 전환 또는 시대의 전환의 정치가 요구된다. 그런데 우리 정치는 20대 대통령 선거를 통해 정권 교체를 이루었으나 어떤 진영이나 후보도 시대 전환의 정치 대안을 만들어 제시하지 못했다. 지난 촛불대선에서는 촛불혁명으로 흩어진 보수 표를 잡기 위한 정치 공학적 경쟁이 주를 이루었고, 네거티브 캠페인이 난무했다. 정권 교체 이상의 담론이 출현하지 못했다. 2012년 대통령 선거에서 경제민주화와 복지가 주요 의제를 이루었던 것에 비하면 사실상 의제가 없는 선거였다. 시대 전환이라는 목표에 대한 토론과 합의, 국민적 위임이 형성되지 못한 것이다.

문명 전환에 상응하는 정치 변화의 핵심은 무엇보다 낡은 진보 대 보수의 구도를 바꾸는 것이다. 우리 사회의 보수는 20세기 중반에 나타난 반공·냉전과 산업화 시대의 시각을 고수하고 있고, 진보는 20세기 후반에 나타난 민주화 시대의 시각을 고수하고 있다. 과거의 정치 패러다임은 이분법적 대립 구도에 근거한 것이었다. 그것은 '가해자 대 피해자' 프레임의 정치이기도 했다. 한쪽은 여전히 지배자의 시각으로 군림하는 정치를 하고, 다른 한쪽은 운동권 방식으로 저항하고 투쟁하는 정치를 해왔다. 그것은 독재의 억압과 저항이 주를 이루던 시대 내지는 기울어진 운동장 시대에 뿌리를 두고 있다. 그런 프레임은 민주화 이후에도 소멸되지 않고 끈질기게 고착되어 지속해왔다. 그런 정치관은 과도한 이념 갈등을 부르거나, 아니면 권력의 획득과 극대화라는 권력정치를 만개시켰다. 지배 대 저항, 독재 대 민주, 자본 대 노동의 구도는 민주화가 되면서 우리 편이냐 남의 편이냐의 진영 논리(패권 논리)로 변질되었다.

그 같은 정치 구도는 사회문제의 해결 능력을 상실한다. 지금 우리 사회에서 가장 심각한 사회 균열은 양극화의 상층에 위치한 특권·기득권 세력과 하층에 위치한 다수 대중 사이의 모순이라 할 수 있다. 그런데 정치 균열은 그런 사회 균열을 반영하지 못한 채 상위 1퍼센트 특권층과 상위 10퍼센트 기득권층 사이의 대립으로만 표출된다.

예를 들어 과거 박근혜 정부는 청년 실업과 비정규직을 해결한다는 그럴듯한 논리로 노동시장 구조 개혁을 추진했다. 그러나 그 내용을 살펴보면 대기업 정규직 등 노동시장의 상층부에 위치한 이들의 몫을 빼앗는 데 주력할 뿐이었다. 실상은 재벌과 대기업을 위한 정책이었던 것이다. 그에 대해 노동자를 대표한다는 양대 노총은 정부가 강행하는 해고 요건 완화, 성과 중심 임금체계 전환, 통상 임금 판결 무력화 등을 막는 데 총력전을 펼쳤다. 당시 야권도 그에 보조를 맞추었다. 그런데 그것은 그들만의 투쟁에 그쳤다. 왜냐하면 그 투쟁은 지금 노동시장의 다수를 차지하는 주변부 노동자의 삶과는 거의 관계없는 일이었기 때문이다. 계약 기간 만료와 문자 해고, 최저임금의 사각지대, 불안정 노동자를 위한 실업 안전망 부재, '열정 페이'와 같은 위법한 노동조건의 강제, 주거 불안 등 전방위적 문제에 노출된 사람들에게 양대 노총과 야권의 투쟁은 별다른 관심사가 아니었다.[16] 이처럼 사회 균열과 정치 균열이 불일치하는 현상이야말로 우리 정치가 풀어가야 할 가장 큰 난제다. 그런데 우리 정치는 보수든 진보든 이 문제를 푸는 데 의지와 능력을 보여주지 못했다. 오히려 정치가 사회 균열로부터 유리되면서 보수와 진보를 막론하고 수구(기득권)와 패권의 권력정치가 발달했다.

몇 년 전 타계한 고(故) 김기원 교수는 한국 사회는 보수 대 진보의 대립선 외에 개혁 대 수구의 대립선을 추가해 네 개의 매트릭스가 형성된다고 설명했다.[17] 즉, '개혁진보', '기득권진보', '개혁보수', '수구보수'라는 네 가지 구분이다. 보수 진영은 개혁과 수구로 분화하고 있고, 진보 진영도 개혁과 기득권으로 분화하고 있다. 지금 단계에서 수구보수와 기득권진보는 크게 활성화되어 있으나, 개혁진보와 개혁보

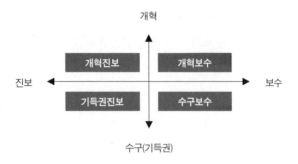

한국 사회 정치 지형의 기본 모형

수는 의미 있는 정치적 균열을 만들지 못한 채 미발달된 채 남아 있다. 개혁진보나 개혁보수는 세력이 있다고 해도 중도라는 이름으로 모호하게 존재하거나 아니면 수구보수와 기득권진보의 헤게모니에 결박된 채 부차적인 세력으로 연명하는 경우가 대부분이다. 한국 정치가 정체와 퇴행에서 좀처럼 벗어나지 못하는 이유가 바로 여기에 있다.

요컨대 한국 정치에서 궁극적으로 가장 중요한 과제는 수구보수와 기득권진보를 극복하고 개혁진보와 개혁보수의 양대 구도를 확립하는 것이다. 그렇게 특권·기득권 세력에 반대하고 비정규직, 영세 자영업자, 근로 청년, 서민 여성 등 양극화의 하층에 위치한 대중을 대변할 수 있는 정치체제를 만드는 것이다. 이는 미국 역사에 비유하자면 '뉴딜 리얼라인먼트(New Deal Realignment)'에 비견되는 일이다. 뉴딜주의는 미국의 사회, 경제, 정치 모든 영역에서 판도의 재편을 가져왔다. 그것의 핵심은 뉴딜 정책을 계기로 흑인, 도시 빈민, 노동자, 소수 인종 집단을 정치적으로 동원하고 미국 민주당의 지지 세력으로 편입하는 것이었다.[18] 이로써 미국은 진보적 자유주의와 보수주의가 양대 정당을 통해 대결하는 새로운 정치 문명을 건설하게 되었다. 그 전의 미국 정치에서는 자유주의와 보수주의가 명확히 구별·정립되지 않아 모호하게 뒤섞여 있었으며, 정치 구도라고 해봐야 자유주의의 사익 이데올로기와 공화주의의 공익 이데올로기가 간간이 대립하는 정도 였다.[19] 한국에서 개혁진보와 개혁보수의 구도를 만드는 일은 정치 주체를 재구성해 목소리 없는 사회집단을 정치 세력으로 조직하고, 더 나아가서 새로운 정치체제를 만드는 작업이라 할 수 있다.

그렇다면 한국에서 개혁진보와 개혁보수의 가치 정체성은 무엇일까? 진보와 보수는 그 사회의 역사적 맥락에 따라 상대적으로 다르게 나타난다. 보통 서구 사회의 기준에서는 국가를 강조하는지, 아니면 시장을 강조하는지에 따라 보수와 진보의 기준이 나뉜다. 한국에서 진보와 보수의 구분은 서구 사회의 그것과는 다르다. 국가 대 시장의 대립 구도는 진보와 보수의 차이를 아주 일부만 설명할 수 있다. 한국에서는 오랜 독재의 잔재 탓에 민주주의와 자유의 가치를 강조하는지, 아니면 권위와 위계질서의 가치를 강조하는지에 따라 나뉘는 경우가 많았다. 안보·통일의 측면에서는 대화, 협상, 포용을 강조하는지, 아니면 제재, 압박, 상호주의를 강조하는지에 따라 진보와 보수의 차이가 상당히 뚜렷이 나타났다. 하지만 사회경제적으로는 보수나 진보 모두 국가 개입을 수용하는 경향이 강하다. 다만 경제적인 차원에서 성장을 강조하는지 분배를 강조하는지, 기업 친화적인지 노동 친화적인지, 경쟁을 강조하는지 협력을 강조하는지의 차이는 한국에서 보수와 진보의 차이를 설명하는 데 상당히 유의미성을 갖는다.

지금까지 설명한 보수와 진보의 차이는 도덕적 선악이나 개혁 대 수구의 대립과 동일시할 수 없다. 기업의 이익을 중시한다고 해서 수구 세력은 아니며 노동의 이익을 중시한다고 해서 항상 개혁적인 것도 아니다. 기업의 이익을 중시하면서도 성장을 유발하고 성장의 열매가 좀 더 많은 사람에게 퍼져갈 수 있게 한다면 수구라고 일방적으로 매도할 수 없다. 반면에 노동의 이익을 중시하면서도 고용 세습과 같은 불공정한 관행을 확립하려 하고 비정규직을 배제하고 차별하며 용인한다면 개혁이라 할 수 없다. 보수든 진보든 막말을 하거나 몰염치한 행동을 보이는 것, 민주적인 절차를 벗어나는 몰상식한 행동을 한다면 그것은 결코 개혁이 될 수 없다.[20] 합리적이고 품위 있는 언행, 사회적 약자에 대한 공감과 나눔, 기회균등과 공정한 배분에 대한 믿음을 공통분모로 하면서 외교·안보에서 협상과 압박, 사회경제적 측면에서 분배 대 성장, 노동 친화성 대 기업 친화성의 상대적 방점에 기초한 개혁진보와 개혁보수의 구도가 확립되어야 한다.

의제 전환과 정치 리더십의 중요성

새로운 정치의 가치와 비전은 촛불정치의 코드 속에 담겨 있다. 촛불정치는 한국 사회의 진보와 보수, 민주 세력과 권위주의 세력이 불완전한 민주주의를 통해 불안정하게 타협했던 87년 체제의 한계를 넘어서는 새로운 정치 지형을 창출했다. 그것은 공정, 자유, 평등과 같은 근대적 공공성의 가치를 완성하면서 한국 사회의 의제를 질적으로 한 단계 전환시킬 수 있는 중요한 계기를 만들어냈다. 촛불정치는 제왕적 대통령의 폐단을 제거하고, 분배 없는 성장 체제(재벌 체제)를 극복하며, 노동·복지·교육에서 기본권을 강화해 기회균등을 확대해야 한다는 지향성을 담고 있다.

우리 사회의 현실은 헌법에 규정된 내용과 괴리된 부분이 너무 많다. 사실상 위헌적인 상황과 다름없는 경우도 많다. 예를 들어 헌법 제31조 1항 "모든 국민은 균등하게 교육받을 권리를 가진다"라는 조항이 그렇다. 실제 교육 현실은 균등한 기회를 보장하기는커녕 신분 세습의 수단으로 갈수록 고착해가고 있기 때문이다. 우리는 헌법적 이상과 현실의 괴리를 메우기 위해 노력해야 한다. 더 나아가 오랫동안 우리의 의식을 지배해온 것들을 해체하고 사회의 핵심 가치와 권리에 대한 의식과 태도를 새로운 시대의 요구에 맞게끔 새롭게 재편해야 한다.

지금 우리에게 주어진 핵심 과제 중 하나는 헌정적 상상력을 발휘하는 일이다. 이정숙 현대문학 연구자는 한 칼럼에서 1960년대 유럽에서 68혁명의 활기가 사회를 해방시켰던 것처럼 지금이야말로 우리도 모든 억압된 상상력을 헤집을 적기를 맞았다고 말한다. 인문적 저항이 필요한 시기라는 얘기다.[21] 촛불혁명은 조부모 세대나 부모 세대와는 다른 청년 세대가 자신을 '촛불세대'라는 역사적 주체로 인식하게 만들었다는 점에서 새로운 나라의 헌정 비전에 관해 상상력의 영토를 제공한다. 그런데 헌정적 상상력은 사회 의제를 쇄신하고 전환하는 작업이기도 하다. 민주공화국과 주권재민(主權在民)의 의미, 평화와 전쟁 문제, 신체의 자유, 사생활의 비밀과 자유, 양심과 사상의 자유, 언론·출판과 집회·결사의 자유, 소유권, 교육받을 권리, 양성평등, 민주주의와 시장의 관계, 인권에 대한 사고, 인간다운 생활을 할 권리, 노동의 권리 등 헌정 체제를 구성하는 다양한 의제에서 시대의 흐름에 맞는 발상의 전환이 필요하다.

촛불정치는 그동안 수구보수 쪽으로 기울어진 운동장이었던 정치 구조 속에서 중도주의, 좌파 신자유주의 등 모호한 이름으로 끊임없이 굴절되어왔던 개혁 의제를 좀 더 대담하게 제기할 것을 요구한다. 예를 들어 외교·안보·통일 정책에서 우리는 햇볕정책마저도 과감하게 뛰어넘는 의제를 만들어야 한다. 햇볕정책은 본질적으로 인도주의에 입각해 경제 영역에서 시작해 정치·군사 영역까지 점진적으로 교류와 협력을 확대해가는 기능주의 통합 모델이었다. 그런데 그런 접근법은 정치·군사적 돌발 사태에 취약성을 드러낸다. 따라서 이제는 북·미 대화, 평화협정, 한반도 비핵화, 전시 작전 통제권 환수 등 정치·군사적 의제에 직접 접근해 돌파하려는 과감한 시도가 필요하다. 미국은 상수, 북한은 변수라는 지금까지의 통념을 깨는 창의적 접근이 필요하다. 이는 다른 사회경제 분야 의제에서도 마찬가지다. 가령 재산권에 관한 헌법적 사고의 영역을 확대해 '안전·자유·존중'[22]의 가치에 대한 재산권의 복종을 명확하게 하고, 사회참여와 연대를 통한 공동소유와 공동 이익의 증대를 장려해야 한다. 또 헌법 제34조에 규정된 "인간다운 생활을 할 권리"의 의미와 실현 방법에 대해서도 기본소득에 대한 논의가 점차 현실화되어가는 추세를 고려해 좀 더 적극적인 상상이 필요하다. 헌법 제32조 3항 "인간의 존엄성을 보장하는 근로조건"에 대해서도 물질의 생산에서 가치의 창조로 노동 형태가 변화하는 추세를 고려해 선구적인 상상이 필요하다.

그런데 그런 대담한 의제 설정이 다수의 사람으로부터 공감을 얻을 수 있을까? 혹시 너무 급진적이어서 역작용을 초래하지 않을까? 이와 관련해 일단 두 가지 측면을 이해할 필요가 있다.

첫째, 촛불혁명을 전후해서 우리 사회의 의제 지형이 크게 변화했다는 점이다. 2017년 4월 ≪한겨레신문≫이 발표한 대통령 선거 정책 여론조사는 상당히 많은 시사점을 던진다.[23] 여기서 중도층의 반응은 우리 사회에서 의제 지형의 변화를 단적으로 나타내준다. 해당 조사에서 중도층은 성장 대 분배에서 분배를, 비정규직 해법에서 자율보다 규제를 훨씬 많이 선호했으며, 노동시간 단축에 압도적으로 찬성하고, 대북 정책에서 제재보다 대화와 협력을 선호하는 것으로 나타난다. 더욱이 그 비율이 진보층과 거의 차이가 없었다. 이는 우리 사회의 의제 지형이 확실히 변화했고, 훨씬 더 대담한 의제로의 전환이 필요하고 또 가능하다는 것을 보여주었다.

둘째, 어떤 의제가 공감을 얻을 수 있는지는 급진적이냐 온건적이냐와 직접 상관이 없다는 점이다. 관건은 그것이 현실의 문제를 푸는 데 올바른 대안이고 합리성과 진정성을 갖추고 있는지에 달려 있다. 지난 2016~2017년 촛불혁명 과정에서 야권 정당들은 '질서 있는 퇴진'이니 '바른정당 없는 탄핵 표결 불가'니 하며 소심한 모습을 보여주었다. 한마디로 온건하고 합리적인 이미지를 보여주려고 갖은 노력을 다하는 모습이었다. 하지만 촛불대중과 국민은 이에 아랑곳하지 않고 '박근혜 대통령 탄핵'을 일관되게 밀고 나갔다. 이는 사람들의 공감을 얻는 일은 급진인지 온건인지 차원의 문제가 아님을 보여준다. 촛불정치는 사회 의제를 설정하고 그것을 실현하는 형식이 과거와 달라졌음을 보여주었다. 촛불정치는 과거 민주화 시대의 '저항으로서의 민주주의'가 아니라 '소통으로서의 민주주의'를 지향한다. 그리고 다양성, 개방성, 공유, 참여, 협력의 가치에 기초한 공감성의 정치를 기반으로 한다. 진보적인 의제일수록 급진적이며 전투적인 투쟁 노선이 필요하다는 생각은 과거 민주화 시대의 관성이다. 촛불정치는 사회 소통에 입각한 민주주의가 얼마나 강하고 효과적인지 보여주었다. 참여와 소통의 정치는 사회 개혁의 심화와 불가분의 관계를 형성한다.

물론 의제를 전환하는 일은 결코 쉽지 않다. 촛불혁명으로 일반 대중이 가진 의식의 내면 깊숙한 곳에서는 지각변동이 일어나고 있지만, 적어도 그 표면만 보면 여전히 과거의 관성에 굳게 사로잡혀 있다. 촛불혁명에서 보여준 시민적 공감, 우정, 단결에도 불구하고 생활상의 개혁을 둘러싼 문제에 이르면 여러 이해 집단이 각자의 개별 이익을 지키기 위해 서로 뒤얽혀 갈등하고 있다. 비정규직의 정규직화, 이주 노동자 차별 금지, 최저임금 문제, 여성 고용 할당, 블라인드 채용 등 차별을 시정하려는 시도를 놓고 조금 더 나은 환경에 있던 사람들이 역차별이라 반발하며 나서고 있다. 역차별 담론이 극단적으로 확산되면 나치의 인종주의가 그랬던 것처럼 사회적 소수자에 대한 조직적 분노, 원한, 억압으로 전화된다. 내 몫을 빼앗겼다는 상실감이 사회 전체에 퍼지고, 각자가 자기 몫을 앗아간 자를 찾아내 분노를 표출하고, 그러면서 폭력과 억압을 정당화하는 논리를 만들어낸다.[24] 그런 논리가 위에서 아래로 순차적으로 퍼져나가면 사회 전체가 증오의 사슬에 포박당한다. 여기서 결정적인 것이 바로 국가와 정치의 역할이다. 사람들이 낡은 관행에서 벗어나려면 국가와 정치의 적극적인 구실이 절대적으로 필요하다. 그럼에도 우리 사회에서 국가와 정치는 의제를 전환하는 노력보다 사람들의 관성적 의식에 편승하며 권력의 파이를 키우는 데만 골몰해왔다.

사람들의 의식과 가치의 혁명이 일어나고 사회 의제를 전환하기 위해서는 이를 위한 정밀한 전략이 필요하다. 사람들의 의식과 가치에 일대 변화가 일어나는 것은 대중(mass)이 공중(public)으로 자기 정립하는 것과 대체로 일치한다. 대중은 수동적이고 개별화된 성격이 강하지만, 공중은 자신의 주체적 의견을 형성해 공론에 참여한다. 대중은 공론장에 참여하면서 첨예한 이해관계가 걸린 문제에 대해서도 공존과 균형의 관점에서 객관적으로 바라볼 수 있다. 그런데 이런 공론장을 조직하려면 국가와 정치의 역할이 필요하다. 국가와 정치는 공정하고 투명한 절차 속에서 가급적 많은 사람이 참여할 수 있도록 공론장을 조직해야 한다. 이렇게 해서 대중의 집합적 에너지, 즉 대중지성을 끌어낼 수 있다면 그 어느 것보다 강력한 힘이 될 것이다. 브라질의 룰라 다시우바(Lula da Silva) 정부 집권기에 '도시 위원회' 사례는 참고할 만하다. 룰라 정부는 브라질 대도시의 심각한 치안·주택 문제를 다루기 위해 연방 도시부와 도시 위원회를 설치했다. 도시 위원회는 32만 명이 참여하는 지역 회의를 거쳐 선출된 2510명이 연방 회의를 열고, 다시 여기서 뽑힌 민간 대표 40명과 연방·지방 공무원 30명으로 만들어진 도시 위원회가 연방 정부의 도시 정책을 직접 설계했다.[25] 최근 우리 사회에서도 공론 조사, 시민 배심원 등 다양한 시민참여 제도를 통해 사회문제를 해결하려는 시도가 목격되고 있다. 이렇게 해서 그동안 전문성, 기술, 안보라는 명목 아래 정부와 소수 엘리트의 수중에만 있던 사안들을 더욱더 과감히 공론장으로 끌어낼 필요가 있다.

마지막으로 장차 우리 사회에도 새로운 의제가 부상하리라는 점을 지적할 필요가 있겠다. 탈(脫)원전·재생에너지 등 생태 의제, 성 소수자·양성평등·대체복무 같은 소수자 인권 의제, 전통과 미래의 적절한 공존에 관한 문화적 의제, 정부와의 소통·투명성·시민참여에 관한 차세대 민주주의 의제가 그것이다. 그러므로 정치는 그 같은 의제를 적극적으로 수용하고 진지하게 다루어야 한다. 시민운동가 출신인 박원순 서울시장은 몇 년 전 성 소수자 차별 금지 조항이 명시된 인권

헌장안을 기독교 단체의 반발을 의식해 무산시킨 바 있다. 하지만 그같은 이슈는 앞으로 점점 더 빈발할 수밖에 없고 피하려고 해도 더는 피할 수 없는 사안이 될 것이다. 민주화 이후 지난 30년간 우리 사회의 이슈는 많은 변화를 겪어왔다. '독재 타도, 호헌 철폐'에서 노동과 통일 이슈로 옮겨갔고, 그 뒤에 다시 주거권·여가·웰빙·안전·감정노동과 같은 이슈로 변화해왔다. 향후 정치에서 소수자 의제를 잘 다루는 것이 중요한 이유는 그것이 실질적인 다수파 전략이기 때문이다. 탈근대 사회에서 사회 구성원은 대부분 적어도 한 가지 이상씩은 소수자다. 비정규직 노동자, 장애인, 서민 여성, 성 소수자, 양심적 병역 거부자, 청년 실업자 등 권리에서 배제된 수많은 사람이 모두 소수자이기 때문이다. 따라서 소수자 문제에 관심을 보이는 것은 결과적으로 자신의 문제를 해결하고 나아가 사회 전체의 문제를 해결하기 위해 보편 연대를 형성해가는 필수 조건이다. 우리는 최근 대만에서 이루어진 민주주의의 진화에 주목해야 한다. 대만은 근래 들어 동성 결혼 허용, 탈원전, 대체복무 등 진보적 의제에서 놀라운 성과를 보이고 있다. 국민당 장기 독재하에서 40년 가까운 계엄 통치를 받았던 사회가 민주주의의 지평을 확장시키는 데서 아시아의 선구자로 부상하는 중이다.[26] 우리 사회도 과거 민주화 시대의 민주주의를 지키는 것을 넘어 새로운 민주주의의 진화를 이루어내야 한다.

저항과 부정, 그리고 기득권의 정치를 넘어선 새로운 진보

수구보수의 문제점은 쉽고 선명하게 이해된다. 그에 반해 낡은 진보나 기득권진보의 문제는 '가해자 대 피해자' 프레임에 가려 잘 인식되지 않는다. 그러는 중에 우리 사회의 진보 세력은 진보성을 많이 상실했다. 기득권 추구와 편 가르기의 논리에 매몰되어 사회의 보편적 가치를 구성할 능력을 소진했다. 영국 ≪이코노미스트(The Economist)≫ 특파원 출신으로 오랫동안 한국을 관찰했던 대니엘 튜더(Daniel Tudor)는 2015년 출간한 『익숙한 절망 불편한 희망(Delayed Democracy)』에서 한국의 진보 야당이 가진 문제를 네거티브 중심의 전략, 아마추어리즘, 부족주의(패거리주의), 정책 실종, 맹목적 통합주의 등으로 요약했다.[27] 이는 한국의 진보 진영이 종합적이고 체계적인 가치와 노선 없이 단기적 이해타산에 입각해 움직이는 권력정치의 틀을 벗어나지 못하고 있음을 지적하는 것이다.

지금까지 한국의 진보 진영은 '저항과 부정으로서의 진보'였다. 그것이 지나치다 보니 공동체에 대한 우울, 비관, 자조의 자해적 언어에 길들여지기도 했고, 시대의 흐름에 저항하는 모습으로 보이기도 했다. 한국 사회란 역사적으로 모순의 집적체이기 때문에 붕괴와 파국으로 치달을 수밖에 없다고 보는 결정론적 사고에 젖은 면도 많았다. 예를 들어 진보주의자들은 박정희 정부 시기의 경제성장을 설명할 때 한국 경제는 태생적 모순 때문에 외채 망국, 숙명적 대외 종속과 불평등, 저임금, 장시간 노동의 악순환에 빠질 수밖에 없다고 주장해왔다. 그러나 실제 결과는 성장과 함께 실질임금이 상승했고 소득분배도 다른 나라에 비해 상대적으로 균등하게 이루어졌는데, 진보주의자들은 아직도 이를 허구라고 생각한다. 재벌 기업도 이들에게는 한국 사회의 암 덩어리처럼 여겨졌지만, 정주영과 이병철의 기업가 정신이 어떻게 출현하게 되었는지는 설명하지 못한다.

진보주의자들은 겉으로는 도덕성을 무기로 내세우지만 권력과 일상의 은밀한 공간에서는 이중적인 욕망을 드러내기도 했다. 이들에게 치명적인 문제는 타인의 고통에 대한 공감 능력을 상실했다는 것이다. 국내 유수의 대기업이 노동조합과 맺은 단체협약에는 '고용 세습' 관련 규정이 있는데, 이 기업들의 노조 모두가 전국민주노동조합총연맹(민주노총) 산하라는 것은 아이러니하다. 이들이 비정규직 노동자에 대해 강한 신분 의식을 갖고 있고 차별 폐지에 심한 반감이 있다는 것은 이미 공공연한 사실이다. 교육 현장에서 전국교직원노동조합(전교조)이 기간제 교사의 정규직 전환을 단지 임용 시험을 치르지 않았다는 이유로 반대하고, 역시 진보 성향 교수들의 단체인 '민주화를 위한 전국교수협의회(민교협)'가 비정규직 교수 문제에 대해서는 철저히 냉담한 태도를 유지해왔다는 것도 널리 알려진 일이다. 갑의 횡포를 막겠다고 '을'지로위원회를 구성해 활동해온 운동권 출신 국회의원들이 자신들의 영역에서는 태연자약하게 갑질을 했다는 사실은 일그러진 영웅의 초상을 떠올리게 한다. 독재에 저항하고 특권에 반대했던 과거의 모습은 온데간데없이 사라지고, 나와 정치적 의견이나 이해관계가 다르면 내부 동료일지라도 악담을 쏟아내는 패권주의가 깊숙이 뿌리내린 것도 오늘날 우리 사회의 진보주의자들이 처한 현주소다.

이런 요인 탓에 우리 사회는 '수구보수 대 기득권진보'라는 왜곡된 정치 구도가 형성되었다. 한국 사회는 상위 1퍼센트와 하위 99퍼센트 간의 양극화와 함께 상위 10~20퍼센트와 하위 80~90퍼센트 간의 양극화가 거의 비슷한 속도로 전개되는 현상이 생겨났다. 특히 민주·노동·진보의 전투적 구호가 상당 부분 기득권화된 이익집단의 이해관계를 방어하는 논리로 전락해버렸다는 것이 중요하다. 어느 대학생의 눈에 비친 진보주의자들의 모습은 시사적이다.[28]

시민사회계에 대한 거부감도 크지. 어느 진보 단체 창단식에 진행 요원으로 일하러 갔다가 진보 세력이 정말 별로라고 느낀 게, 시민 의식이 없더라고. 단체의 장이나 당 대표 같은 사람들한테, 높은 사람 중심으로 참여자들이 비벼대느라 바쁘더라고. 일반 회원은 뒤쪽에서 멀찍이 그냥 앉아 있고 앞에는 원탁에 음식 놓고 유명한 사람들 대접받으면서 앉아 있고. 권력자에 대한 태도는 다 똑같구나.…… 자유주의적 가치도 없고. 거칠게 말하면, 자기들 좋은 걸 하는 거지. 본인이 독재와 싸웠던 경험만 갖고, 그 시간에 아직 사는 것 같아.

낡은 진보는 사회를 보는 시각, 도덕관, 언어와 문법 등 전반적인 면에서 새롭게 정립될 필요가 있다. 한국의 진보주의자들은 '억압 대 저항'의 프레임, '가해자 대 피해자'의 프레임에 오랫동안 익숙해 있다. 그러다 보니 자신이 기득권의 위치에 서거나 심지어는 가해자의 위치에 있을 때조차 그런 프레임으로 자신의 행동을 정당화하려고 한다. 자신이 하는 일은 사회적으로 정의롭지만 다른 사람들이 하는 일은 그저 밥 먹고 살려고 하는 것이니 남들이 나를 돕는 것이 당연하다는 생각에 젖기도 한다.

한국 정치는 더는 보수 쪽으로 기울어진 운동장이 아닌데도 진보는 여전히 피해자와 소수파라는 서사적 관성을 이어가고 있다. 진정한 소수파라면 "어차피 자신은 소수이기 때문에 세상을 헐뜯지 않고 소수의 연합으로 다수 시민의 동의를 얻으려 노력하고, 그렇게 작은 성공의 경험들을 쌓는다"라는 태도를 가져야 한다. "자신은 옳았지만 이쪽저쪽이 방해해서 실패했다는 자기 연민과 망상"을 움트게 하는 끊임없는 유혹에서 자신을 지킬 수 있어야 한다. 이는 한국에서 가장 척박한 환경 속에서 풀뿌리 활동가로 살아온 녹색당 소속의 김수민

전 구미시 의원의 말이다.[29]

　지금까지 우리 사회에서 적폐의 주된 극복 대상은 수구보수였다. 그 때문에 진보의 내적 한계가 더는 진보적이지 않을 만큼 누적되었는데도 비판의 압박이 그리 심하지 않았다. 그러나 이제는 상황이 달라졌다. 촛불혁명으로 수구보수가 몰락하면서 더는 유일한 주적이 아니기 때문이다. 진보 세력의 일부는 이미 민심의 심판을 받고 역사의 무대에서 퇴장당했다. 불과 10년 전이나 20년 전만 해도 사회적으로 신뢰받던 조직이던 전교조, 민주노총, 참여연대, 경제정의실천시민연합(경실련) 등의 시민운동 단체가 지금은 상당 부분 빛을 잃었다. 프리드리히 니체(Friedrich Nietzsche)는 『선악을 넘어서(Jenseits Von Gut Und Bose)』에서 "괴물과 싸우는 사람은 그 싸움 속에서 스스로도 괴물이 되지 않도록 조심해야 한다. 우리가 괴물의 심연을 오랫동안 들여다본다면, 그 심연 또한 우리를 들여다볼 것"이라고 했다. 진보주의자들에게 주어진 시간이 그리 많지는 않아 보인다. 진보주의자들은 수구보수를 반면교사로 삼아 자기 혁신을 서둘러야 할 것이다.

중간이 아닌 방향성이 있는 중도정치

　'부르봉 민주당(Bourbon Democrat)'은 19세기 후반에서 20세기 초반까지 미국 정계에서 나타난 현상으로 보수적인 남부 출신과 재계에 우호적인 북부 출신으로 이루어진 미국 민주당 주류를 일컫는 용어다. 부르봉은 프랑스어로 왕족, 귀족이라는 뜻이다. 부르봉 민주당은 공화당만큼 부유층의 이익을 대변했고 정부의 빈민 구제 정책에 반대했다. 공화당과 차이를 보이는 부분이 있었다면 보호무역주의의 높은 관세 대신에 자유무역을 지지했고 정치권의 부패를 비난했다는 것 정도다.[30] 부르봉 민주당은 공화당의 짝퉁이었고 아류였다. 부르봉 민주당의 전통을 깬 인물이 바로 1912년에 당선된 우드로 윌슨(Woodrow Wilson) 대통령이었다. 윌슨은 부르봉 민주당과는 색깔이 다른 최초의 민주당 소속 대통령이었다. 그리고 1932년 프랭클린 루스벨트(Franklin Roosevelt) 대통령에 이르러 부르봉 민주당의 전통은 비로소 소멸했다.

또 하나의 역사적인 사례는 고대 로마의 평민파 지도자 가이우스 마리우스(Gaius Marius)의 경우다. 전쟁에 관한 한 탁월한 능력을 갖고 있던 그는 북아프리카에서의 전쟁과 게르만족과의 전쟁을 차례로 승리로 이끌며 대중의 환호를 받는 지도자로 부상했다. 그는 호민관 루시우스 사투르니누스(Lucius Saturninus)와 함께 서민에게 시장가격 이하로 곡물을 제공하는 법안, 전역병에게 정복지의 공유지를 분배하는 법안 등을 통과시키려고 했다. 그러나 그 법안들은 귀족 세력의 아성인 원로원의 강력한 반대에 부딪혔는데, 이를 해결할 수 있는 사람은 마리우스뿐이었다. 그러나 그는 아무런 정치력을 보여주지 못하고 우유부단하게 행동했다. 평민파 지도자들의 지원을 잃고 싶지도 않았고 원로원과 적대 관계를 맺고 싶지도 않았던 것이다. 기회주의적인 태도 때문에 그는 평민의 신뢰를 잃고 로마를 떠나 정계에서 은퇴해야 했다.[31] 그 뒤에도 로마는 갈수록 격렬해지는 귀족과 평민의 갈등 속에서 무너져 갔고 쿠데타와 내전의 소용돌이에 휘말렸다.

지금은 여당이 된 더불어민주당이나 거기서 떨어져 나간 국민의당 모두 부르봉 민주당이나 마리우스의 모습과 비슷하다. 그런 모습은 중도주의라는 이름의 정치 노선으로 나타난다. 한국에서 중도주의라는 노선은 강력한 반공·자본주의의 전통 속에서 각인된 한국 정치의 협소한 이념 지형을 단적으로 보여주는 현상이면서 동시에 그런 정치 구조에 안주하는 기회주의의 대명사가 된 측면이 많다.

　여기서 한국의 중도주의와 진보의 관계를 역사적인 맥락에서 설명하고 가는 것이 필요하다. 한국에서 진보주의는 하나의 뿌리에서 나온 것이 아니다. 해방 공간에서 좌익주의에 뿌리를 두는 진보는 역사적으로 소멸·단절되었으므로 더는 논의의 대상이 아니다. 한국의 진보는 민주화 이후 1990년대를 거쳐 2000년대에 들어 하나의 정치 세력으로 정립되기 시작했다. 여기에는 두 개의 뿌리가 있다. 하나는 1980년대 민주화 운동 과정에서 자생적으로 형성된 사회주의·민중주의적 지향의 그룹이 진보 정치 세력으로 발전한 경우다. 이들은 좌파적이고 상대적으로 더 전투적이며 계급 운동 지향성을 띠고 있다. 이들은 2004년 국회의원 총선거에서 민주노동당으로 의회에 진출한 이후 소수 정당이지만 꾸준히 명맥을 이어오고 있다. 다른 하나는 보수 야당에 뿌리를 두고 점차 진보적인 성향을 띠게 된 정치 세력이다. 이들의 뿌리는 해방 공간에서 한국민주당이라 불린 세력인데, 사실상 극우적이고 반공주의적이었으며 대지주 출신이 많이 참여했기 때문에 봉건적이며 일제에 협력한 경우가 많았다. 이들이 야당이 된 이유는 순전히 이승만과 친일 관료 집단과의 권력투쟁에서 패하고 배제되어서다. 그래서 이들은 보수 야당이라 불렸다. 그런데 이들은 1960년대 말부터 반독재·민주화 운동을 통해 리버럴 정당으로 점차 정체성이 변하게 된다. 그런 정체성 변화를 이끈 지도자가 바로 김대중과 김영삼이었다. 리버럴 정당으로의 발전은 민주화를 거쳐 김대중이 정립한 '중도 개혁 노선'에서 정점을 찍게 된다. 이들은 기본적으로 좀 더 보수성이 강한 그룹과 진보성이 강한 그룹 간의 연합 정당이었다. 하지만 시대의 흐름에 따라 정당 안에 진보적 그룹의 입김이 강화되면서 다시 한번 리버럴 진보(liberal progressive)를 지향하는 정체성 변화의 움직임이 서서히 일어났다. 그럼에도 이들은 여전히 보수 야당으로서의 역사적 한계에서 벗어나지 못했으며 그런 한계를 중도라는 이름으로 포장했다. 퇴임한 뒤에 한국 진보의 문제를 치열하게 고민했던 노무현 대통령마저 자신을 좌파 신자유주의라고 표현한 데서 보듯이 사실상 중도주의에서 벗어나지 못했다.

원론적 의미로만 보면 중도주의가 나쁜 것은 아니다. 중도주의란 한마디로 좌우 양극단의 편향성을 피해보자는 좋은 의미를 담고 있다. 그렇게 보면 독일 사회민주당과 기독교민주당, 영국 노동당과 보수당, 미국 민주당과 공화당도 모두 중도주의 정당이다. 그런 정당들이 갖는 건강성은 자신이 진보든 보수든 경쟁자와 공유할 수 있는 상식 체계를 확립하려고 노력한다는 점에 있다. 더 중요한 것은 자신의 가치 정체성이 나름대로 분명하게 확립되어 있다는 점이다. 이를테면 독일 사회민주당은 중도 좌파로서 진보적 가치 노선이 분명하고, 기독교민주당은 중도 우파로서 보수적 가치 노선이 분명하다. 미국 민주당은 리버럴 진보로서 확립된 가치 정체성을 통해 공화당과 일관성 있는 차별화를 이루고 있다.

그런데 한국의 자·타칭 중도주의자들은 자기 정체성이 매우 결핍되어 있다. 자기 노선에 대한 포지티브한 규정이 없고, '나는 진보도 아니고 보수도 아니다'는 식의 네거티브한 규정에만 머물러 있다. 그들은 선거 승리를 위해서는 중간에 있는 유권자를 견인해야 하고, 그러려면 자신의 이념을 감추고 정체성을 모호하게 해야 한다고 생각한다. 그러다 보니 중도주의자들은 몰가치 상태에 빠지게 된다. 그런 태도는 결과적으로 정치에서 가장 중요한 구도 정립에 실패해 중심 지지층을 흩어지게 만든다.

　진보나 보수와는 달리 중도주의는 그 자체로는 어떤 이념이나 가치가 아니다. 『프레임 전쟁(Thinking points)』의 저자 조지 레이코프(George Lakoff)는 중도주의자들도 실상은 어떤 이슈에서는 진보적 태도를 취하고 다른 이슈에서는 보수적 태도를 취하는 이중주의자들일 뿐이라고 말한다. 이는 중도주의 세력도 자신을 다른 세력과 차별화하기 위해서는 자신의 지지자를 조직할 수 있는 긍정적인(positive) 가치 정체성을 정립해야 한다는 것을 의미한다. 중도주의는 좌우의 정치집단이 양극화된 대결보다는 수렴하는 쪽으로 향하는 상태를 나타내는 개념이다. 미국에서 뉴딜 정책이 성공을 거둔 직후인 1950년대 이후 민주당이나 공화당의 정책 노선은 거의 차이가 없을 정도였다. 공화당 출신 대통령 드와이트 아이젠하워(Dwight Eisenhower)는 "어떤 정당이든 사회보장이나 실업보험 제도를 폐지하려 들거나 '노동법'이나 농업 지원 프로그램을 없애려 든다면, 미국 역사에서 다시 그 정당을 찾아볼 수 없을 겁니다"라고 했다. 미국의 유명 작가 앨빈 조세피(Alvin Josephy)는 ≪타임(Time)≫의 기사에서 이런 상황을 두고 "미국은 중도주의 국가가 되었다"라고 평가했다.[32]

　한편 중도주의 정당의 정체성 결핍은 정당한 투쟁을 회피하는 모습으로 나타난다. 지난 수년간 한국의 부르봉 민주당은 집권 세력의 실정에 맞서 치열하게 싸우지도 않았고, 전세 대란, 담뱃값 인상, 가계 부채, 노동시장 구조 개선, 무상 급식 중단 등의 이슈를 통해 대중의 고단한 삶을 보호하려는 의지도 거의 보여주지 못했다. 어느 지도부가 들어서도 마찬가지였다. 그런 점에서 민주당은 주류든 비주류든 별 차이가 없었다. 당의 전임 대표들은 거의 하나같이 보수층의 비토를 피하기 위해 정부의 실정을 향한 비판을 다분히 완화하는 식의 태도를 보여주었다. 2017년 대통령 선거 과정에서도 한반도 사드 배치 문제를 놓고 수권 세력을 표방하며 분명한 입장을 밝히지 않거나 일관성 없이 왔다 갔다 하는 모습 또한 그들의 정책 노선이 안정되어 있지 못함을 단적으로 노출했다.

정치에서 타협과 절충은 필요하다. 중도란 일체의 타협과 절충을 거부하는 극단적인 행태와는 달리 합리적인 문제 해결을 지향하면서 필요한 경우 적극적으로 타협과 절충을 추구하는 유연성 있는 태도를 지칭한다. 그래서 중도란 정치 행태나 태도에 관한 것이지 하나의 철학적 바탕을 지닌 '주의(ism)'가 아닌 것이다. 그러므로 중도는 자신의 정체성이나 논점을 흐리는 것과는 전혀 연관이 없다고 할 수 있다. 한국의 중도주의자들은 진정한 의미의 중도적 전략노선이 무엇인지 잘 알지 못한다. 튜더가 『익숙한 절망 불편한 희망』에서 소개한 진정한 중도 전략의 사례를 하나 제시하고자 한다. 여기서는 진보의 가치인 복지와 보수의 가치인 투자가 서로 조화를 이루며 잘 결합되고 있다.

영국의 스토크온트렌트는 산업 공동화를 겪은 도자기 마을인데, 지자체가 지역 주민에게 단돈 1파운드를 받고 낡은 집을 팔았다. 단, 향후 10년간 3만 파운드를 투자해 집을 개·보수하고 다른 곳으로 이사 가지 않는 조건을 제시했다. 지금까지 잘 작동하고 있는 이 프로젝트는 권리와 책임을 함께 부여한 시도였기에 보수와 진보 양쪽 언론 모두 긍정적으로 보도했다.

그러면 여기서 2017년 대통령 선거에서 나타난 안철수 후보의 사례를 통해 중도주의가 어떻게 참담한 결과를 가져오는지 살펴보자.

지난 선거 과정에서 가장 큰 패배를 당한 사람은 안철수였다. 그는 촛불혁명의 초기에는 문재인 후보보다 박근혜 정부에 더 강경한 입장을 취했으나 어느 시점부터 석연치 않은 이유로 온건한 입장으로 선회했다. 그가 속한 정당인 국민의당이 박근혜 대통령 탄핵 소추를 둘러싼 국회 협상에서 보인 태도도 마찬가지였다. 마치 문재인 후보를 고립시키려는 연대의 고리로 협상을 활용하기 위해 탄핵 유보 입장을 취한 것처럼 비치면서 치명적 타격을 입었다. 선거 국면에 본격 진입한 뒤에는 길 잃은 보수층의 전략 투표를 유도하기 위해 의도적으로 보수화 전략에 치중했다. 그의 경쟁자인 문재인 후보 역시 끊임없이 좌충우돌했지만, 안철수 후보의 보수화 전략에 반사 효과를 얻으면서 상대적으로 진보 개혁을 지향하는 후보로 자리매김하게 되었다. 이는 공교롭게도 문재인 후보의 지지층을 결집시키고 일등 주자의 위치를 굳혀주는 결과를 초래했다. 반면에 보수층 유권자들은 문재인 후보의 대항마로 안철수 지지를 전략적으로 고민하다가 다시 자유한국당 홍준표 후보로 유턴하고 말았다.

안철수의 실패는 한마디로 스스로 가치 정체성이 없거나 잘못 설정된 것에서 비롯되었다. 안철수의 노선은 2012년 대통령 선거부터 2016년 신당 창당 전까지와 그 뒤에 2017년 대통령 선거까지의 시기로 구분할 수 있다. 전자의 시기에 그는 전형적인 중간자의 태도를 취했다. 보수도 아니고 진보도 아니고 그렇다고 또 다른 무엇도 아닌 모호한 중간자였다. 그렇다 보니 사람들의 눈에 그의 무엇이 지지할 대상인지 혼란스러웠고 지지층의 응집력도 생기지 못했다. 후자의 시기에 그는 좀 달라진다. 촛불집회 초기에 다소 예외가 있기는 했으나, 노선 면에서 그는 중도 보수의 지향성을 분명히 해나갔다. 이는 그가

신당을 창당하며 선언했던 '낡은 진보 청산'이라는 담론에 잘 나타나 있다. 그의 이런 노선은 자신의 정체성을 좀 더 분명히 정립한 것처럼 보였다. 그러나 본질은 이전과 크게 달라지지 않았다. 그는 새정치민주연합을 탈당해 신당을 창당하며 낡은 진보를 청산하겠다고 공언했지만 그 뒤에 나타난 행보는 반사이익을 누리는 데 머물렀다.

우선 안철수는 낡은 진보 청산을 외치면서 일정 정도 수구 세력의 노선을 닮아갔다. 지난 대통령 선거에서 그는 보수 지향성을 강화하며 그 핵심 타깃을 주로 안보에 맞추었다. 국민의당의 반대 당론이었던 사드 한반도 배치를 찬성 입장으로 선회한다든지, 국방비 증액 공약이나 북한 주적 발언 등이 좋은 예다. 이는 수구 세력의 노선과 크게 다르지 않았다. 더욱이 그의 주요 지지 기반인 호남의 개혁적 중도 보수층과도 어정쩡한 관계에 놓이게 되었다. 호남의 중도 보수층은 적어도 DJ의 햇볕정책 노선에 대해서는 여전히 자긍심을 갖고 있기 때문이다. 게다가 선거 결과가 말해주는 것처럼 안보를 타깃으로 하는 선거 캠페인은 이번 대통령 선거에서 별다른 파괴력을 발휘하지 못했다. 그의 노선은 이른바 시대정신과 거리가 멀었다.

오히려 유권자들의 내면에 흐르는 갈증은 경제적 위기의식이었다. 양극화, 불평등, 저성장, 고용 불안 등 한국 사회의 모순 속에서 자신의 삶이 급속히 나락으로 떨어지는 현실을 돌파할 리더십에 대한 갈망이었다. 부패, 특권, 무능으로 얼룩진 수구보수는 말할 것도 없고, 기득권, 패권, 허위의식으로 찌든 기득권진보에 대해서도 국민들은 염증을 내고 있었다. 안철수는 이 지점을 자신의 정치적 근거시로 삼아야 했다. 낡은 진보 청산이란 수구 세력 쪽으로의 후퇴가 아니며 오히려 수구 세력을 철저히 청산하면서 그동안 진보가 제대로 대변하지 못한 영역까지 포용해내는 의미로 나아가야 했다.

게다가 그는 촛불집회를 전후로 우리 사회가 큰 폭으로 좌클릭하고 있다는 사실을 간과했다. 특히 자신이 타깃으로 삼았던 중도 보수 유권자의 정책 선호가 이념 척도에서 진보 성향 유권자와 별 차이가 없어지고 있다는 사실을 몰랐거나 간과했다. 이미 언급한 2017년 4월 ≪한겨레신문≫이 발표한 대통령 선거 정책 여론조사에 나타난 우리 사회의 의제 지형 변화를 읽지 못한 셈이다. 그런 의제의 전환은 경제 이슈뿐만 아니라 안보·통일 분야에서도 공통적으로 사회 전반에 걸쳐 나타나고 있다. 하지만 안철수는 정책의 이념 전략을 매우 기계적으로 적용했고, 그 때문에 문재인 후보의 정책을 제대로 공략하지 못했다. 오히려 정의당 심상정 후보가 문재인 후보에 대해 효과적이고 설득력 있는 공략을 일부라도 전개하는 모습을 보였다.

안철수의 노선 변화는 두 가지 측면에서 부정적인 결과를 가져왔다. 하나는 낡은 진보 청산을 주장하고 문재인 후보와 각을 세우는 것이 수구 세력에 동조하는 것처럼 보여 진보 개혁적 유권자와 젊은 층의 지지가 이탈했다는 점이다. 다른 하나는 안철수가 문재인 후보와 더불어민주당을 효과적으로 공략하지 못하자 중도 보수층도 혹시나 하고 품었던 기대를 접고 자유한국당 지지로 회귀해버렸다는 점이다. 안철수 정치는 바로 중도주의 노선의 전형적인 실패 사례였다.

대중은 이기는 정당에 투표하는가?

더불어민주당 안에서 오랫동안 유행하는 말이 하나 있다. 대중은 이기는 정당에 투표한다는 말이다. 이 속에는 이념이니 가치니 하는 명분보다는 현실적인 영악함, 실리를 하나하나 챙겨나가는 수권 정당으로서의 능력, 대중을 책임지는 태도 등이 중요하다는 의미가 담겨 있다.

대중이 이기는 정당에 투표한다는 말이 전혀 근거가 없지는 않다. 실제로 유권자들은 곧잘 '이왕이면 될 사람을 찍어준다'는 말을 한다. 사표 방지 심리라는 개념도 그와 관계있는 말이다. 전략 투표라는 말도 이기는 정당에 투표하는 행태와 관계가 깊다. 여기서 문제는 그 말이 유효한 범위가 과연 어디까지인가 하는 점이다. 대중이 이기는 정당에 투표한다는 주장은 선거의 아주 부분적인 현상만 설명한다.

지난 20대 국회의원 총선거와 19대 대통령 선거에서 유권자는 이기는 정당에 투표했을까? 20대 총선거에서 중도 유권자들이 새누리당 대신 더불어민주당이나 국민의당을 찍은 이유가 이기는 정당에 투표하려는 심리 때문일까? 정권 심판이나 패권적 양당제에 대한 심판으로 찍은 것은 아닐까? 20대 총선거에서 국민의당은 미니 정당이었고 야권 분열에 따른 어부지리를 새누리당이 가져갈 수도 있는 상황이었는데, 이기는 정당에 투표하는 것이 강력한 심리라면 유권자들은 왜 그렇게 많이 국민의당에 투표했을까?

19대 대통령 선거에서도 마찬가지다. 문재인 후보의 압도적인 당선은 마치 유권자가 이기는 진영에 투표한 증거처럼 보인다. 문재인 후보의 압승은 정권 교체를 가장 확실하게 할 수 있는 사람이라는 것에 기인했다. 어찌 보면 새누리당을 이길 수 있는 후보를 밀어준다는 논리와 중첩된다. 하지만 사실 이번 선거는 수구보수의 강력한 아성이 무너진 상태에서 야-야 대결 구도로 치러졌다. 그렇기 때문에 이길 수 있는 사람을 밀어주었다는 주장은 성립하지 않는다.

문재인 후보의 압승 역시 가치 투표의 관점에서 충분히 설명이 가능하다. 정권 교체라는 가치의 안정성과 실질성이 고려된 결과였다. 경쟁 후보인 안철수 후보는 자의든 타의든 옛 새누리당 세력과 손잡으려는 후보라는 의구심이 확산되면서 대중으로부터 정권 교체의 진의를 의심받았다. 그 결과 유권자들의 입에서 '마땅히 찍을 사람이 없다. 될 사람이나 찍어주자'는 냉소적 반응이 나오게 되었다.

문재인 후보가 다른 후보들과의 압도적인 표 차이에도 불구하고 별로 확장성을 보여주지 못했다는 사실 또한 대중은 이기는 정당에 투표한다는 가설이 틀렸다는 방증이다. 이른바 '안찍홍(안철수를 찍으면 홍준표가 당선된다)' 때문에 안철수를 찍을 유권자가 문재인 후보를 찍었다는 증거는 없다. 문재인을 찍을 사람은 문재인을 찍었고, 안철수를 찍을 사람은 안철수를 찍었으며, 홍준표를 찍을 사람은 홍준표를 찍었을 뿐이다. 보수층의 전략 투표를 유도하려고 했던 안철수 후보의 오판 역시 대중이 이기는 정당에 투표한다는 가설을 반박해주는 사례라고 할 수 있다.

만약 대중이 이기는 정당에 투표한다면 군소 정당의 성장은 원천적으로 불가능하다는 얘기가 된다. 어떤 상황에서는 이것처럼 패권주의적인 말도 없다. 대중은 자신이 지키고 싶고 실현하고 싶은 가치를 위해 투표한다. 물론 어느 정도는 그런 가치의 안정성을 고려해서 조직과 세력 기반을 가진 후보나 정당에게 투표한다. 그러나 가치와 무관하게 오직 이기는 정당을 기준으로 투표한다는 가설은 틀렸을 뿐만 아니라 해롭기까지 하다. 정치란 본질적으로 가치의 영역이라는 명제는 여전히 옳다. 레이코프가 『프레임 전쟁』을 쓰며 던진 질문은 "많은 미국인이 로널드 레이건(Ronald Reagan)의 사회복지 삭감 정책을 지지하지 않았는데도 왜 레이건에게 투표했을까"였다. 그가 내린 결론은 레이건이 이슈나 구체적인 정책보다 가치의 전달을 중시했다는 것이다.

≪이코노미스트≫에서 한국 특파원으로 근무한 튜더는 한국의 진보 개혁적 정당들이 햇볕정책 외에는 기본 철학이 빈약할 뿐 아니라 논리 정연하면서도 명확하게 정리된 장기 정책을 갖고 있지 않다고 비판한다. 기본 철학이 아예 없거나 그것이 있어야 할 자리에 민주화 운동에 뿌리를 둔 저항의 역사가 지배하는 부족주의만 자리 잡고 있다는 것이다. 진보 개혁적 정당들에게 믿음이 가지 않는 이유 중 하나는 그들이 여론조사에 너무 쉽게 흔들린다는 것이다. 여론조사에서 소수가 될 것 같으면 자기 정체성이 걸린 문제도 은근슬쩍 내던진다는 것이다. 반면에 새누리당은 보수 정체성이나 자신들의 본질적 이익이 걸린 문제는 여론 지형이 다소 불리해도 개의치 않고 싸우는 편이다. 이런 모습을 통해 새누리당은 보수층의 강력한 믿음과 지지를 얻을 수 있었고 이를 기반으로 보다 안정적인 정치를 펼쳐왔다. 물론 새누리당이 너무 낡고 수구적인 가치에 집착하다가 세력이 붕괴하는 타격을 입었지만 가치 정체성을 확립하고 유지하는 일은 정당에게 매우 중요한 과제다.

● ● ●

새로운 헌정 체제의 설계

촛불혁명의 제도적 실천으로서 헌정 체제 개혁

헌정 체제란 좁은 의미로 헌법 체제, 정당 체제, 선거 체제의 총체를 일컫는 개념이다. 이는 권력(정책 결정권)을 어떻게 구성하고 배분할지를 규정하는 여러 제도와 규범의 집합인데, 이 틀이 어떻게 설계되고 작동하는지가 민주주의를, 더 나아가서는 사회 발전의 성패를 좌우한다. 이명박·박근혜 정부 9년은 1987년 민주화로 이룩한 정상국가의 헌정 체제를 농단하고 불태운 과정이었다. 그에 맞서 촛불혁명은 부패·특권 동맹이 전소해버린 헌정 체제를 복구하려는 평범한 국민들의 정의로운 항거였다. 이제는 그 같은 전철을 밟지 않을 건강하고 튼튼한 정상국가의 헌정 체제를 만드는 일이 중요한 역사적 과제가 되었다. 헌정 체제의 개혁은 기본적으로 촛불혁명의 제도적 실천이라고 할 수 있다.

우선 헌정 체제가 왜 중요한지 역사적 사례를 통해 설명하려고 한다. 헌정 체제는 정치 문명의 제도적 실천이라 할 수 있다. 헌정 체제를 어떻게 설계하는지는 그 나라의 정치, 경제, 문화, 군사의 융성과 쇠퇴를 결정하는 핵심 요소다. 조그만 도시국가였던 고대 아테네가 인류 문명사에 불멸의 족적을 남길 수 있었던 것은 11차례에 걸친 헌정 체제의 개혁 덕분이었다. 테세우스(Theseus)의 개혁, 드라콘(Drakon)의 개혁을 거쳐 관직 독점을 타파하고 민회를 개방해 정부의 핵심 기구로 만든 솔론(Solon)의 개혁, 혈연 중심의 행정단위를 개편하고 도편추방제를 도입한 클레이스테네스(Cleisthenes)의 개혁, 공무 수당을 지급해 가난한 시민의 정치 참여를 촉진하고 시민권 제도를 정비한 페리클레스(Perikles)의 개혁을 통해 아테네는 사회 갈등을 해소하고 시민적 자유의 기반을 공고히 했다. 역시 변방의 조그만 도시국가였던 고대 로마도 귀족과 평민 사이의 격렬했던 대립을 공화정이라는 독특한 헌정 체제의 설계를 통해 국가 발전의 동력으로 전화할 수 있었다. 기원전 494년 호민관 제도의 신설, 기원전 451년 귀족과 평민의 권리 평등을 규정한 '12표법' 제정, 기원전 339년 민회에서 통과된 법에 대한 원로원의 거부권을 폐지한 '푸블릴리우스법' 제정, 기원전 287년 민회의 결정에 법적 효력을 부여한 '호르텐시우스법' 제정 등 줄기차게 헌정 개혁을 실행했다. 이로써 로마는 귀족과 평민의 투쟁에 종지부를 찍었고, 로마인의 단결된 힘을 바탕으로 포에니 전쟁에서 카르타고를 이기고 지중해 패권을 장악할 수 있었다.[33] 근대에 들어서도 마찬가지였다. 영국은 17세기 명예혁명을 바탕으로 의회민주주의라는 최초의 근대적인 정치 문명을 개척했고, 미국은 그보다 뒤처졌지만 신대륙에 넘치는 자유와 개척 정신을 바탕으로 연방헌법이라는 독특한 국가 체제를 창조해 짧은 시간에 세계 중심 국가로 부상했다.

그렇다면 우리가 새롭게 건설해야 할 헌정 체제는 무엇이어야 할까? 이에 대해 한국의 정치학자와 정치 전문가들은 새로운 헌정 체제의 핵심이 합의제 민주주의(consensus democracy)라는 데 대체로 의견의 일치를 보아가고 있다. 합의제 민주주의란 다수제 민주주의(majoritarian democracy)와 함께 민주주의의 두 가지 유형을 구성한다. 다수제 민주주의란 선거에서 승리한 정치 세력이 자신들만으로 정부를 구성하고 정부 운영에서도 다수제 원리에 따라 해나가는 일종의 승자 독식 모델이다. 반면에 합의제 민주주의란 정치권력이 분산되며 정치과정이 양보와 타협에 따라 진행되는 협의적 모델이다. 합의제 민주주의하에서는 약자와 소수자, 저항 및 거부 세력에 대한 포용이 일상의 정치 문화로 자리 잡는다.[34]

합의제 민주주의는 다양성, 참여, 협력의 가치에 기초한 공감성의 정치를 실현하는 것에 다수제 민주주의보다 더 적합하다. 이유는 단순하다. 합의제 민주주의하에서는 단순 편 가르기가 덜 작동하고 공감성의 필수 조건인 다양성의 가치를 강화하는 데 더 유리하기 때문이다. 지금까지 우리의 민주주의는 전형적인 다수제 민주주의의 형태를 보여왔다. 그것은 다수제 민주주의 모델로 분류되는 영국과 미국의 민주주의보다 훨씬 더 패자 전몰형으로 매우 패권적이고 대결적인 민주주의였다. 그래서 2012년에 '국회선진화법'을 제정해 쟁점 법안의 경우 재적 의원 5분의 3 이상이 동의해야 신속 처리 법안으로 상정할 수 있도록 해서 원내 다수당의 일방적인 강행 처리를 막을 수 있게 되었다. 이렇게 '국회선진화법'이 갈등의 요소를 다소 완화하기는 했지만 일방주의와 대결의 정치는 여전히 강력하게 작동해왔다. 게다가 지난 정권 때 다수당인 새누리당은 그마저도 폐기하고자 지속적으로 시도했다.

한국의 민주주의는 강력한 다수제 구조 탓에 자기 조절 능력을 빈번히 상실했고, 이를 복원하기 위해서는 촛불혁명과 같은 특단의 비용을 치러야만 했다. 따라서 헌정 체제의 개혁 방향은 다수제 민주주의의 폐해를 완화하고 합의제 민주주의를 강화하는 제도적 기반을 확고하게 구축하는 것이라고 할 수 있다. 그런데 합의제 민주주의가 무조건 이상적인 제도일 수만은 없다는 점도 간과해서는 안 된다. 왜냐하면 합의제 민주주의는 정치 세력 간의 협치가 잘 이루어지면 더할 나위가 없지만, 그렇지 못할 경우 곧잘 교착상태에 빠진다는 결함을 갖고 있다. 다수파의 횡포 못지않게 소수파의 거부권이 과도하게 대표될 수 있기 때문이다. 대통령제보다 합의제 민주주의에 가까운 제도인 의원내각제를 채택하는 국가에서 잦은 정권 교체, 심지어는 아예 정부 구성에 실패하며 정부 공백 상태가 초래되는 이유다. 그래서 이를 보완하는 장치가 필요하다.

합의제 민주주의의 모형이 교착상태에 빠지지 않게 하기 위해서는 근본적으로 이념적 관용의 정치 문화가 자리 잡아야 하고, 정치 세력 간에 경계를 넘나들 수 있는 제도를 만드는 것이 중요하다.[35] 이를테면 미국에서 자리 잡은 크로스보팅(cross voting)도 그런 관행의 일종이다. 독일에서는 연방 하원이 재적 의원 과반수의 찬성으로 후임 총리를 선출하는 형식을 통해 현 총리에 대한 불신임을 표명하는 건설적 불신임 제도를 만들어 정치적 교착이 발생하지 않도록 했다. 합의제 민주주의가 잘 작동하기 위해 더 직접적으로 필요한 조건은 정치 시스템이 주권자인 국민의 의사에 민감하게 반응하도록 만드는 것이다. 대개 정치 세력 간의 교착은 국민의 이해나 의사와는 무관하게 정략적으로 일어나는 것이 상례인데, 국민의 참여가 활성화한다면 정략적으로 정국을 교착시키는 정치 세력은 여론의 심한 압력을 받을 것이기 때문이다.

우리 정치에는 어떤 중요한 사안의 처리를 놓고 대의민주주의 기제가 작동하지 않는 경우가 많이 발생한다. 예를 들어 선거법을 개정할 때 보면 여야 정당 간의 당리당략 때문에 합의가 안 되는 경우가 대부분이다. 설령 합의가 되더라도 지난 20대 국회의원 총선거 직전에 비례대표 수를 줄인 데서 보듯이 군소 정당의 이익을 침해해 큰 정당이 적당히 타협하는 식으로 결론이 나기 일쑤다. 또한 공영방송사 사장을 선임할 때 여야가 당리당략에 매달리다 보면 능력보다 여야 모두에 두루 인간관계를 잘 맺은 기회주의적 인사로 낙착되는 경우도 있다. 바로 이렇게 정치 대리인들 사이의 복잡한 이해관계 때문에 국민의 이익이 침해된다면 결국 주권자인 국민이 직접 나서서 결정하는 수밖에 없다. 이를 제도화한 모형이 있는데, 바로 국민 배심원단 제도다. 국민 중에 무작위로 추출한 배심원으로 구성된 시민 회의가 정치 개혁, 개헌 등을 주도해 안을 만들고 정치권이 이를 수용하는 방식이다. 그런 사례가 최근 세계 여러 곳에서 발생하고 있다.

앞에서의 얘기를 요약하면 헌정 체제를 개혁하는 기본 방향은 궁극적으로 합의제 민주주의의 실현이다. 하지만 그것은 모든 경우에 잘 작동하는 것이 아니라 이념적 관용, 타협의 정치 문화, 그것을 강제할 만한 제도가 뒷받침되어야 하며, 무엇보다 가장 중요한 것은 국민의 참여가 보장되어 여론의 압력이 잘 작동해 정국 교착이 초래되지 않아야 한다는 점이다. 이를 위해 헌정 체제 개혁의 주요 내용을 몇 가지로 정리해보면 다음과 같다.

첫째, 국가는 특정 이익집단의 의지가 아니라 국민 전체의 일반의지에 따라 행동해야 하는데, 그것은 공적 이성을 가진 개인들의 토론과 다수결에 따른 선택에 의해 합의될 때 가능하다. 이를 위해 정보의 개방과 공유, 다수 국민의 참여와 숙의가 활성화되어야 한다. 인터넷을 통한 일상적인 정치 참여를 촉진하고, 주민 참여 예산 제도, 시민의회 방식의 정책 결정 활성화 등 각급 정부 운영에 시민참여를 강화해야 한다. 또한 주권자인 국민이 국가기구를 직접 통제할 수 있는 장치로 국민소환, 국민발안, 국민투표 등 국민 참여의 제도적 장치를 도입하거나 강화해야 한다.

둘째, 권력분립이 크게 강화되어야 한다. 이를 위해 해당 국가의 여건에 맞는 권력 구조가 구축되어야 한다. 적어도 현행 5년 단임의 대통령제는 빠른 시일 안에 고쳐야 한다. 특히 그 과정에서 국민의 대표 기관인 국회의 권한과 책임이 늘어나 위상이 올바르게 정립되어야 한다. 감사원이나 사법부 구성에 대한 국민의 대표 기관인 국회의 통제, 행정부에 대한 감사와 조사 기능 강화, 국회 본연의 권능인 입법과 예산에 관한 권한을 강화하는 조치 등이 필요하다. 지방분권을 대폭 강화해 중앙집권적인 국가구조를 바꾸는 것도 중요하다.

셋째, 정당의 민주주의가 실현되고 시대적 요구에 걸맞은 선거제도가 확립되어야 한다. 이를 위해 직접민주주의를 강화하고 주도할 21세기형 정당을 건설해야 한다. 그런 정당은 산업화와 민주화의 전사를 양성하는 20세기형 정당 조직과는 구별되어야 한다. 20세기의 정당이 중앙 집중의 원리나 민주적 집중의 원리에 입각했다면, 21세기 정당은 탈중심적이고 비관료적인 방식으로 자발적 참여를 통해 서로의 생각을 나누고 소통하며 집단 지성으로 창조되는 조직 형태여야 한다. 정당 체제는 중·장기적으로 패권적 양당제 대신에 온건 다당제를 촉진해야 한다. 양당제보다는 다당제에서 다양한 조합을 통해 사회적 공감 능력을 키울 수 있는 여지가 크기 때문이다. 더구나 한국의 사회적 조건에서 양당제는 정당의 가치 정체성이 모호할 수밖에 없고, 지역주의나 진영 논리 같은 저열한 가치가 득세할 가능성이 크다. 이는 사회적 약자에 대한 대변 기능을 약화시켜 양극화의 원인이 된다. 그러므로 정치적 대표 체계를 다양화하는 방향으로 선거제도와 정당 제도를 개선해야 한다. 특히 비례성이 높은 선거제도를 도입해야 한다. 그 방안으로 많이 제기되는 것이 독일식 정당 명부 비례대표제인데, 국민적 반감도 만만치 않다. 유권자의 직접 선출권이 배제되는 데다 선거 때마다 발생한 비례대표 추문의 영향 때문일 것이다. 그렇다면 국민적 거부감을 고려하면서 비례성을 높이는 방안으로 한 지역구에서 다섯 명 이상을 뽑는 중·대 선거구제의 도입도 고려해볼 만하다.

어떻게 개헌을 할 것인가?

헌정 체제의 개혁이 개헌과 동일한 것은 아니지만, 개헌은 가장 중요한 제도적 실천임이 틀림없다. 개헌 대상은 몇 가지 영역으로 나눌 수 있다.

첫째는 헌법 가치와 정신을 어떻게 새롭게 구성할지의 문제다. 최근 문재인 대통령은 5·18광주민주화운동 추모사에서 5·18정신을 헌법 전문에 명시하겠다고 밝힌 바 있는데, 그런 사안이 여기에 해당한다. 둘째, 기본권에 관한 규정을 어떻게 고칠지의 문제다. 예를 들어 헌법 제19조 "양심의 자유"라는 규정을 "양심과 사상의 자유"로 강화하는 것이다. 또 헌법 제10조 1항 "법 앞에 평등"과 관련해 "누구든지 성별·종교 또는 사회적 신분에 의해 정치적·경제적·사회적·문화적 생활의 모든 영역에 있어서 차별을 받지 아니한다"라는 조항에서 성별·종교·사회적 신분 외에 '이념'을 추가하는 것이다. 이는 이명박·박근혜 정부가 자행한 '문화인 블랙리스트' 같은 억압과 차별의 경험을 방지하기 위한 것이다. 셋째, 정부의 구성 방식, 즉 현행 5년 단임을 핵심으로 하는 대통령제의 권력 구조를 어떻게 개선할지의 문제다. 이는 개헌 논의에서 가장 중요한 결정 대상이 될 것이다.

권력 구조와 관련한 쟁점은 개헌에서 가장 중요한 문제이자 사회적 합의가 쉽지 않은 부분이다. 제왕적 대통령제의 모순을 고쳐야 한다는 합의는 확고하지만, 구체적 대안의 문제로 다가가면 커다란 편차가 존재하기 때문이다. 이를테면 대통령제의 틀을 존속시키면서 권력 구조를 개선해나가는 방식인가, 아예 대통령제의 틀을 바꿔 내각제나 이원집정제로 고치는 방식인가 같은 논쟁이 그렇다. 여기에는 정치권과 국민 사이의 커다란 정서의 차이가 존재한다. 이를테면 정계의 개헌 추진론자들은 제왕적 대통령을 폐지하거나 약화시키는 것에 핵심 타깃으로 삼지만, 일반 국민은 제왕적 대통령와 마찬가지로 국회나 국회의원 역시 구악으로 여기는지라 의회중심제로 바뀌는 것을 꺼려한다.

이런 딜레마를 해결하며 개헌을 성사시키기 위해서는 다음과 같은 세 가지 원칙이 필요하다. 어떤 권력 구조를 채택하든지 공통분모로 삼을 만한 중요한 원칙이다.

첫째, 숙의(deliberation)의 원칙이다. 개헌을 추진하는 과정에서 가장 중요한 전제 조건은 다중이 참여하는 숙의다. 미국의 제헌은 치열한 숙의의 산물로 당시의 논쟁 과정을 담은 기록은 최고 고전의 반열에 올랐음은 주지의 사실이다. 그에 반해 한국의 헌법 제정과 개정의 역사에는 숙의가 거의 없었다. 제헌 헌법, 1960년 헌법, 1987년 헌법 모두 두 달이 채 되지 않는 기간 동안 졸속으로 심의·처리되었다. 특히 1987년 헌법의 경우 졸속적인 개헌 협상의 결과 대통령의 임기와 자격, 집권 가능성에 영향을 미치는 절차, 여야 누가 집권하든 국회의 권한을 강화하는 내용 등이 주요 관심사가 되었고, 권력 남용을 어떻게 통제하고 국민의 일반 이익을 어떻게 대변할지에 대한 고민은 절대적으로 부족했다.[36] 따라서 새로운 헌법은 정치철학적 바탕이 튼튼하고 정치제도의 작동에 대한 장단점을 치열하게 토론한 결과물로 만들어져야 한다. 그것이 튼튼하고 강한 나라를 만드는 초석이 된다.

둘째, 국민 참여의 원칙이다. 개헌은 정치권이 주도하는 것이 아니라 국민이 주도해야 한다. 일반의지에 따른 지배는 공적 이성을 가진 개인들의 토론과 다수결에 따른 선택에 의해 합의될 때 가능하다. 따라서 개헌 과정에 국민이 참여해야 하는 것은 물론 개헌의 최종 결정도 국민이 할 수 있어야 한다. 현실적으로 정치권이 정략적 이해관계에 따라 개헌 방향에 관한 의견이 사분오열된 상황에서 개헌은 국민적 참여와 동의 없이 불가능하다. 최근 아일랜드, 아이슬란드 등에서 헌법 개정 과정에 시민 회의 방식을 도입한 사례를 적극 검토해야 한다. 브라질의 사례는 시사적이다. 1992~1993년 브라질에서는 정계, 학계, 언론계가 대통령제와 내각제를 놓고 격렬하게 논쟁을 벌였다. 내각제는 주로 학계와 국회 등 엘리트들 사이에서 지지를 받았고, 대통령제는 소수의 정치인과 군부에서 지지했다. TV 토론 등 논쟁 과정에서 대통령제 지지자가 내각제는 유권자의 국가원수 선출 권한을 부정하는 제도라는 비판이 먹히면서 국민투표 결과 대통령제 55퍼센트, 내각제 25퍼센트로 결판난 바 있다. 엘리트나 전문가들과 일반 국민의 의견이 충돌할 때는 국민을 우선해야 한다는 얘기다.

셋째, 전부 아니면 전무라는 식의 접근은 지양해야 한다. 대통령제, 이원집정제, 의원내각제는 하나의 이념적 모형이고 그 사이에는 더 많은 다양한 혼합형이 존재한다. 특히 지금의 현실적 조건은 상충하는 여러 가치와 제도를 융합해 새로운 가치의 창출을 요구하고 있다. 이를테면 지금 우리에게는 협치와 분권의 가치가 중요하지만, 주권자인 국민이 가진 자기 결정권의 가치도 중요하다. 두 개의 가치는 서로 충돌할 수도 있는데 궁극적으로는 어느 한쪽도 버릴 수 없기에 서로 조화시키는 것이 필수 과제가 된다. 이것이 제도적으로 나타날 때는 분권(다당제, 총리와의 권한 분점)과 대통령제가 충돌할 수 있는데, 이는 양단간 선택의 문제가 아니라 양립의 문제다. 그렇게 되었을 때 중요한 점은 두 개의 가치와 제도가 가장 적절하게 조화를 이룰 수 있는 지점을 찾는 것이다. 그것은 충분히 실현 가능한 일이다.

시대 전환을 이끄는 정치 리더십

한국은 왜 정치 리더십이 빈곤한가?

사회가 위기에 처해도 탁월한 리더십이 있다면 곧 기회로 전화된다. 역사의 불꽃은 리더십을 통해 작렬한다. 한 시대가 지나고 다른 시대가 펼쳐질 때 사람들은 오랫동안 곪은 상처를 치료하고 새로운 세상을 향한 열망이 가슴에 가득한 자신들을 훌륭한 군대로 조직해줄 누군가를 간절하게 기다린다. 리더십이란 사람들의 가슴속에 충만한 의지와 열망, 축적된 집단 경험이 만들어내는 불꽃이다. 그래서 서양 근대 정치사상의 시조인 마키아벨리는 『군주론(Il Principe)』에서 "고대 이스라엘의 백성이 이집트에서 노예로 지낸 뒤에 모세(Moses)의 능력이 발휘될 수 있었고, 페르시아인들이 메디아인들에게 억압받은 뒤에 키루스(Cyrus)의 위대한 정신이 드러날 수 있었으며, 아테네인들이 혼란 상태에 처한 뒤에 테세우스의 위대한 재능이 입증되었다"라고 말하기도 했다. 그러나 정치 환경이 좋고 대중 동력이 있다고 해서 사회 변화의 충분조건이 되는 것은 아니다. 무엇보다 시대적 과제를 담아내고 앞장서 이끌어갈 리더십이 없다면 사회 변화는 결코 이루어지지 않는다. 그런 점에서 우리 사회는 역사적으로 사회 교체와 시대 전환을 이끌 리더십이 빈곤하다. 역사 속에 존경할 만한 인물이 그리 많지 않은 이유다. 이는 근대화의 여명기에 조선과 일본에서 리더십이 어떻게 출몰했는지 비교해도 금방 드러난다.

21세기 한국 정치의 가장 큰 화두는 새로운 정치였다. 그것은 지금까지와는 완전히 다른 정치적 사고와 철학을 바탕으로 시대 전환의

6장 정치를 어떻게 바꿀 것인가? **253**

정치를 이끌어갈 리더십을 찾아내는 일이었다. 지금도 한국 정치의 관건은 리더십이다. 올바른 목표와 전략을 보유한 리더십을 어떻게 형성할지에 사회의 성패가 달려 있다. 대중의 역동성은 왕성하게 작동하고 있지만 정치 리더십이 결핍되었기 때문에 사회 변화는 더디고 숱한 굴절을 겪고 있다. 그래서 노무현 돌풍, 안철수 현상에서 보듯이 지금 국민은 그런 지도자를 목마르게 찾아 헤매고 있다.

한 사회의 정치 리더십 수준은 국민이 가진 정치의식, 경험, 안목 등 국민적 정치 역량의 함수라고 해도 과언이 아니다. 그런 기준에서 볼 때 미국인들은 우리보다 리더십을 발굴해내는 능력에서 앞서 있다. 기성 정치 속에 리더십 자원이 고갈되었을 때도 미국인들은 상대적으로 신출내기라 할 수 있는 정치인을 짧은 시간에 지도자로 발굴해낸다. 그들은 정치 신인이라도 시대 상황이 필요로 하는 지도자감인지 금방 알아낸다. 현대에만 존 F. 케네디(John F. Kennedy), 빌 클린턴, 버락 오바마 등이 그렇게 해서 발탁된 지도자의 사례다.

정치 리더십의 육성은 시대 환경과 리더십 시스템의 유무에 따라 규정된다. 우리의 경우는 우선 리더십 훈련과 발굴 시스템이 취약하다. 이는 정당의 제도화 수준이 미비한 것과 연관된다. 과거에는 민주화 운동이나 학생운동이 정치 리더십을 충원하는 역할을 수행해서 정당의 취약성을 보완해왔다. 그러나 이제 그런 시대는 갔다. 지금은 사회시스템을 통해 리더십 자원을 창출해야 한다. 특히 정당의 취약성이 리더십이 빈곤한 치명적인 요인이다.

정당의 취약성은 한국의 극장식 민주주의의 한계와도 관련된다. 민주화에도 불구하고 우리의 정당과 정치는 여전히 특정 인물 중심의 과두제적 구조에서 벗어나지 못했다. 대중의 정치 동원도 주로 특정 인물을 중심으로 이루어져 왔다. 그러다 보니 대중은 정치를 자신의 삶의 문제와 연관시키고 이를 변화시키기 위해 정치과정에 참여하기보다 특정 인물의 이미지를 소비하는 일방적인 지지와 추종 단계에 머물러왔다. 정당과 정치인들은 대중의 이런 약점을 이용해 조직을 폐쇄적으로 운영했고 하향식 동원 체계를 구축했다. 그러므로 정치 리더십을 육성하기 위해서는 정당을 중심으로 다양한 정치 네트워크가 체계적이면서도 대규모적으로 기능해야 하고, 시민 대상의 정치교육과 리더십 훈련이 수행되도록 제도를 구비해야 한다.

그런데 곰곰이 생각해보면 우리도 근래에 시대정신을 구현할 만한 리더십을 창조해본 경험이 전혀 없는 것은 아니다. 김대중과 김영삼이라는 민주화 지도자의 출현은 시대정신이 만들어낸 작품이었다. 특히 김대중은 민주화의 역사가 이념적·실천적으로 집대성된 한 시대의 완결판이었다. 당시 야당 세력은 해방 공간에서 좌파는 물론이고 민족주의 우파까지 몰살되고 거세된 바탕 위에 성립한 반동 집단에 불과했다. 그래서 그들은 보수 야당이라 불렸다. 그런 야당을 반독재 민주화 투쟁을 이끄는 정치 세력으로 전환시키고, 자유주의의 정체성을 확립해낸 이가 바로 김대중과 김영삼이다. 이들은 상당히 똑똑한 정치인으로 알려지기는 했지만, 한국인들을 위해 미리 점지되어 준비된 초인들은 아니었다. 그들은 대중과 함께 시대와 함께 역경에 처하기도 했고, 그 속에서 좌절과 도약을 되풀이하며 끊임없이 진화해나간 리더였다. 지금의 시대 또한 대중은 자신의 깃발이 되어줄 만한 사람을 찾아 그에게 시련을 주기도 하고 영광을 선사하기도 하면서 누가 문명의 전환을 이끌 진정한 인물인지 실험하고 있다.

강한 지도자인가, 소통에 능한 지도자인가?

지금 우리 사회에는 창조적 파괴를 이끌 변혁적 리더십이 절실히 필요하다. 낡은 인적·제도적 장벽을 돌파해 새로운 시대로 넘어가는 역사적 과제에 과감하게 도전할 지도자가 요청된다. 새로운 노무현이 필요하고 한국의 루스벨트가 필요하다. 그런데 우리 사회에는 이념, 계층, 세대의 분열 없이 사회 틀을 '근본적'으로 바꿔나가야 하는 개혁 과제가 산적하다. 재벌 개혁, 노동 개혁, 복지 개혁, 정치 개혁, 외교·안보 개혁 등 셀 수도 없다. 이 모든 것이 우리 사회의 구조와 패러다임을 바꾸는 문제이기에 매우 어렵고 위험이 따르는 일이다. 한 가지 개혁만 하려고 해도 엄청난 폭발성을 가진다. 자칫 개혁을 하려다가 엄청난 분열과 대결을 불러 사회가 내파(內破)할 위험도 상존한다. 앞으로 일촉즉발의 위기가 여러 차례 찾아올 것이다. 그냥 적당히 봉합하고 가자는 현상 유지의 유혹에 시달릴 것이다. 그러나 개혁은 촛불혁명이 우리에게 내린 당장의 역사적 명령이기에 도전을 포기하고 그냥 돌아가는 길은 없다. 그러는 순간 우리는 역사의 무대에서 기회를 잃고 영영 탈락하고 말 것이다. 이런 상황에서 지도자는 근본적인 사회 변화를 국민이 받아들일 수 있게끔 끈질기게 설득하고 국민 통합을 유지해가는 능력을 갖춰야 한다. 바로 노무현을 넘어서는 개혁이 필요하다.

그런 시대정신을 담고 시대적 과제를 추진할 만한 정치 리더십은 무엇일까? 첫째는 강한 지도자다. 지금 우리 사회는 낡은 특권·기득권의 지배 질서가 내놓는 저항이 끈질기고 심하다. 이를 돌파하기 위해서는 강한 리더십이 필요하다. 여기서 강한 리더십이란 독선, 독단, 독재의 리더십이 아니다. 그것은 인간 존중, 국민주권, 생명·생태의 가치와 철학에 기반을 두고 형성된 민주적 리더십이다.

혹독한 어려움 속에서 자신의 나라와 민족을 이끌었던 지도자들은 거의 모두 강한 지도자들이었다. 근대 역사만 봐도 에이브러햄 링컨(Abraham Lincoln), 프랭클린 루스벨트, 샤를 드골(Charles De Gaulle), 콘라트 아데나워(Konrad Adenauer), 덩샤오핑(鄧小平), 로널드 레이건 등이 그런 지도자였다. 이들은 강한 신념을 바탕으로 혼돈과 위기 속에서 국가의 새로운 길을 열어 보여주었다. 이들은 항상 과감하게 행동해 국민에게 강한 신념과 확신을 불어넣어 주었다. 그렇다고 이들이 교조적이거나 광폭한 캐릭터는 아니었다. 이들의 진정한 힘은 마키아벨리의 말처럼 자신에게 주어진 가혹한 운명을 자기 민족의 척박한 운명과 일치시키고 그에 맞서 싸워 이겨 운명을 지배한 데서 나왔다.

지금 우리 사회도 강한 지도자가 필요하다. 낡은 특권·기득권 질서의 대척점에 자신을 과감하게 위치시킬 수 있는 사람, 사회의 거악에 독하게 싸움을 걸어 단단한 지지층을 만들어낼 수 있는 사람이 필요하다. 민주주의·노동·국가 밖으로 멀찍이 내동댕이쳐진 사람들의 운명을 흔쾌하게 보듬어 안고, 법의 지배를 관철해 무너진 국가의 권위를 일으켜 세우며, 미래 세대에게 세계 중심 국가로 발돋움하는 담대한 비전과 희망을 불어넣어 주어야 한다. 이를 위해 강한 의지력, 냉철한 판단력, 돌파력, 결단력, 헌신성을 실천해보일 수 있는 사람이 필요하다.

그러나 대부분의 우리 정치 지도자들은 시대정신이나 소명을 말하지 않는다. 국민은 나를 위해 싸워줄 강한 지도자를 원하지만, 그들은 국민이 무엇에 분노하고 무엇과 싸우고 싶어 하는지 알지 못한다. 한국 사회의 출구를 찾는 일은 필연적으로 거대한 금기의 장벽에 직면할 수밖에 없다. 노동 문제를 풀려면 특권적인 대자본의 이데올로기와 싸워야 한다. 삼성이 없으면 일자리도, 민생도, 나라도 없다고 얘기하는 이데올로기와 싸워야 한다. 통일과 평화의 물꼬를 트려면 종북이라는 우리 안의 괴물 담론과 싸워야 한다. 그런 금기를 깨지 못하면 나라가 망할 수 있다는 절박한 신념으로 이념적 도그마와 싸울 용기가 있는 정치 지도자가 지금은 보이지 않는다.

둘째는 가치와 비전을 제시하는 지도자다. 우리 사회가 총체적인 위기에 빠진 이유는 소수의 탐욕과 무책임을 과감하게 돌파하고 새 시대를 준비하는 지도자가 없기 때문이다. 훌륭한 지도자는 모세가 하나님의 산상수훈(山上垂訓)을 이스라엘 민족에게 전파하기 위해 십계명을 만들듯이 시대적 소명과 과제를 비전으로 형상화한다.

흔히 사람들은 가치와 비전은 미래를 말하는 것이기에 대중의 손에 구체적으로 잡히지 않아 정치 동력이 약하다고 생각한다. 그것은 오산이다. 가치와 비전은 지지층을 강력하게 결속시키고 에너지를 배가시키는 권력 자원의 근원적인 힘이다. 가치와 비전으로 무장한 지지층은 가히 일기당천의 강한 군대가 될 수 있다. 로마 군대가 다른 어느 나라의 군대보다 강했던 이유는 자신의 자유와 권리를 위해 질서와 정의의 이름으로 출전했던 시민들로 구성되었기 때문이다.

리더십 연구의 권위자 제임스 맥그레거 번스(James MacGregor Burns)는 "가치는 도덕적 목적을 보다 완전하게 실현하기 위해 사회를 변혁하려는 리더십을 위한 힘의 원천"이라고 말한다.[37] 가치와 비전은 역사, 문명, 세계 질서의 트렌드를 읽고 질서, 평등, 정의, 행복의 추구와 같은 고결한 공적 가치에 입각해 국가의 생존과 번영의 길을 제시하는 것이다. 그것은 일반 시민의 일상적인 대화에서 소재가 되지는 않지만, 사람들이 거대한 변화의 가능성이나 그런 징조에 직면하는 시험의 시기가 오면 막강한 기본 가치와 비전이 커다란 위력을 발휘한다는 것이다.[38]

위기를 돌파해 국가를 새로운 반석에 올려놓은 지도자들은 명확한 가치, 비전, 목표가 있었다. 그러나 가치와 비전의 중요성에 대해 제대로 인식하지 못하고, 비전을 광고 카피를 만드는 일쯤으로 여기는 정치 지도자들은 비전보다는 조직과 세력을 구축하는 일에 더 매달린다. 그것이 당장 손에 잡히는 가시적인 이익이라 여기기 때문이다. 그들은 지지자들이 김대중을 왜 '선생님'으로 불렀는지, 노무현을 왜 '우리 대통령'이라 불렀는지 이해하지 못한다. 김대중이 자유를 향한 저항의 상징이었고, 노무현이 특권과 반칙이 없는 정의로운 세상을 향한 열망의 상징이었다는 것을 깨닫지 못한다.

셋째, 소통의 리더십이다. 우리가 좀 더 나은 사회로 가기 위해 가장 절실한 덕목은 타인의 아픔에 공감할 수 있는 능력이다. 지도자는 그런 모범이 되는 존재여야 한다. 정치 컨설턴트 박성민은 많은 사람이 정치 지도자에게 민주적 리더십과 소통이 중요하다고 얘기하지만, 지도자는 카리스마를 갖고 결단과 책임을 지는 '강한 사람'에게만 주어지는 명예로운 호칭이라 말한다.[39] 그러나 강한 지도자와 소통은 서로 대립하지 않는다. 물론 상황에 따라서는 서로 충돌할 수도 있다. 그러나 지금은 두 개의 덕목을 대립시켜서 문제를 풀 수가 없다. 강한 지도자의 유형도 역사적·사회적 환경에 따라 바뀐다. 역사상 강한 지도자들 중에는 소통에 능한 사람과 그렇지 않은 사람이 있었다. 강하면서 소통에 능한 지도자로 링컨이나 레이건 등을 들 수 있다. 오늘날에는 소통에 능한 사람이 곧 강한 사람이다. 굳이 우선순위를 정하라고 한다면 민주적 소통의 리더십이 강한 지도력보다 더 상위 가치가 되어야 한다. 지금 우리 사회는 틀을 근본적으로 바꿔나가는 과정에서 때로는 엄격한 법의 잣대를 들이대고, 때로는 끈질긴 설득을 통해 사회 구성원 모두를 끌고 갈 수 있는 리더십이 필요하기 때문이다.

가장 훌륭한 리더란 진화할 줄 아는 지도자다. 필자는 예전에 정치인 구술사 프로젝트를 수행하면서 정대철 전 의원을 인터뷰한 적이 있다. 김대중의 강력한 후견인이었던 정일형 전 의원의 아들이기도 한 정대철은 김대중이 정치가로서 애초부터 탁월한 사람은 아니었다고 했다. 1971년 대통령 선거 출마를 선언했을 때는 속칭 '사쿠라' 기질을 걱정했을 정도로 불투명한 요소가 많은 사람이었다고도 말했다. 그런데 1971년 대통령 선거와 망명, 1980년 사형 선고와 투옥, 다시 망명, 이렇게 두 번의 간난과 시련을 겪으면서 자신은 도저히 쳐다볼 수 없는 수준의 정치 지도자로 우뚝 서 있었다고 했다. 우리의 현대 정치사 속에는 한때 대중의 신망과 존경을 한 몸에 받다가도 그 무게를 이기지 못해 퇴화를 거듭하다가 흔적도 없이 사라진 많은 사람이 있다. 하지만 김대중은 문제적 현실에 부딪히고 자신에게 주어진 소임과 대면해 이를 뚫고 나가며 진화에 진화를 거듭한 경우다. 외국에서 비슷한 유형의 정치인을 찾자면 프랭클린 루스벨트를 들 수 있다. 그는 애초 유력 가문 출신으로 대통령에 당선된 순간에도 그다지 급진적인 정치 이념의 소유자는 아니었다. 그런데 그는 정치인으로서 대공황과 세계대전이라는 시대적 문제에 부딪혔을 때 이를 뚫고 나가기 위해 무엇이 필요한지를 현실 속에서 바로 자각했다. 그리고 당시 미국적 정치 지형에서 빨갱이라 불릴 만큼 급진적인 실천을 해나갔다. 이처럼 정치인이 진화한다는 것은 시대와 소통한다는 뜻이고, 이는 곧 사람들의 삶 속으로 들어갈 줄 안다는 것이다. 오늘날 우리 사회에서 소통이 지도자의 가장 큰 덕목인 이유다.

지도자는 강하면서도 소통에 능해야 한다. 우리는 강성 보수로 기억하는 레이건 대통령이 소통과 설득의 명수였다는 사실을 제대로 인식하지 못한다. 레이건 대통령은 정치적 반대 세력과도 신뢰와 친교 관계를 형성했다. 그는 민주당 주요 인물들과 자주 어울렸다. 레이건의 전략은 조세개혁에서 드러난 것처럼 민주당의 빌 브래들리(William Bill Bradley), 리처드 게파트(Richard Gephardt)가 조세 기반을 넓히고 세율을 낮추는 데 관심이 많다는 것에 착안해 그들의 안을 상당 부분 수용했다.[40] 그러면서도 한편으로는 그들에 대해 우월한 지위에서 협상하기 위해 의회에 여론의 압력을 불어넣었다. 자신은 국민의 지지 편지와 카드를 받고 의회에는 항의 전화가 빗발치게 만들었다고 한다. 레이건의 정치 이력에는 정치적 술책 같은 요인도 많이 포함되어 있어서 꼭 따라 배워야 할 모범이라 할 수는 없겠으나 강함과 소통의 양립 가능성을 보여주는 사례로는 의미가 있다.

지도자의 소통 능력은 여소야대나 야소여대를 가려서는 안 된다. 대통령은 레이건이나 클린턴이 그랬던 것처럼 의회를 야당이 장악하고 있는 경우에도 정국의 주도권을 쥘 수 있어야 한다. 아메리칸 대학의 제임스 서버(James Thurber) 교수는 "대통령이 현재의 난관과 위협을 분명히 정의해 아주 간단명료한 메시지와 해법으로 국민에게 호소한다면, 그리고 그 해법을 강력하게 지지해주는 이익집단이 있다면 대통령이 뚫고 나가지 못할 난관이란 없다"라고 말한다.[41] 노무현 대통령은 재임 시 자신의 정치적 한계를 여소야대 탓으로 돌리며 한나라당과 대연정을 시도하다가 치명적인 정치적 외상을 입은 바 있다. 대통령제에서 여소야대란 흔히 나타날 수 있는 정치 현상인 것을 간과하고, 생뚱맞게 이원집정제나 내각제식 정부 운영을 도입하는 실험을 얘기했다가 타격을 당한 것이다. 이 사건으로 노무현 정부는 호남에서 심각한 민심 이탈을 겪었는데 호남 사람들이 대연정 제안을 영남 정권으로의 투항이라 받아들였기 때문이다.

소통은 인재를 모으는 일에도 발휘된다. 정치는 결국 인재 싸움이다. 인재를 쓰는 일에 성역이 있어서는 안 된다. 『삼국지(三國志)』를 보면 조조(曹操)가 시종일관 우위에 서서 중원을 장악할 수 있었던 이유는 어디까지나 인재 등용의 힘에 있었다. 그런데 조조가 채용한 중요한 인재들은 주류 출신이 아니라 거의 아웃사이더들이었다. 심지어 조조는 경쟁자인 유비(劉備)의 심복인 관우(關羽)의 마음을 돌리고자 많은 노력과 비용을 투자하기도 했다. 조조만이 아니라 역사를 거슬러 올라가면 제(齊)나라의 환공(桓公)이 천하 패자가 되는 데 결정적 역할을 하는 관중(管仲)은 원래 환공을 제거하려다가 실패한 정적이었다. 칭기즈칸의 오른팔로 제국을 함께 건설했던 야율초재(耶律楚材)도 몽고족의 철천지원수였던 거란족 출신이었다. 그런데 지금 우리 정치 지도자들은 여야를 막론하고 자기 사람만을 쓰는 패거리식 권력 운영에서 벗어나지 못하고 있다. 새로 출범한 문재인 정부가 어떻게 할지는 좀 더 지켜볼 일이다.

청년의 정치적 주체화

한국 정치의 특이한 현상 중의 하나는 새로운 정치 세력이 형성되기 어렵다는 것이다. 최근 이탈리아 오성운동, 스페인 포데모스, 아이슬란드 해적당, 프랑스 앙마르슈(En Marche) 등 신생 정당이 돌풍을 일으킨 사례가 여럿 있다. 그에 반해 한국은 훨씬 강력하고 규모가 큰 대중적 역동성을 지니고 있는데도 신생 정당 실험은 미미하거나 있다고 해도 거의 성과가 없이 끝나고 말았다. 2016년 국회의원 총선거에서 안철수가 이끄는 국민의당이 원내 3당에 등극하는 사건이 있었지만 기성정당의 기반 위에서 다시 헤쳐 모이며 만들어진 성격이 강하기 때문에 엄밀히 말해 신생 정당이라 부르기는 어렵다.

앞으로 한국 정치가 기성 정치체제를 넘어 어디까지 변화하는지는 기본적으로 정치 주도 세력을 얼마나 성공적으로 교체할 수 있을지에 달려 있다.[42] 무엇보다 청년 세대(일명 2040세대)를 정치적으로 대변할 수 있는 리더십을 형성하는 것이 관건이다. 흔히 '86'이라 불리는 민주화 세대는 독자적으로 한국의 정치 변화를 이끌 만한 동력을 대부분 상실했다고 보는 것이 맞는데, 그렇다고 다른 대안 집단이 뚜렷이 보이지는 않는다. 민주화 세대는 '86 정치인'들만을 지칭하는 것이 아니라 이 세대 집단들 전체를 뜻하는 말이다. 지난 이명박·박근혜 정부에서 벌어진 국정 농단 사태에서 사실 86이라 불리는 세대는 자기 세대가 일군 민주화 성과가 권력의 횡포 앞에 무참히 짓밟히는데도 과거처럼 적극적으로 저항하지 않았다. 오히려 청년 세대가 헬조선 같은 저항 담론을 만들어 유포시켰다.

사실 민주화 세대는 원래부터 정체성이 명확한 집단은 아니었다. 군부독재에 저항했지만 민주화 직후부터 보수와 진보의 다양한 스펙트럼으로 분화되면서, 한 세대로서 뚜렷한 집합적 정체성을 표출해본 적이 별로 없었다. 민주주의와 노동의 추상적 가치에는 동의하지만 구체적인 정책 사안에 이르면 개인의 이해관계를 우선하는 것이 이들의 특성이다. 권위주의에 저항했지만 그 영향하에서 교육받고 자랐던 세대가 갖는 애증의 교차일지 모르겠으나, 좌우간 이들은 항상 진보적이지는 않았다. 그럼에도 86세대에 대해 오랫동안 저항, 개혁, 진보와 같은 과도한 수사적 장식이 꼬리표처럼 따라붙었다.

지금까지 기성세대는 청년 세대를 가리켜 '88만원 세대'라 부르며 무기력하고 정체성이 없는 집단으로 묘사해왔다. 우리 사회의 기성세대가 청년 세대를 보는 눈은 고루하기 짝이 없다. 대체로 '요즘 청년들은 아무 생각도 없고 근성도 없고 지켜보면 갑갑하기 이를 데 없다'는 반응이다. '88만원 세대론'은 그런 시각을 대표하는 담론이다. 그러나 이는 사실과 전혀 다른 생각이다. 한국의 선거 정치에서 청년 세대의 파워는 매우 강력했다. 지난 15년간 한국에서 치러진 거의 모든 중대 선거는 강력한 세대 구도로 나타났는데, 그런 구도를 만든 주체가 청년 세대였다. 2002년 '노무현 바람'을 일으킨 것도 이들이었고, 2008년의 촛불집회에서 이명박 정권을 뒤흔든 동력을 만든 것도 이들이었다. 2012년 대통령 선거를 강타한 안철수 현상의 돌풍을 일으킨 것도 청년 세대였고, 지난 촛불혁명의 전초병이자 주력군도 이들이었다. 이런 현상은 일본, 미국, 유럽 등 다른 나라에서는 쉽게 찾아보기 힘들다. 강원택 서울대학교 교수는 한 신문 칼럼에서 다음과 같이 정확한 평가를 내리고 있다.[43]

이번 구의역 지하철 사고에 대한 젊은 세대의 격렬한 공감과 반응은 20~30대가 느끼는 현 상황의 불합리함에 대한 분노가 더는 참을 수 없는 수준까지 이른 것임을 보여주고 있다.…… 겉보기에는 조용한 것 같지만 사회 내부적으로는 중대한 정치 변혁이 발생한 것이다. 우리 사회에서도 20~30대의 분노와 좌절이 언제까지나 현재처럼 잠잠하게 유지될 것이라고 볼 수는 없다. 과거의 젊은 세대처럼 격렬하고 과격한 투쟁 형태는 아니라고 해도 이들의 불만과 요구는 결국 정치과정을 통해 표출될 것이다. 금년의 국회의원 선거에서 젊은 유권자들은 이미 예전과는 달라진 모습을 보여주었다. 이전 선거에 비해 20~30대 유권자의 투표 참여가 높아졌고 이는 실제로 다당 구도로 정당 체계를 바꾸는 데 영향을 끼쳤다. 내년의 대통령 선거에서는 구의역 사고에서의 '19세, 비정규직, 컵라면'이 상징하는 젊은 세대의 고통과 좌절을 해결해줄 수 있는 후보의 당선 가능성이 높아 보인다. 내년 대선을 앞두고 젊은 유권자들이 이끌어가는 '조용한 혁명'은 이미 시작된 것 같다.

한국의 청년들이 대한민국을 헬조선이라 부르는 데서 알 수 있듯이 이들은 양극화, 불평등, 저성장에 따른 사회적 모순의 집적체다. 20~30대 가구 소득은 2015년에 사상 최초로 줄어들었다. 또한 같은 해 청년 실업률은 9.2퍼센트로 역대 최고 수준을 보였다. 설령 고용이 된다고 해도 질이 좋지 않다. 학교를 졸업하거나 중퇴한 뒤에 첫 직장을 잡은 청년층 400만 명 가운데 20.3퍼센트(81만 2000명)는 1년 이하의 계약직이었다. 신규로 채용된 청년층 가운데 비정규직의 비율도 64퍼센트에 달했다.[44]

그럼에도 이들은 아직까지 정당이나 의회 영역에서 자신의 정치적 대표를 만들어내지 못하고 있다. 1980년대 운동적 열정의 폭발에 힘입어 정치 세력을 만든 86세대와는 달리 지금의 청년 세대는 정치 훈련을 받을 수 있는 학생운동 공간이 부재했다. 이들은 일상적 삶의 실질적인 문제에서 정치 세력화의 토대를 닦아야 하기에 그 속도가 느리고 더딜 수밖에 없을지도 모른다. 86세대를 포함한 기성세대가 청년 세대의 독자적인 정치 세력화를 관용적으로 보지 않는 이유 때문일 수도 있다. 또는 비례성이 낮은 선거제도 등 승자 독식의 민주주의 전통과 제도 탓에 청년들의 정치 세력화가 지연된 요인도 있다. 포데모스, 오성운동 등 신생 정당으로 돌풍을 일으킨 사례는 대부분 비례성 높은 선거제도를 채택하는 나라들에서 생겨났다.

지난 안철수 현상은 구시대 패러다임을 넘어서기 위한 청년들의 집합적인 의지가 우회적으로 투영된 최초의 사건이었다. 물론 그 최초의 실험은 실패로 끝났다. 안철수는 그들의 열망을 담기에는 너무 코드가 다른 사람이었기 때문이다. 그래서 청년 세대는 이번 대통령 선거에서는 기성정당의 정통성을 갖고 있으면서도 자신들과 좀 더 친화적인 인물이라 여겨지는 문재인 후보를 지지했다. 청년들은 지금 잘 보이지는 않지만 독자적인 정치 실험을 꾸준히 벌이고 있다. '청년유니온', '민달팽이 유니온', '우리미래당', '마포파티' 등 다양한 주체가 정치 세력화를 시도하고 있다. 이들이 언제쯤 가시적인 성과를 낼 수 있을지는 미지수다.

청년 세대를 대표하는 정치 세력의 형성이 과연 무엇인지는 많은 논의가 필요하다. 우선 짚어봐야 할 부분은 청년의 정치 세력화가 청년의 정치 진출과 동일시되는 오류다. 어떤 집단이 정치적으로 대변된다는 것과 정치 리더십을 형성하는 것이 전혀 무관하지는 않더라도 상당히 독립적인 문제다. 마치 자본가계급과 노동자계급을 대변하는 정당의 구성원들이 반드시 해당 계급 출신으로만 이루어지는 것이 아닌 것과 같다. 청년의 정치 세력화도 청년 집단의 배타적인 전유물이 아니라 세대를 가로질러 청년의 이익과 가치를 대변할 수 있는 리더십을 찾는 일이다. 그런 점에서 청년 정치 담론이 별다른 사회 경험이나 정치 경험이 없는 청년들을 직접 공천하는 것으로 인식되는 편향은 경계해야 한다. 청년 정치를 한다고 얼마 다니지도 않은 회사를 그만두고 전업 정치인으로 나서는 경우도 있는데 그다지 바람직한 현상은 아니다. 마치 연예 기획사의 스타 발굴 작업처럼 기성 정치권의 기획에 편승해 몇몇 청년이 정계에 진출을 시도하는 현상도 바람직하지 않다.

청년 정치 세력화에 대한 이해에서 생길 수 있는 또 하나의 편향은 청년을 계급, 지역, 민족, 인종처럼 구조적 경계선을 갖는 집단으로 인식하는 경향이다. 청년이라는 집단은 세대적 정체성과 공통의 이익을 일정하게 공유하지만 고도로 동질적인 집단은 아니다. 우리 사회에 청년 문제가 심각하다면 그것은 주로 흙수저 청년들의 문제이며 금수저나 은수저 청년들의 문제는 아닐 것이다. 게다가 그 집단은 나이가 들고 사회에 편입되면서 그나마 있던 동질성도 끊임없이 변형되고 해체된다. 그러므로 청년 집단만을 독자적인 기반으로 삼아 정당을 구성한다는 것은 매우 어려운 일이다. 요컨대 청년 정치 세력화란 어떤 사회적 가치나 이익을 공유할 수 있는 사회집단이 무엇이고, 그들과 어떻게 연대를 형성할지의 영역에 걸쳐 있는 문제다.

7장

맺음말

우리 사회에서 2000년 이후의 촛불혁명은 시대 전환의 분기점이 될 새로운 정치 문명의 탄생을 알리는 사건이었다. 그것은 역사시간의 관점에서 볼 때 87년 체제의 한계를 극복하고 동시에 근대국가 건설을 향한 긴 20세기의 여정을 마무리할 수 있는 기반을 만들었다고 평가할 수 있다. 나아가 세계화와 정보화라는 역사문명의 신기류 속에서 진취적이고 개방적인 나라를 다른 어느 나라보다 앞장서 만들어갈 수 있다는 가능성을 보여주었다.

촛불혁명은 한국이 문명 전환을 이끌어가는 지구상에서 가장 아름답고 매력적인 나라가 될 수 있는 가능성을 보여주었다. 한 번에 수백만 명이 평화적으로 응집할 수 있는 공동체적 일체감은 근대 민족주의 감정이나 국민국가의 질서에 바탕을 둔 시민권의 가치보다 훨씬 더 보편적인 가치와 의식에 입각하지 않고서는 성립하기 힘든 현상이었다. 세계에서 유례없는 속도로 심화된 양극화와 다양한 집단 간의 의식의 분절에도 불구하고 그처럼 거대한 규모의 사람이 각자도생의 개별화된 행동을 넘어 자기와 타인의 고통을 공공 차원에서 연결시킬 수 있다는 것은 고도의 공감 능력이 전제되지 않고서는 불가능한 일이었다.

사실 그런 특징은 우연히 발생한 것이 아니라 지난 100여 년간 독립과 민주주의를 건설하기 위해 주기적으로 분출되어온 우리 사회의 집합적인 에너지에서 나왔다고 할 수 있다. 134일간 매주 수십만 명에서 수백만 명이 모여 별다른 폭력이나 불상사 없이 공통의 목표와 실천에 대한 합의를 이끌어낼 수 있는 경이로운 모습을 보여준 나라가 어디 있던가? 1980년, 인구 100만 명에 가까운 도시가 열흘간 정부가 완전히 사라진 상태에서 강도 사건 하나 없이 완벽하게 자치를 수행해내는 불가사의한 모습을 보여준 나라가 있던가? 어린아이부터 노인까지 국난 극복을 위해 금 모으기 운동에 동참하고, 한겨울에 침몰한 유조선에서 흘러나온 기름으로 오염된 땅을 지키기 위해 100만 명 이상의 자원봉사자가 몰리는 공동체에 대한 헌신을 보여준 나라가 있던가? 더 멀게는 국제사회로부터 자치 능력을 상실했다고 평가받은 민족이 불과 10여 년 만에 거족적 단결을 통해 아시아 식민 국가 중 최초로 대중적인 저항운동을 일으키고, 역으로 중국이나 인도에 영향을 미친 역사를 가진 나라가 흔하던가?

촛불혁명은 문명 전환이라는 역사시간을 내포하고 있었다. 그 속에는 주체, 담론, 목표, 조직 형태, 행동 수단 등 거의 모든 면에서 세계화와 정보화의 새로운 시대를 반영하는 특성이 녹아 있었다. 촛불이 만든 공간은 탈위계성, 다중 정체성, 자발성, 창조성, 상상력, 유쾌함, 속도를 특징으로 하는 참여의 장이었다. 그 속에 참여한 사람들은 개인성, 다양성, 자기표현이 바탕이 되는 공론화에 대한 열망이 강한 새로운 시민들이었다. 촛불혁명은 지금까지와는 매우 다른 새로운 권력 구성의 원리, 즉 새로운 정치 문명의 섬광을 보여주었다. 그것은 우리가 사회를 어떤 방향으로 개혁하고, 어떤 미래를 만들어가야 할지 풍부한 암시를 준다. 기존 선진국들이 밟은 근대성의 경로를 그대로 따라가는 것이 아니라, 근대성의 딜레마를 뛰어넘어 새로운 문명에 바탕을 둔 나라를 만들어가도록 우리에게 요구하고 있다.

새로운 나라의 비전은 사람과 사람, 집단과 집단 사이의 관계가 인류의 보편적인 가치 규범을 기반으로 서로의 아픔을 공유하고 연민을 나눌 수 있는 사회다. 생명에 대한 존중과 안전을 바탕으로 사회적 공감 능력을 갖춘 사회다. 다가올 미래에는 그것이 진정한 힘이고, 세계를 이끄는 나라의 가장 중요한 조건이 될 것이다. 그런데 냉혹하게도 당장의 현실은 장밋빛이 아니다. 지난 산업화와 세계화 과정에서 생겨난 배제와 차별의 장벽 앞에서 너무 많은 사람이 우울과 절망에 빠져 신음하고 있다. 갑은 을에게, 을은 병에게, 병은 다시 정에게 희생을 떠넘기는 식으로 온 사회가 공범 관계로 얽힌 차별과 착취 구조는 너무 견고하게 자리 잡았다.

얼마 전 아내를 위암으로 떠나보내고 11살짜리 아이와 함께 힘겹게 살던 40대 초반의 아버지가 자신도 암에 걸리자 마창대교의 60미터 난간에서 기둥을 붙잡고 안간힘을 쓰는 아들을 먼저 밀어 던지고 자신도 투신자살한 사건이 있었다. 우리는 이런 사건을 접할 때마다 깊은 슬픔에 빠지지만 시간이 지나면 금방 잊고 아무 일 없었던 듯 살아간다. 구의역에서 스크린도어 사망 사건이 일어나자 부조리한 직장구조가 사회적 지탄의 대상이 되고 죽은 김 군에 대한 애도의 물결이 사회를 휩쓸고 지나갔지만, 기존의 제도나 관행을 바꾸려는 노력이 지속되고 있다는 흔적은 없다. 그래서 이런 사건이 비일비재하게 반복되지만 사회는 쉽게 변하지 않는다. 이런 비극은 사회가 이웃의 일에 조금만 더 관심을 갖고 지속적으로 노력한다면 많은 부분 방지할 수 있는 것들이다. 그만큼 우리가 타인의 아픔에 둔감한 사회를 살고 있음을 암시한다. 지난 수십 년간 우리 사회는 타인의 아픔에 공감하는 능력이 급격히 저하되어왔다. 그와 함께 사회의 가장 약한 곳에 있는 사람들의 삶이 계속 무너지고 공동체의 질도 악화되었다.

타인의 고통에 공감하는 생명정치, 문명 전환의 시대 흐름에 대응하는 새로운 국가공동체를 만들기 위해서는 의식과 제도의 전폭적인 수정과 재구성이 필요하다. 그 과정에서 정치의 역할이 중요하다. 다양성과 차이를 억압하고 개인의 자기 결정권을 박탈하는 현실, 노동의 가치와 비중을 축소하고 무한 경쟁을 통해 생명의 가치를 획일화하는 현실에 맞서는 정치가 요구된다. 촛불혁명 이후 우리 정치는 패러다임이 변화할 수 있는 결정적인 계기를 맞았지만 실제 현실은 자꾸 그에 역행하는 쪽으로 움직이려 한다. 예를 들어 촛불혁명으로 한국 정치에는 협치와 분권의 토대가 만들어졌지만, 현실 정치는 독점과 대결의 프레임으로 자꾸 회귀하는 모습이다. 정치집단들은 단기적인 이익을 좇느라 시대의 문제와 정면으로 대면하지 못하고 의제를 자꾸만 왜소화시키고 우회하려고 한다. 반면에 새로운 시대정신을 추구하는 사람들은 뿔뿔이 흩어진 채 힘을 얻지 못하고 있다. 한국 정치의 성패는 새로운 시대정신의 깃발을 세우고 진정한 변화를 갈망하는 사람들이 역사적 과제의 수행에 매진하도록 결집할 만한 정치공간을 창출하는 데 달려 있다.

우리 정치가 가진 치명적인 약점은 정치 리더십이 빈곤하다는 것이다. 정치 리더십의 도움이 없다면 사람들의 낡은 의식은 좀처럼 사라지지 않는다. 촛불혁명 이후 차별을 시정하려는 대중의 자발적인 노력이 나타나고 있지만, 이를 역차별이라며 맞불을 놓는 모습도 동시에 목격된다. 좀 더 가진 사람들과 덜 가진 사람들이 뒤얽혀 갈등하는 모습은 의식과 제도의 변화가 모순적이라는 것을 보여준다. 그래서 중요한 것이 바로 정치 리더십의 역할인데, 지금까지 국가(정체)의 역할은 기득권의 이해를 보장하거나 기껏해야 이해 당사자들의 요구에 수동적으로 반응하는 데 머물러왔다. 정치는 수동적이고 개별화되어 있는 대중을 공동체의 일에 주체적으로 참여하는 공중으로 태어나도록 돕는다. 그것은 정치가 사회를 수동적으로 반영하는 거울의 역할을 넘어서 국민의 삶을 적극적으로 책임지는 능동적인 역할로 자리매김할 때 가능하다.

정치 리더십은 전략, 조직, 제도에서의 구체적인 실천 노선으로 나타난다. 사회 개혁을 성공적으로 추진하기 위해서는 수구 세력을 청산하는 것도 필요하지만, 개혁 주체 스스로가 낡은 가치와 노선을 쇄신해나가는 노력이 더 중요하다. 진보는 저항의 시대에서 유래한 '가해자 대 피해자', '지배 대 저항'의 프레임을 극복하고, 스스로 문제를 해결하고 책임지는 주체로 정립되어야 한다. 가치와 정체성의 부재를 중도주의라는 이름으로 포장해온 기회주의를 극복해야 한다. 보수는 시대에 역행해온 지금까지의 노선에서 벗어나 단절의 고통을 감내하며 개혁보수로 다시 태어나야 한다. 무엇보다 정치 리더십이 실질적인 문제 해결력을 가지려면 사회적 지지 기반을 구축해야 하는데, 새로운 정치 문명의 주체로서 청년의 정치적 역량을 발전시키고, 기존의 민주주의 시스템에서 배제된 사람들이 자신의 목소리를 낼 수 있도록 정치적 공론의 장을 확장해나가야 한다.

개혁이 성공하기 위해서는 국가 운영의 틀을 잘 짜는 것이 중요하다. 개혁은 단순히 낡은 과거를 부수는 작업이 아니라 새로운 미래를 만들어가는 과정이다. 개혁은 미래의 시대 흐름에 대한 통찰 위에서 만들어지는 새로운 국가 운영의 틀을 필요로 한다. 국가는 지금처럼 심판관과 집행관의 역할을 수행하는 존재가 아니라, 다양한 주체 간의 사회적 대화를 촉진하고 그들 스스로 문제를 해결해나가도록 기반을 만드는 존재여야 한다. 그런 점에서 공론장의 기능을 갖는 의회가 국가(정체)의 핵심 공간이 되어야 한다. 그러려면 무엇보다 중요하게 개선해야 할 대상이 바로 정당이다. 지금의 정당 체제를 중·장기적으로 패권적 양당제 대신에 개혁진보와 개혁보수가 공존하는 온건 다당제로 바꿔야 한다. 이 과정에서 선거제도의 개혁이 함께 수반되어야 한다. 그런데 지금 우리의 정치 현실은 괴리가 너무 크다. 아이러니하게도 촛불혁명 이후 수구 세력이 치명적으로 약화되었지만, 그 대신 들어선 정당 체제는 불균형하고 지리멸렬한 모습이다. 이런 시스템은 장기적으로 지속될 수 없으며 모두에게 바람직하지도 않다. 이런 딜레마를 풀어 정당 체제를 안정적으로 제도화하는 것이 사회 개혁의 성패를 가르는 중요한 관건이다.

마무리하자면 지금은 우리 시대의 본질과 정체성을 정확하게 파악하고, 근대·전근대의 역사시간을 뛰어넘는 인문적 상상력을 발휘할 때다. 역사시간의 관점에서 볼 때 우리를 둘러싼 대내외적인 시대 흐름은 우리가 더 높은 단계로 도약할 수 있는 환경을 만들어가고 있다. 세계화와 정보화라는 역사적 환경에 상응하는 기성 세계 질서와 경제·기술의 패러다임 전환은 우리에게 새로운 도전 기회를 부여하고 있다. 대내적으로도 우리는 역사적으로 억압되고 쇠락하던 시기에 만들어진 퇴행적 정체성을 극복하고 개방적이고 진취적인 정체성을 향해 나아가고 있다. 지난 100여 년간 지구상의 어느 나라보다 치열하게 실천했던 헌정주의는 1987년 민주화를 거쳐 촛불혁명으로 만개하고 있다. 우리는 바로 이 두 개의 좌표가 만나는 역사시간의 꼭짓점 위에 서 있다. 이는 우리가 역사문명의 신기류 속에서 서구 선진국들이 겪고 있는 딜레마를 넘어 창조적 문명국가로 이행해갈 수 있는 잠재력을 지니고 있음을 암시해준다.

우리는 이미 경제력으로는 세계 10위권에 가깝고 문화 콘텐츠는 아시아를 넘어 세계로 한류 열풍을 넓혀가고 있다. 한반도를 둘러싼 국제 정세가 요동치고 있지만 오히려 우리에게 새로운 역할을 부여하는 기회가 될 수가 있다. 촛불혁명 속에 내재된 가치를 살려나간다면 양극화와 불평등의 늪도 얼마든지 건널 수 있다. 이는 우리가 남과 북, 보수와 진보, 지역, 빈부 등의 편 가르기에서 벗어나 '다이내믹 코리아(Dynamic Korea)'의 긍정적 에너지를 얼마나 잘 모아낼지에 달렸다. 이를 위해 우리가 꼭 길러야 할 덕목이 있다. 하나는 우리보다 앞선 선진국의 가치와 규범을 무조건적으로 추종하는 태도를 버리고 독자적으로 사고하는 능력을 키우는 것이다. 다른 하나는 세계 속에서 자신을 보는 세계시민적 관점을 기르는 것이다. 이를 바탕으로 우리는 통일한국 시대를 활짝 열고, 생명(삶) 가치에 입각한 문명을 개척해 세계를 이끄는 나라로 성장할 수 있을 것이다.

주

1장 촛불혁명과 새로운 정치 문명의 탄생

1 전인권, 『전인권이 읽은 사람과 세상』(이학사, 2006), 382쪽.

2 조한혜정, "'포스트 386세대'의 자리", ≪한겨레신문≫, 2017년 8월 2일 자.

3 "촛불집회에서 시민들은 태극기를 왜 흔들었나", ≪프레시안≫, 2008년 7월 27일 자.

4 유홍림, 「현대사회의 특징과 정치의 역할」, 백창재 엮음, 『근대와 탈근대정치의 이해』
   (인간사랑, 2012), 14쪽.

5 같은 글, 13쪽.

6 같은 글, 15쪽.

7 고원, 「촛불집회와 정당정치개혁의 모색」, ≪한국정치연구≫, 17집 2호(2008), 98쪽.

8 김선욱, 『아모르 문디에서 레스 푸블리카로』(아포리아, 2015), 12~13쪽.

9 파커 J. 파머, 『비통한 자들을 위한 정치학』, 김찬호 옮김(글항아리, 2012), 17쪽.

10 제러미 리프킨, 『공감의 시대』, 이경남 옮김(민음사, 2010), 456쪽.

11 한나 아렌트, 『공화국의 위기』, 김선욱 옮김(한길사, 2011), 183쪽.

12 같은 책, 162쪽.

13 김선욱, 『아모르 문디에서 레스 푸블리카로』, 250쪽.

14 류웅재, "촛불의 시대정신과 촛불 이후의 사회", 지식협동조합좋은나라 홈페이지(www.
   kcgg.org)(2017).

15 김누리, "대학개혁은 사회개혁의 출발점이다", ≪한겨레신문≫, 2017년 7월 18일 자.

2장 사회현상을 보는 시각

1 권명아, 『무한히 정치적인 외로움』(갈무리, 2012), 284~287쪽.

2 토마스 렘케, 『생명정치란 무엇인가』, 심성보 옮김(그린비, 2015), 89~91쪽.

3 고원, 『대한민국 정의론』(한울엠플러스, 2012), 33~36쪽.

4 권용립, 『미국의 정치문명』(삼인, 2003), 27~28쪽.

5 조지 W. 부시 미국 대통령이 9.11 테러가 발생한 지 열흘째 되는 날인 2001년 9월 20
   일 양원 합동 회의에서 행한 연설에 나오는 문구다.

6 파커 J. 파머, 『비통한 자들을 위한 정치학』, 53쪽.

7 제러미 리프킨, 『공감의 시대』, 540~542쪽.

8 같은 책, 558~565쪽.

9 같은 책, 11~30쪽.

10 같은 책, 51~55쪽.

11 같은 책, 450~457쪽.

12 임혁백, 『비동시성의 동시성: 한국 근대정치의 다중적 시간』(고려대학교출판부, 2014), 35~37쪽.

13 같은 책, 22쪽.

14 권용립, 『미국의 정치문명』, 8쪽.

15 유발 하라리, 『사피엔스』, 조현욱 옮김(김영사, 2015), 42~69쪽.

16 임혁백, 『비동시성의 동시성』, 1장과 2장을 참고했다.

3장 문명 전환과 한국의 도전

1 한나 아렌트, 『공화국의 위기』, 151쪽.

2 니얼 퍼거슨, 『증오의 세기』, 이현주 옮김(민음사, 2011).

3 "세계화", 『다음백과』, 2017년 9월 19일 자에 검색했다.

4 백창재, 「세계화의 도전」, 백창재 엮음, 『근대 탈근대정치의 이해』(인간사랑, 2012), 402~433쪽.

5 같은 글, 429~430쪽.

6 에드워드 기번, 『로마제국쇠망사』, 강석승 옮김(동서문화사, 2007), 20~21쪽.

7 같은 책, 54쪽.

8 김상준, 『진화하는 민주주의』(문학동네, 2014), 319~337쪽.

9 즈비그뉴 브레진스키, 『거대한 체스판』, 김명섭 옮김(삼인, 2000), 251쪽.

10 "'역주행 노동생산성' 선진국 엄습… 크루그먼의 저주 현실화", ≪뉴시스≫, 2017년 5월 7일 자.

11 임마뉴엘 페스트라이쉬, "한국인은 왜 '독립적 사고'를 못하나", ≪다른 백년≫, 2017년 6월 27일 자.

12 옌쉐퉁, 『2023, 세계사 불변의 법칙』, 고상희 옮김(글항아리, 2014), 87쪽.

13 같은 책, 97쪽.

14 진징이, "동아시아의 혼돈과 질서", ≪한겨레신문≫, 2014년 6월 23일 자.

15 최영진, 『신조선책략』(김영사, 2013), 31~33쪽.

16 같은 책, 32쪽.

17 같은 책, 37~46쪽.

18 같은 책, 111쪽.

19 김지석, "미중패권경쟁과 우리의 선택", ≪한겨레신문≫, 2014년 7월 15일 자.

20 김외현, "한국, 캐스팅보트 쥔 5강", ≪한겨레신문≫, 2016년 8월 14일 자.

21 엔쉐퉁, 『2023, 세계사 불변의 법칙』, 72쪽.

22 조지프 나이, 『소프트파워』, 홍수원 옮김(세종연구원, 2004), 31쪽.

23 김누리, "백만 난민 받은 메르켈 총선 승리", ≪한겨레신문≫, 2017년 9월 11일 자.

24 김구, 『쉽게 읽는 백범일지』, 도진순 옮김(돌베개, 2005), 316쪽.

25 임마누엘 페스트라이쉬, "한국인은 왜 '독립적 사고'를 못하나".

26 이민화, "4차 산업혁명은 분배혁명", ≪이투데이≫, 2016년 8월 1일 자.

27 KBS ⟨명견만리⟩ 제작팀, 『명견만리: 정치, 생애, 직업, 탐구 편』(인플루엔셜, 2017), 272~273쪽.

28 KBS ⟨명견만리⟩ 제작팀, 『명견만리: 인구, 경제, 북한, 의료 편』(인플루엔셜, 2016), 130쪽.

29 딘 베이커, "자동화 논쟁", ≪한겨레신문≫, 2017년 2월 6일 자.

30 KBS ⟨명견만리⟩ 제작팀, 『명견만리: 인구, 경제, 북한, 의료 편』, 62쪽.

31 같은 책, 77~80쪽.

32 "OECD 사회지표로 본 한국, '최악' 위험사회로 치달아", ≪한겨레신문≫, 2016년 10월 13일 자.

33 박영숙·제롬 글랜, 『유엔미래보고서 2050』(교보문고, 2016).

34 김영삼, 『돌파국가』(대영문화사, 2015), 276쪽.

35 KBS ⟨명견만리⟩ 제작팀, 『명견만리: 인구, 경제, 북한, 의료 편』, 236쪽.

36 KBS ⟨명견만리⟩ 제작팀, 『명견만리: 정치, 생애, 직업, 탐구 편』, 213~215쪽.

37 유발 하라리, 『사피엔스』, 78~89쪽.

38 필라델피아 선언에서 발표된 네 가지 원칙은 다음과 같다. ① 노동은 상품이 아니다. ② 표현의 자유와 결사의 자유는 지속적인 진보를 실현하기 위한 필수 요소다. ③ 빈곤에 시달리는 지역이 한 곳이라도 있을 경우 모든 지역의 번영은 위협받는다. ④ 빈곤을 극복하기 위해서는 각국이 국내 활동을 지속적이고 활발하게 펼쳐가야 하는 것과 동시에, 노동자와 고용주의 대표자가 정부의 대표자와 동등한 지위를 인정받는 조건하에서 공공복지를 증진하기 위한 자유로운 논의와 민주적 의사 결정에 대한 참여가 보장되는 국제 활동이 지속적이고 일관성 있게 전개되어야 한다.

39 김택환, 『21세기 대한민국 국부론』(자미산, 2016), 282쪽.

40 최진욱, 『한반도 통일과 주변 4국』(늘품플러스, 2011), 39쪽.

41 존 페퍼, "한국은 세계경제를 치유할 수 있을까", ≪한겨레신문≫, 2016년 9월 19일 자.

42 김택환, 『21세기 대한민국 국부론』, 290쪽.

43 김영삼, 『돌파국가』, 280쪽.

4장 한국의 역사시간과 새로운 국가공동체

1 이덕일, 『교양 한국사 1』(휴머니스트, 2006), 164쪽.

2 같은 책, 32쪽.

3 같은 책, 33쪽.

4 김기협, 『밖에서 본 한국사』(돌베개, 2008), 188쪽.

5 한명기, 『임진왜란과 한중관계』(역사비평사, 1999), 157~159쪽.

6 배기찬, 『코리아 다시 생존의 기로에 서다』(위즈덤하우스, 2005), 158쪽.

7 김구, 『쉽게 읽는 백범일지』, 310쪽.

8 전인권·정선태·이승원, 『1898, 문명의 전환』(이학사, 2011), 25~54쪽.

9 『국역 승정원일기』, 고종 7년(1870년) 3월 7일 자.

10 전인권·정선태·이승원, 『1898, 문명의 전환』, 182~230쪽.

11 독립신문강독회, 『독립신문 다시읽기』(푸른역사, 2004), 432~462쪽.

12 그레고리 핸더슨, 『소용돌이의 한국정치』, 박행웅·이종삼 옮김(한울엠플러스, 2000), 148~151쪽.

13 박명림, 「한국의 초기 헌정체제와 민주주의」, ≪한국정치학회보≫, 37집 1호(2003년), 116쪽.

14 브루스 커밍스, 『한국현대사』, 김동노 외 옮김(창비, 2001), 220쪽.

15 같은 책, 227쪽.

16 서중석, 『이승만과 제1공화국』(역사비평사, 2007), 29쪽.

17 맨커 올슨, 『국가의 흥망성쇠』, 최광 옮김(한국경제신문사, 1990).

18 이종혁, "고속승진·고용세습 '과잉특혜'… 노조, 기득권부터 내려놓아야", ≪서울경제≫, 2016년 6월 30일 자.

19 박세일, 『대한민국 선진화전략』(21세기북스, 2006).

20 임마누엘 페스트라이쉬, "한국인은 왜 '독립적 사고'를 못하나".

21 "독, 작년 경찰 총격에 11명 사망… 미는 963명", ≪연합뉴스≫, 2017년 7월 16일 자.

22 마이클 월저, 『정치철학에세이』, 최홍주 옮김(모티브북, 2009), 326쪽.

23 최준식, 『한국인에게 문화는 있는가』(사계절, 1997).

24 임혁백, 『비동시성의 동시성』, 775쪽.

25 박동천, 「한국 민족주의와 민족 정체성」, ≪한국정치외교사논총≫, 34집 2호(2013), 195~196쪽.

26 같은 글, 210~212쪽.

5장 21세기 한국 정치 현상 읽기

1 2010년 지방선거에서 보수=한나라당+자유선진당, 진보=민주당+민주노동당+진보

신당+국민참여당, 2012년 국회의원 총선거에서 보수=새누리당+자유선진당, 진보=민주통합당+통합진보당, 2014년 지방선거에서 보수=새누리당, 진보=새정치민주연합+정의당+통합진보당으로 설정했다. 지방선거 득표율은 광역 비례 의원 정당 투표를, 국회의원 총선거 득표율은 비례 의원 정당 투표를 기준으로 했다.

2   "종북몰이 즐기는 낡은 보수야말로 보수의 적", ≪한겨레신문≫, 2017년 7월 15일 자.

3   한국노동연구원, 「2015년까지의 최상위 소득 비중」, ≪노동리뷰≫, 2017년 2월 호(통권 제143호), 82쪽.

4   한반도사회경제연구회 엮음, 『노무현시대의 좌절』(창비, 2008), 132쪽.

5   같은 책, 112~116쪽.

6   문재인, 『운명』(가교출판, 2011), 450~451쪽.

7   노무현, 『진보의 미래』(동녘, 2009), 33~37쪽.

8   같은 책, 209쪽.

9   같은 책, 169쪽, 194쪽.

10   같은 책, 245쪽.

11   오연호, 『노무현, 마지막 인터뷰』(오마이뉴스, 2009), 83쪽.

12   고원, 「이명박정부의 성격」, ≪민주사회와 정책연구≫, 통권 14호(2008)에서 필요한 부분을 요약했다.

13   윤효원, "2007년 시대정신, 개발·돈·부자=이명박", ≪프레시안≫, 2007년 12월 14일 자.

14   박성민, 『강한 것이 옳은 것을 이긴다』(웅진지식하우스, 2006).

15   고원, 「안철수 '중도정치'의 효과성에 관한 연구」, ≪한국정치연구≫, 23집 3호(2014)를 요약했다.

16   조희연·이창언, 「대안정치성의 접합경쟁, 안철수현상, 이정희 효과」, ≪경제와 사회≫, 97호(2013), 107쪽.

17   고원, 「2012년 대통령선거의 정치프레임전략에 관한 연구: '강한 어머니'와 '자상한 아버지'의 프레임 대결」, ≪사회과학연구≫, 26집 2호(2014)를 많이 인용했다.

6장 정치를 어떻게 바꿀 것인가?

1   김준석, 『근대국가』(책세상, 2011), 14쪽.

2   같은 책, 134~135쪽.

3   한나 아렌트, 『공화국의 위기』, 159쪽.

4   같은 책, 143쪽.

5   같은 책, 183~186쪽.

6   같은 책, 202쪽.

7   김선욱, 『아모르 문디에서 레스 푸블리카로』, 250쪽.

8   한나 아렌트, 『인간의 조건』, 이진우·태정호 옮김(한길사, 1996), 78~79쪽.

9   김선욱, 『아모르 문디에서 레스 푸블리카로』, 225~230쪽; 한나 아렌트, 『혁명론』, 홍원표 옮김(한길사, 2004), 258쪽.

10 토마스 렘케, 『생명정치란 무엇인가』, 심성보 옮김(그린비, 2015). 3장의 내용을 많이 인용했다.

11 같은 책. 5장의 내용을 많이 인용했다.

12 제프리 골드파브, 『작은 것들의 정치』, 이충훈 옮김(후마니타스, 2011), 26~47쪽.

13 같은 책, 131쪽, 146쪽.

14 임항, "호세 무히카와 '부엔 비비르'", ≪국민일보≫, 2015년 4월 4일 자.

15 이상헌, "정치체제 개혁을 위한 과제들", ≪경향신문≫, 2016년 12월 13일 자.

16 김민수, "2세대 진보정치와 2세대 사회운동", ≪한겨레신문≫, 2015년 7월 7일 자.

17 김기원, 『개혁적 진보의 메아리』(창비, 2015).

18 권용립, 『미국의 정치문명』, 259쪽.

19 같은 책, 241쪽.

20 같은 책, 217쪽.

21 이정숙, "대선 이후, 애도와 저항의 의미", ≪창비주간논평≫, 2016년 5월 31일 자.

22 이탈리아 헌법 제41조는 "사적인 경제활동은 사회적 이익에 반해서, 또는 안전·자유·존중을 침해하는 방법으로 영위해서는 안 된다"라고 규정하고 있다.

23 "중도층, 비정규직·분배문제 진보층과 흡사", ≪한겨레신문≫, 2017년 4월 7일 자.

24 권명아, "빼앗긴 몫, 역차별 투쟁과 해방의 정치", ≪한겨레신문≫, 2017년 8월 4일 자.

25 박정훈, "퇴임 지지율 87%, 룰라형 협치 모델", ≪시사인≫, 520호(2017.9).

26 "'진보 앞으로' 대만의 놀라운 변화", ≪한겨레신문≫, 2017년 5월 26일 자.

27 대니엘 튜더, 『익숙한 절망 불편한 희망』, 송정화 옮김(문학동네, 2015).

28 "민주주의, 피 같은 알바비만큼 간절한 적… 있었을까요", ≪한겨레신문≫, 2017년 2월 6일 자. 전국 대학생 50명과의 심층 인터뷰 중에서 발췌했다.

29 김수민, "다수파의 남 탓과 피해의식", ≪한겨레신문≫, 2017년 8월 31일 자.

30 폴 크루그먼, 『새로운 미래를 말하다』, 예상한 외 옮김(엘도라도, 2012), 38쪽.

31 민주화운동기념사업회 연구소 엮음, 『민주주의강의: 역사』(민주화운동기념사업회, 2007), 116쪽.

32 같은 책, 58쪽.

33 같은 책, 1~2장.

34 최태욱, 『복지한국 만들기』(후마니타스, 2013), 279~280쪽.

35 임혁백, 『비동시성의 동시성』, 798쪽.

36 최장집, 『민주화 이후의 민주주의』(후마니타스, 2006), 136~139쪽.

37 제임스 맥그레거 번스, 『역사를 바꾸는 리더십』, 조중빈 옮김(지식의날개, 2006), 297쪽.

38 같은 책, 43쪽.

39 박성민, "문재인이 대통령 되려면… '강한 사자'가 될 수 있나", ≪한겨레신문≫, 2015년 3월 14일 자.

40 장성민, 『성공하는 대통령의 조건』(김영사, 2002), 206쪽.

41 같은 책, 209쪽.

42 고원, "청년에게 바통을 넘겨라", ≪경향신문≫, 2015년 7월 2일 자 칼럼에서 많은 부분을 인용했다.

43 강원택, "조용한 혁명은 시작됐다", ≪중앙일보≫, 2016년 6월 16일 자.

44 이원재, "청년의 위기, 근로소득의 위기", ≪허핑턴포스트≫, 2016년 3월 20일 자.

참 고 문 헌

1. 단행본과 논문

고원. 2008a. 「촛불집회와 정당정치개혁의 모색」. 《한국정치연구》, 17집 2호, 98쪽.

_____. 2008b. 「이명박정부의 성격」. 《민주사회와 정책연구》, 통권 14호.

_____. 2012. 『대한민국 정의론』. 한울엠플러스.

_____. 2014a. 「안철수 '중도정치'의 효과성에 관한 연구」. 《한국정치연구》, 23집 3호.

_____. 2014b. 「2012년 대통령선거의 정치프레임전략에 관한 연구: '강한 어머니'와 '자상한 아버지'의 프레임 대결」. 《사회과학연구》, 26집 2호.

골드파브, 제프리(Jeffrey C. Goldfarb). 2011. 『작은 것들의 정치』. 이충훈 옮김. 후마니타스.

권명아. 2012. 『무한히 정치적인 외로움』. 갈무리.

권용립. 2003. 『미국의 정치문명』. 삼인.

기번, 에드워드(Edward Gibbon). 2007. 『로마제국쇠망사』. 강석승 옮김. 동서문화사.

김구. 2005. 『쉽게 읽는 백범일지』. 도진순 옮김. 돌베개.

김기원. 2015. 『개혁적 진보의 메아리』. 창비.

김기협. 2008. 『밖에서 본 한국사』. 돌베게.

김상준. 2014. 『진화하는 민주주의』. 문학동네.

김선욱. 2015. 『아모르 문디에서 레스 푸블리카로』. 아포리아.

김영삼. 2015. 『돌파국가』. 대영문화사.

김준석. 2011. 『근대국가』. 책세상.

김택환. 2016. 『21세기 대한민국 국부론』. 자미산.

나이, 조지프(Joseph Nye). 2004. 『소프트파워』. 홍수원 옮김. 세종연구원.

노무현. 2009. 『진보의 미래』. 동녘.

독립신문강독회. 2004. 『독립신문 다시읽기』. 푸른역사.

렘케, 토마스(Thomas Lemke). 2015. 『생명정치란 무엇인가』. 심성보 옮김. 그린비.

리프킨, 제러미(Jeremy Rifkin). 2010. 『공감의 시』. 이경남 옮김. 민음사.

문재인. 2011. 『운명』. 가교출판.

민주화운동기념사업회연구소 엮음. 2007. 『민주주의강의: 역사』. 민주화운동기념사업회.

박동천. 2013. 「한국 민족주의와 민족 정체성」. ≪한국정치외교사논총≫, 34집 2호.

박명림. 2003. 「한국의 초기 헌정체제와 민주주의」. ≪한국정치학회보≫, 37집 1호.

박성민. 2006. 『강한 것이 옳은 것을 이긴다』. 웅진지식하우스.

박세일. 2006. 『대한민국 선진화전략』. 21세기북스.

박영숙·제롬 글랜. 2016. 『유엔미래보고서 2050』. 교보문고.

배기찬. 2005. 『코리아 다시 생존의 기로에 서다』. 위즈덤하우스.

백창재. 2012. 「세계화의 도전」. 백창재 엮음. 『근대 탈근대 정치의 이해』. 인간사랑.

번스, 제임스 맥그레거(James Mcgregor Burns). 2006. 『역사를 바꾸는 리더십』. 조중빈 옮김. 지식의날개.

브레진스키, 즈비그뉴(Zbigniew Brezinski). 2000. 『거대한 체스판』. 김명섭 옮김. 삼인.

서중석. 2007. 『이승만과 제1공화국』. 역사비평사.

아렌트, 한나(Hannah Arendt). 2011. 『공화국의 위기』. 김선욱 옮김. 한길사.

옌쉐퉁(閻學通). 2014. 『2023, 세계사 불변의 법칙』. 고상희 옮김. 글항아리.

오연호. 2009. 『노무현, 마지막 인터뷰』. 오마이뉴스.

올슨, 맨커(Mancur Olson). 1990. 『국가의 흥망성쇠』. 최광 옮김. 한국경제신문사.

월저, 마이클(Michael Walzer). 2009. 『정치철학에세이』. 최홍주 옮김. 모티브북.

유홍림. 2012. 「현대사회의 특징과 정치의 역할」. 백창재 엮음. 『근대 탈근대 정치의 이해』. 인간사랑.

이덕일. 2006. 『교양 한국사 1』. 휴머니스트.

임혁백. 2014. 『비동시성의 동시성: 한국 근대정치의 다중적 시간』. 고려대학교출판부.

장성민. 2002. 『성공하는 통령의 조건』. 김영사.

전인권. 2006. 『전인권이 읽은 사람과 세상』. 이학사.

전인권·정선태·이승원. 2011. 『1898, 문명의 전환』. 이학사.

조희연·이창언. 2013. 「대안정치성의 접합경쟁, 안철수현상, 이정희 효과」. ≪경제와 사회≫, 97호.

최영진. 2013. 『신조선책략』. 김영사.

최장집. 2006. 『민주화 이후의 민주주의』. 후마니타스.

최준식. 1997. 『한국인에게 문화는 있는가』. 사계절.

최진욱. 2011. 『한반도 통일과 주변 4국』. 늘품플러스.

최태욱. 2013. 『복지한국 만들기』. 후마니타스.

커밍스, 브루스(Bruce Cummings). 2001. 『한국현대사』. 김동노 외 옮김. 창비.

크루그먼, 폴(Paul Krugman). 2012. 『새로운 미래를 말하다』. 예상한 외 옮김. 엘도라도.

튜더, 대니엘(Daniel Tudor). 2015. 『익숙한 절망 불편한 희망』. 송정화 옮김. 문학동네.

파머, 파커 J.(Parker J. Palmer). 2012. 『비통한 자들을 위한 정치학』. 김찬호 옮김. 글항아리.

퍼거슨, 니얼(Niall Ferguson). 2011. 『증오의 세기』. 이현주 옮김. 민음사.
하라리, 유발(Yuval Noah Harari). 2105. 『사피엔스』. 조현욱 옮김. 김영사.
한국노동연구원. 2017. 「2015년까지의 최상위 소득 비중」. ≪노동리뷰≫, 통권 143호.
한명기. 1999. 『임진왜란과 한중관계』. 역사비평사.
한반도사회경제연구회 엮음. 2008. 『노무현시대의 좌절』. 창비.
핸더슨, 그레고리(Gregori Henderson). 2013. 『소용돌이의 한국정치』. 박행웅·이종삼 옮김. 한울엠플러스.
KBS 〈명견만리〉 제작팀. 2017a. 『명견만리: 정치, 생애, 직업, 탐구 편』. 인플루엔셜.
______. 2017b. 『명견만리: 인구, 경제, 북한, 의료 편』. 인플루엔셜.

2. 언론 기사와 웹 자료

강원택. 2016.6.16. "조용한 혁명은 시작됐다". ≪중앙일보≫.
고원. 2015.7.2. "청년에게 바통을 넘겨라". ≪경향신문≫.
권명아. 2017.8.4. "빼앗긴 몫, 역차별 투쟁과 해방의 정치". ≪한겨레신문≫.
김누리. 2017.7.18. "대학개혁은 사회개혁의 출발점이다". ≪한겨레신문≫.
______. 2017.9.11. "백만 난민 받은 메르켈 총선 승리". ≪한겨레신문≫.
김민수. 2015.7.7. "2세 진보정치와 2세 사회운동". ≪한겨레신문≫.
김수민. 2017.8.31. "다수파의 남 탓과 피해의식". ≪한겨레신문≫.
김외현. 2016.8.14. "한국, 캐스팅보트 쥔 5강". ≪한겨레신문≫.
김지석. 2014.7.15. "미중패권경쟁과 우리의 선택". ≪한겨레신문≫.
류웅재. 2017. "촛불의 시대정신과 촛불 이후의 사회". 지식협동조합좋은나라 홈페이지(www.kcgg.org).
박성민. 2015.3.14. "문재인이 대통령 되려면… '강한 사자'가 될 수 있나". ≪한겨레신문≫.
박정훈. 2017.9.2. "퇴임 지지율 87%, 룰라형 협치 모델". ≪시사인≫, 520호.
베이커, 딘(Dean Baker). 2017.2.6. "자동화 논쟁". ≪한겨레신문≫.
윤효원. 2007.12.14. "2007년 시대정신, 개발·돈·부자=이명박". ≪프레시안≫.
이민화. 2016.8.1. "4차 산업혁명은 분배혁명". ≪이투데이≫.
이상헌. 2016.12.13. "정치체제 개혁을 위한 과제들". ≪경향신문≫.
이원재. 2016.3.20. "청년의 위기, 근로소득의 위기". ≪허핑턴포스트≫.
이정숙. 2016.5.31. "대선 이후, 애도와 저항의 의미". ≪창비주간논평≫.
이종혁. 2106.6.30. "고속승진·고용세습 '과잉특혜'… 노조, 기득권부터 내려놓아야". ≪서울경제≫.
임항. 2015.4.4. "호세 무히카와 '부엔 비비르'". ≪국민일보≫.
조한혜정. 2017.8.2. "'포스트 386세대'의 자리". ≪한겨레신문≫.

진징이(金景一). 2014.6.23. "동아시아의 혼돈과 질서". ≪한겨레신문≫.

페스트라이쉬, 임마뉴엘(Emanuel Yi Pastreich). 2017.6.27. "한국인은 왜 '독립적 사고'를 못하나". ≪다른 백년≫.

페퍼, 존(John Feffer). 2016.9.19. "한국은 세계경제를 치유할 수 있을까". ≪한겨레신문≫.

≪뉴시스≫. 2017.5.7. "'역주행 노동생산성' 선진국 엄습… 크루그먼의 저주 현실화".

≪연합뉴스≫. 2017.7.16. "독, 작년 경찰 총격에 11명 사망… 미는 963명".

≪프레시안≫. 2008.7.27. "촛불집회에서 시민들은 태극기를 왜 흔들었나".

≪한겨레신문≫. 2016.10.13. "OECD 사회지표로 본 한국, '최악' 위험사회로 치달아".

_____. 2017.2.6. "민주주의, 피 같은 알바비만큼 간절한 적… 있었을까요".

_____. 2017.4.7. "중도층, 비정규직·분배문제 진보층과 흡사".

_____. 2017.5.26. "'진보 앞으로' 만의 놀라운 변화".

_____. 2017.7.15. "종북몰이 즐기는 낡은 보수야말로 보수의 적".

『국역 승정원일기』. 고종 7년(1870) 3월 7일 자. 한국고전종합DB(db.itkc.or.kr).

"세계화". 2017. 『다음백과』(검색일: 2017.9.19).

찾아보기

인명

지은이

고 원

사회와 정치 현실의 한복판에서 실천하는 정치학자의 삶을 살아왔다. 종종 시대 비평을 담은 글을 언론 지면에 발표했고, 현실 정치에서 변화가 요구될 때마다 정치 담론의 기획자로 활동했다. 광주에서 고등학교를 다녔고, 서울대학교와 동 대학원에서 국제경제학과 정치학을 공부했다. 대학 시절부터 10여 년 이상 민주화 운동과 사회운동에 헌신했다. 국회에서 몇 년간 일했고 서울과학기술대학교에서 학생을 가르쳤다. 노무현대통령자문정책기획위원, 내가꿈꾸는나라 정책위원장 등 정치와 시민운동을 넘나들며 여러 대외 활동을 펼치기도 했다. 현실 정치에 관여하며 '가치정치', '연합정치', '혁신' 등 정치 담론의 생산을 주도했다. 보수 진영에 유리하게 편재된 정치 구조를 뜻하는 이른바 '기울어진 운동장' 담론을 수년간 비판하며 2017년 체제 전환기의 도래와 그 준비를 역설해왔다. 최근에는 정치권에 진출해 세상을 바꾸는 지렛대를 구하고자 했으나 뜻을 이루지 못했다. 맹자, 마키아벨리, 정약용, 그람시 등 세상을 바꾸려다 좌절했지만 가치 있는 족적을 남긴 사람들처럼, '정치는 가치'라는 평소 자신의 신념이 사회에 실현되도록 앞으로도 계속 열정을 갖고 노력하며 살아가려 한다. 『대한민국 정의론』(2012), 『한국의 경제개혁과 국가』(2005) 등 저서와 다수의 공저, 학술 논문이 있다.

촛불 이후
새로운 정치 문명의 탄생

ⓒ 고원, 2017

지은이 **고원** | 펴낸이 **김종수** | 펴낸곳 **한울엠플러스(주)**

편집책임 **최진희** | 편집 **조일현**

초판 1쇄 인쇄 **2017년 10월 23일** | 초판 1쇄 발행 **2017년 10월 27일**

주소 **10881 경기도 파주시 광인사길 153 한울시소빌딩 3층**

전화 **031-955-0655** | 팩스 **031-955-0656**

홈페이지 **www.hanulmplus.kr** | 등록번호 **제406-2015-000143호**

Printed in Korea.

ISBN 978-89-460-6395-2 03340

※ 책값은 겉표지에 표시되어 있습니다.